高职高专创新人才培养规划教材

连锁经营管理

国家文化产业资金支持媒体融合重大项目

品类管理实务

（第三版）

沈荣耀　主　编

曹　静　殷延海　副主编

东北财经大学出版社
Dongbei University of Finance & Economics Press
大连

图书在版编目（CIP）数据

品类管理实务 / 沈荣耀主编. —3版. —大连：东北财经大学出版社，2017.9（2018.8重印）

（高职高专创新人才培养规划教材·连锁经营）

ISBN 978-7-5654-2894-4

Ⅰ. 品…　Ⅱ. 沈…　Ⅲ. 零售业-商业管理-高等职业教育-教材　Ⅳ. F713.32

中国版本图书馆CIP数据核字（2017）第199732号

东北财经大学出版社出版

（大连市黑石礁尖山街217号　邮政编码　116025）

网　　　　址：http://www.dufep.cn

读者信箱：dufep@dufe.edu.cn

大连理工印刷有限公司印刷　　　　东北财经大学出版社发行

幅面尺寸：185mm×260mm　字数：347千字　印张：15　插页：1

2017年9月第3版　　　　　　　　2018年8月第6次印刷

责任编辑：郭海雷　魏　巍　　　　　责任校对：思　齐
　　　　　周　欢　徐　群

封面设计：冀贵收　　　　　　　　　版式设计：钟福建

定价：31.00元

第三版前言

品类管理本质上仍属于商品管理的范畴，是为了迎合消费者的需求，以品类理念为基础对商品进行的管理。品类管理的发展得益于技术在零售领域的大规模运用，零售企业能够通过一定的管理工具和大量的数据分析，把品类商品与消费者的需求契合起来，从而更好地满足市场。商品管理一直是零售管理的核心，很多零售企业意识不到这一点，于是我们看到近年来国内零售企业在发展过程中潮起潮落，部分零售企业落后了，甚至被淘汰了。

20世纪90年代，连锁经营模式下的零售企业取代了计划经济模式下的供销社体系和柜台式百货企业，原因在于其经营的灵活性、标准化和低成本及在联网技术支撑下的高效率。模式创新的成功使连锁经营模式下的零售企业占据了市场主导地位，这时零售企业应将部分注意力转到商品管理上来，但这种注意力没有太集中，因为零售企业更希望从渠道优势中攫取利益，于是零售企业的商品管理尝试一直没有展开，对消费者的满足程度也一直处于一个较低的水平。接下来，采用连锁经营模式的实体零售企业遭遇了快速崛起的网络零售企业，市场被分割了一大块。

网络零售企业的爆发式增长就如连锁零售企业发端时一样，首先利用模式创新优势为消费者提供迥异的服务，低价、商品到家和品种齐全是网络零售企业争取市场的切入点，然后利用后发优势和互联网、大数据等技术与理念把消费者和商品销售放在一起思考、管理，这正契合了品类管理的理念。最终，网络零售企业取得了市场份额优势。

当前，受经营成本不断上涨、消费需求结构调整、网络零售快速发展等诸多因素的影响，实体零售企业的发展面临着前所未有的挑战。为了适应经济发展的新常态，推动实体零售创新转型、释放发展活力、增强发展动力，国务院办公厅发布了《关于推动实体零售创新转型的意见》（国办发〔2016〕78号）。所以，我们可以总结出这样的逻辑：新的业态进入零售市场寻求突破，最终形成一定的优势地位，依靠的是模式创新带来的为消费者提供的完全优异于现有零售业态的服务，同时在商品管理上其一定有独到之处，甚至有的模式创新本身就来源于品类管理的精深细化。新业态一旦取得了市场地位并开始巩固市场优势，必然转向品类管理以增强自身的核心竞争力，扩大市场优势。目前，很多网络零售企业已经抛弃低价竞争方式并深耕品类，而无人零售商店还处于模式创新阶段，正在探索符合其业态的商品品类。

因此，零售行业对品类管理人才的需求日益强烈，院校对品类管理课程的建设也日益加强，其中，教材建设是品类管理课程建设的重要一环。上海商学院是我国开展商科教育的桥头堡，也是较早开设连锁经营管理专业的高校之一，教学及科研成果突出。作为教学及科研的成果之一，本版教材在第二版的基础上从最新理论进展、零售企业技术创新实践等方面对内容进行了适当更新，并与时俱进地引入了二维码技术，具有较强的应用性和实践性，能够适应行业发展的步伐和教学模式改革的需要。

本教材由沈荣耀教授担任主编，曹静教授和殷延海教授担任副主编。基于行业高速发展、技术日新月异这一事实，教材内容难免有缺失之处，敬请读者批评指正。

编　者
2017年7月

目 录

第1章

品类管理基础

学习目标

通过本章的学习，了解和掌握品类及品类管理的概念；了解品类管理理念的提出过程及发展历程；熟悉品类管理与零售业的关系；掌握品类管理的支撑要素。

【引例】 **传统企业的品类出局危机**

每一个企业都应清楚一个事实：宏观的市场份额事实上都是由微观的客户钱包份额，甚至更加内在的"心智空间份额"所决定的，企业竞争的要点在于对消费者心智空间份额的占据。

消费者对自身心智空间的"归类处理"，对于其今后的消费选择具有很大的影响。例如，消费者在"移动通信品类"中一般首推中国移动，在"家庭宽带品类"中以中国电信居首，此外还有"碳酸饮料品类"中的可口可乐，"手机品类"中的苹果，"微博品类"中的新浪微博……

尽管消费者心智空间内的品类结构相对稳定，但也绝对不是一成不变的。企业通过品类创新，完全可以改变自身在客户心智空间中的份额。例如，消费者在就餐时经常会说"点一听露露"，事实上，消费者已经默认了露露这一品牌在"杏仁露饮料品类"中的霸主地位。这种以一家企业的产品品牌定义一个新品类、创建一个新市场的案例还有很多：好丽友定义了"蛋黄派品类"，搜狗定义了"智能输入法品类"，喜之郎定义了"果冻布丁品类"，360定义了"电脑安全软件品类"，今麦郎定义了"弹面品类"，红牛定义了"功能性饮料品类"等。

但是，随着移动互联网与传统产业逐渐走向融合，更多新型消费品类出现了。

事实上，很多传统企业在相当多的领域面临着"品类出局"的危机，大量的融合型新消费品类被互联网企业抢先创建。例如，iPod创建了终端与内容一体化的新型播放器品类，阿里巴巴的余额宝创建了互联网与理财一体化的新型品类，乐视创建了新型电视品类——"互联网电视"。此外，在家庭智能硬件、移动健康、移动购物品类中，传统企业也明显落后于互联网企业。

业务范围的拓展与新领域的开辟导致火力发散，再加上跨界而来的新兴企业的不断抢占，传统企业想要在客户的心智空间中建立差异化区隔，变得难上加难。

笔者的建议是：一方面，传统企业需要在宏观层面上构筑客户品牌，持续注入客户化价值要素。这方面的典型案例是韩国KTF电信公司，它按照不同的客户群设置品牌，并围绕客户品牌建立不同的价值主张与定位。另一方面，传统企业需要归类处理各类产品，形成产品品类，这样便于开发、运营、营销与服务等相关工作的组织跟进。这方面的典型案例是NTT DoCoMo（日本最大的移动通信运营商），自2G时代开始一直到3G时代的i-appli、i-movie、i-channel、i-motion等产品系列，大部分成了日本电信市场中该产品品类的领导者。

简单地说，传统企业需要形成伞状的价值主张模式，以客户品牌为伞的顶端，以产品品类为伞的骨架，在推广过程中实现相互平衡与彼此支撑。

随着 FH16 700 卡车的上市，沃尔沃汽车推出了 FH16 700 卡车网络游戏，该游戏共支持 6 种语言，玩家可在网站上设计并驾驶卡车来争夺奖品，每两个星期决出 1 名获胜者，奖品是 FH16 收藏版皮夹克。该游戏推出两个月后，注册用户即达到 120 万人。很多玩家设计自己喜欢的卡车版本、制作短片，并聚集在博客和论坛里讨论该游戏，超过 650 家游戏门户网站愿意为该游戏进行推广。

这个案例体现了当代营销的一个重要特点，那就是充分借助新媒体手段，利用用户自我创造内容的方式，通过汇聚、沟通、影响、传播、辐射，使客户在营销过程中充分参与互动，从而最大化品牌传播推广的效果。

资料来源　沈拓. 传统企业的品类出局危机［J］. 销售与市场：渠道版，2014（5）.

1.1　品类与品类管理

1.1.1　品类概述

1）品类的定义

我国品类管理理论研究及实践的兴起略晚于国外，并且受国外相关研究和实践的影响较深。品类管理实践最初由外资零售公司带入我国，我国一些学者敏感地认识到这一实践对我国零售业的意义，并从理论上加以阐述，但总体来说，持续关注品类管理，并对其理论研究和实践运用加以深入挖掘的学者并不多，这与我国零售业对品类管理认识不深、重视不够有关。国外及国内一些零售企业的实践证明，品类管理及与品类关联的销售行为对零售企业管理技术的提高和盈利能力的增强具有不可替代的作用，在零售利润空间被最大限度地挖掘、零售业管理者寻求差异化竞争能力和利润空间的难度日益增大的情况下，品类管理将是下一个有效的利润增长点。

"品类"与零售实践中长期使用的概念，如"商品""单品"等存在本质区别。在此，首先需要明确品类的定义。国内学者对品类的认识经历了不同的发展阶段。

第一阶段，注重商品之间功能的同质性，认为具有类似功能的、相互间可以替代的商品为同一品类的商品。例如，洗衣粉有很多品牌，但是不同品牌的基本功能都类似，即把衣服洗干净。[1]

第二阶段，以消费者的主观认可为前提，只有消费者认为相互之间存在可替代性的商品，才是同一品类的商品。有的学者认为，品类是指消费者心目中在满足需求时，相互关联的或者可相互取代的一组独一无二的、可管理的商品或服务。[2]

其他一些企业和机构也对品类进行了定义。国际知名的 AC 尼尔森公司指出，品类即"确定什么产品组成小组和类别，它与消费者的感知有关，应基于对消费者需求驱动

---

[1]　赵旭升，马军海. VMI 在零售业应用中的发展模式——供应商品类管理［J］. 佳木斯大学学报：自然科学版，2005（10）.

[2]　夏维朝. 现代商业的品类管理与品类核算［J］. 商业研究，2005（18）.

和购买行为的理解"。家乐福认为,"品类即商品的分类,一个小分类代表了消费者的一种需求"。

综合以上定义,本书认为,品类是指在消费者心目中在某一个或某些特性上是一致的、能够相互替代的同类商品,并且这些同类商品能够让销售者更好地锁定目标消费者,更方便销售者进行管理,从而促进销售。

2)品类的构成要件

品类的构成要件是指形成品类所必须满足的条件,具体如下:

(1)消费者心目中对某类可替代商品的某些购买考虑因素的共同认识。品类形成的前提就是消费者对某类可替代商品形成一定的共同印象。例如,同样两件衣服,一件是国际知名品牌的限量版服饰,另一件是没有品牌的廉价衣服,它们都具有本质相同的使用价值,从商品分类的角度来看,它们是同类商品,但是在消费者的心目中,这两件衣服的品牌、定价、质量等各个方面完全不存在任何相似性,销售的时候无法把它们同时陈列在一起,甚至不能让它们出现在同一个销售场所,所以它们虽然同为衣服,但并不是同一品类的商品。

(2)同品类商品必须是相互关联的或者可相互替代的。例如,相同档次及类似价格的品牌西服与西裤,可视为一个品类商品,因为两者存在相互关联性。又如,蒙牛和伊利的常温奶可以看成一个品类的商品,因为两者存在可相互替代性。

(3)同品类的商品可以通过定价、展示、促销等方式共同进行销售管理,从而达到规模效应,增强对消费者的吸引力。

3)品类的形成要素

品类的形成要素是指构成品类的商品在消费者心目中所表现出的共同特性,这些共同特性使消费者相信同品类下的商品在某些方面存在同质性,并且是相互关联的或者可以相互替代的。品类的形成要素主要有用途、价格、品牌形象、质量等(如图1-1所示)。

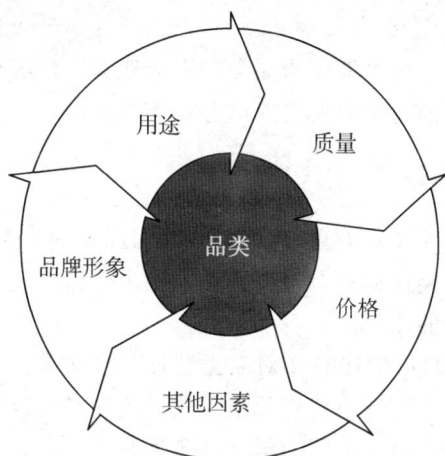

图1-1 品类的形成要素

(1)用途

只有用途相同或相互关联的商品,才能够形成品类。例如,衣服、裤子、鞋等存在一定的关联性，某些零售商或供应商在定义品类时将它们归为同一品类。又如，衣服和椅子由于在用途上完全不相干，因此它们无论如何也不会被归为同一品类。不同的商品由于消费者认识上的差异，在品类的定义上也存在差异，如有的商家会把档次相似的衣服和裤子定义为同一品类，有的商家会把衣服和裤子定义为不同的品类。

（2）价格

价格是很多消费者选择商品时的重要考虑因素，所以价格也是商品形成同一品类的重要参照因素。例如，同样是汽车，10万元价位和100万元价位的汽车在较为细分的层面上显然不是同一品类的商品。

（3）品牌形象

品牌形象与品类之间存在密切的联系。相同用途的商品，由于品牌形象的差异会形成不同的品类；不同品牌的商品，由于品牌形象的相似性会被归为同一品类。例如，很多消费者都会把宝马和奔驰联系起来，认为这两个品牌的汽车在档次、价格等方面存在相似性，是同一类车，因此销售者可以把这两个品牌的商品视为同一品类。然而，即使是同样用途的汽车，消费者通常也不会把奇瑞和宝马联系在一起考虑。

（4）质量

消费者很容易把质量要素与品类的其他形成要素联系起来。消费者一般认为，价格越高、品牌形象越好的商品质量越好。质量与其他要素之间形成了一种相辅相成的关系。例如，在婴儿奶粉的选择上，由于受毒奶粉事件的影响，很多消费者对国产奶粉敬而远之，以前作为优先考虑的因素——价格不再受消费者的重视，所有价格相对较低的国产奶粉都被视为相同品类的低质量商品，消费者仅凭印象确定产品的质量而不会去实际调查。由于绝大部分国外品牌的奶粉没有卷入国内毒奶粉事件，价格又类似，因此被归为同一品类。当然，消费者也会根据质量之外的其他因素如奶粉的营养成分等，把国外品牌的奶粉再细分为不同的品类。

（5）其他因素

商品具有的一些其他特征也可能成为品类的形成要素，如绿色环保、产地、企业公益行为、某类商品的特性（如前述奶粉的营养成分）等。

1.1.2　品类管理

1）品类管理的定义

AC尼尔森公司在1992年对品类管理（Category Management）的定义为：零售商与制造商共同合作，将每一个品类视为一个策略事业单元来经营，致力于传递产品的消费者价值，从而创造更佳经营成果的流程。

美国食品营销协会（FMI）在1997年对品类管理的定义为：零售商和供应商以品类为战略性管理单位，通过专注于实现消费者价值，从而改善经营效益的管理方法。

我国学者也对品类管理提出了不同的定义，具体有：

品类管理是以购物者为中心，以品类为战略业务单元，以数据为依托，通过零售商与供应商的有效合作，发现并满足购物者的需求，从而提高业绩的零售管理流程。[1]

---

[1]　中国连锁经营协会. 品类管理理论与实战［M］. 北京：中国商业出版社，2009.

品类管理是根据消费者的需要，制造商与零售商将商品品类作为战略性单位来经营，从而创造更好的经营绩效。[①]

综合以上定义，本书认为，品类管理是以品类为策略性事业单元，在零售商与供应商有效合作的基础上，通过数据收集与分析应用，充分挖掘与满足消费者的需求，从而优化盈利能力的零售管理流程。

2）品类管理的特征

品类管理具有以下特征：

（1）品类管理的基本单元是按一定标准确立的商品品类，而不是某个单品或某个商品品牌。

（2）品类管理应在零售商与供应商的通力协作下完成。

（3）品类管理是建立在数据收集与分析应用的基础上的，必须以现代信息技术为支撑。没有有效的数据收集与分析系统，就无法对商品销售数据进行收集分析，也就无法通过消费者的行为模式来发现消费者的实际需求与偏好，更无法开展建立在消费者需求基础上的品类管理。

（4）品类管理的最终目标是在满足消费者需求的基础上寻求经营优势和利润。满足消费者的需求是实施品类管理的基础目标，寻求经营优势和新的利润增长点是品类管理的最终目标，前者是后者的前提和保障。

（5）品类管理最终表现为一种零售管理流程。

3）品类管理产生的市场基础

（1）消费者对零售企业要求的变化

消费者对零售企业的要求随着市场的发展而不断变化。以我国为例，市场正处于催生零售环节品类管理的前夜，开展品类管理的条件已经成熟。从消费者的角度来看，在快速消费品领域，低价、商品齐全等因素不再是消费者仅有的几项追求，消费者希望零售企业提供的服务和商品包括更多的个性化因素，如环保、绿色、满足个性需求等。消费者对商品的认知自有其标准，零售企业不能仅从采购的角度决定销售什么商品，还应从消费者需求的角度决定销售什么商品。

（2）竞争压力

对零售企业来说，竞争压力不仅表现在同业之间，而且表现在不同流通渠道之间。零售企业面对全方位的市场竞争，要保持并拓展市场，不能仅依照传统经营模式来经营。几乎所有的零售企业都在根据市场的需求改变自身的经营模式，品类管理是零售企业面对竞争压力以变求存的结果。

（3）信息技术的发展

信息技术（主要是计算机、网络技术）的发展，为品类管理的产生和发展提供了技术支持。品类管理是在对消费者和商品信息进行收集和处理的基础上实现的，没有信息技术的支撑，就不可能有品类管理的出现。

（4）传统品牌管理遭遇瓶颈

传统品牌管理主要着眼于品牌的运作，在现有市场条件下，品牌管理无论是在理论研

① 张卫星，徐珉钰. 基于品类管理的制造商与零售商组织合作研究［J］. 北京财贸职业学院学报，2009（9）.

究还是在实践方面，都发展到了一定的高度，通过品牌管理大幅度提高利润空间的难度较大。具体表现为：单靠市场定位清晰的品牌无法提高商品价格；大部分品牌商相对于零售商处于劣势地位；广告对品牌塑造的重要性减弱；品牌本身不再是附加价值；传统的品牌管理架构不再适用，迎合消费者需求的品类管理具有品牌管理所不具有的优势。

（5）财务绩效压力

利润永远是市场主体拼搏的原动力。利润在财务上表现为财务绩效，在面对竞争激烈的市场时，企业需要通过管理变革取得更好的财务绩效，而品类管理作为一种求变的零售流程管理，很好地满足了这种需求。

1.1.3　传统经营模式与品类管理经营模式的区别

在传统经营模式下，零售商与供应商更多地处于一种对立竞争的状态，销售数据与消费者的信息无法共享，零售商与供应商也不可能联合确定商品组合等品类管理活动。在品类管理经营模式下，零售商通过POS系统的销售数据掌握消费者的购物信息；供应商取得零售商的销售数据后，对消费者消费商品的信息进行分析，锁定消费者对品类的需求；零售商与供应商在此基础上共同制定品类目标，确定商品组合、存货管理、新品开发及促销活动等。表1-1列出了传统经营模式与品类管理经营模式的区别。

表1-1　　　　　　　　　　**传统经营模式与品类管理经营模式的区别**

传统经营模式	品类管理经营模式
销售所采购之品项	采购应销售之品项
以产品为主	以消费者为主
零售商与供应商对立竞争	零售商与供应商成为合作伙伴
将产品推入市场	消费者将产品买进
厂商提供利润	消费者产生利润
以进货数量为报表依据	以实际销售数量为报表依据

资料来源　周春芳. 流通业现代化与电子商务 [M]. 北京：中国税务出版社，2005.

1.1.4　ECR与品类管理

ECR（Efficient Consumer Response）是1992年从美国食品杂货业发展起来的一种供应链管理战略。20世纪90年代初，日本食品加工和日用品加工业开始模仿美国服装业的"快速反应"，并形成了自己的体系，称为"有效消费者反应"。ECR欧洲执行董事会对ECR的定义是："一种通过制造商、批发商和零售商对各自经济活动的整合，以最低的成本，最快、最好地实现消费者需求的流通模式。"

ECR更多地被认为是一种观念，而不是一种新技术。ECR重新检讨上、中、下游企业间生产、物流、销售的流程，其主要目的在于消除整个供应链运作流程中没有为消费者增加附加值的成本，将供给推动的"Push"（推）式系统，转变成更有效率的需求拉动的"Pull"（拉）式系统，并将通过ECR理论重新设定的高效系统所带来的经营成果回馈给消费者，以期能更快、更好、更经济地把商品传递到消费者手中，更好地满足消费者的需求。因此，ECR的实施重点包括需求面的品类管理改善、供给面的物流配送方式改进等。

目前，ECR的推广对象以快速消费品（Fast Moving Consumer Goods，FMCG）及食品杂货为主，这些商品主要在超市经营。其实施重点包括需求方面的品类管理、供给方面的物流配送方式的改进等。

ECR 的基础架构分为四大领域，如图 1-2 所示，包括供应面管理、需求面管理、驱动力及整合力，并据此形成了 ECR 全球评量表，该表可评估 ECR 导入前的程度与能力。此外，ECR 可鼓励供应链管理者在上述四个领域（14 个项目）中不断进行改善。[①]

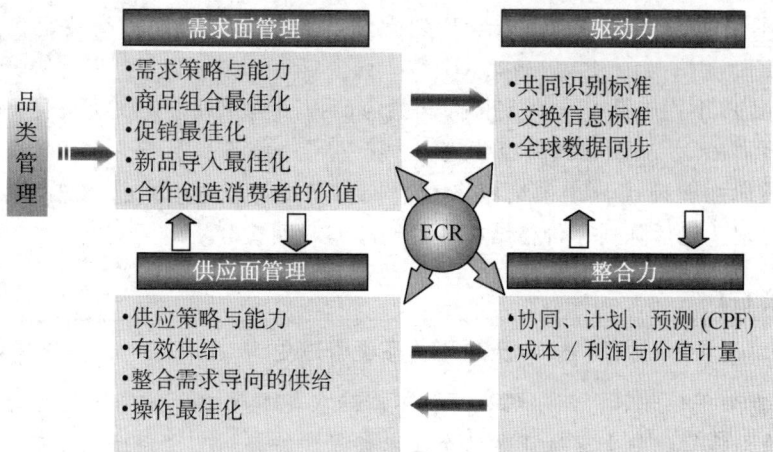

图 1-2　ECR 的基础架构

如图 1-2 所示，ECR 基础架构中的需求面管理涉及的内容（包括需求策略与能力、商品组合最佳化、促销最佳化、新品导入最佳化和合作创造消费者的价值等），都与品类管理相关。可以说，品类管理作为一种零售管理流程，是实现 ECR 理念的有效方式。

1.2　品类管理理念的提出与应用

1.2.1　国外品类管理发展历程

品类管理实践开始于 20 世纪 80 年代的美国，它改变了零售商与供应商传统上相互对立的关系，使两者趋向合作。在品类管理出现之前，美国商品流通渠道的竞争已经从生产商之间的竞争转变为零售商与生产商之间的竞争，典型的案例为沃尔玛这样的大型零售商逐渐取得市场主导地位，零售商与供应商之间的矛盾日益激烈。过度竞争的结果是零售商与供应商都把精力集中在价格博弈上，从而忽视了消费者的利益与需求，同质商品充斥市场。消费者对于符合自身需求的商品的寻求导致了品类管理理论与实践的产生。1992年，AC 尼尔森公司开始公布快速消费品供应商的信息，品类管理实践在欧洲逐渐展开。最初，品类管理的运用只局限于大卖场和超市，但是随着品类管理的优势越来越明显，品类管理逐渐为药品销售等零售领域所接受。

1993 年，美国食品营销协会联合可口可乐公司、宝洁公司、西夫韦公司及美国食品加工行业等 15 家大型企业会同流通咨询企业克特·萨尔蒙公司一起组成了研究组，对食品业的供应链进行调查分析。在总结了行业的许多成功经验之后，美国食品营销协会于 1993 年 1 月提出了改进行业供应链管理的详细报告，该报告首次系统地提出了

---

① 中国 ERC 委员会 . ERC 介绍 ［EB/OL］.［2017-07-21］. http：//www.ecrchina.org/Basics.aspx#ECRIntro.html.

ECR 和品类管理（Category Management，CM）的概念。ECR 是指一个由生产厂家、批发商和零售商等供应链组成的各方相互协调和合作的产业链管理系统。品类管理是指零售商与生产商将品类视为一个策略经营单位，以提升消费者的价值为焦点，共同管理品类的过程。品类管理的重点在于零售商和供应商"共同合作"，以提高消费者的价值，主要战术是高效商品组合、高效货架管理、高效新品引进、高效定价和促销，以及高效补货。①

在 20 世纪 90 年代中期，一些零售商和供应商把品类管理误定义为"使商品分类合理化，清除重复商品"，从而在商品经营过程中产生了一些不良影响。在此挫折之后，许多零售商重回传统商业模式。20 世纪 90 年代后期，品类管理再度兴起，此时品类管理的内涵更为广泛合理，包括陈列、价格结构、促销战略和顾客分析。

@相关链接 1-1

沃尔玛的品类管理史

从 20 世纪 70 年代开始，沃尔玛公司就不断研究超市管理方式，并在 90 年代初提出了品类管理理论，将管理的重点从原来的企业内部管理转移到了"通过最大限度地传递给消费者价值来提高企业的利益"上来。零售商与供应商管理发展史如图 1-3 所示。

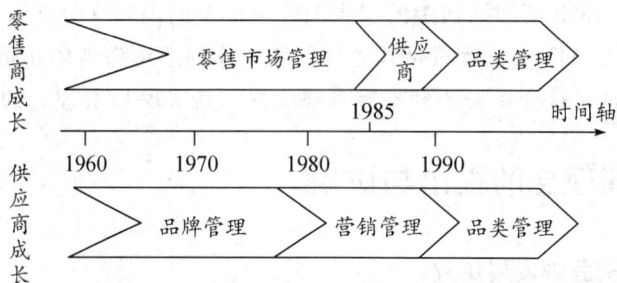

图 1-3　零售商与供应商管理发展史

沃尔玛与宝洁最近的一次合作结果表明：品类管理使得沃尔玛的销售额上升了 32.5%，库存下降了 46%，周转速度提高了 11%。品类管理开始显示出强大的优势。另一项研究表明，品类管理是零售商应用信息系统最重要的驱动力。

资料来源　倪瑜琥，霍佳震. 超市品类管理及其研究现状［J］. 上海管理科学，2002（5）.

1.2.2　我国台湾地区品类管理实践过程

20 世纪 80 年代中期，我国台湾地区的食品行业经营者认识到，追求低价目标的大型超市（如 Wal-Mart）将大幅挤占食品行业的市场。1992 年，ECR 概念的提出，明显改善了食品行业的工作流程与行为，"品类管理"一词首次被提及。品类管理是商业快速回应的重要环节，其重点在于四个范畴：发展基础设施建设、新品推介最佳化、促销最佳化、商品组合最佳化。②在我国台湾地区，品类管理理念目前在纺织、医药、化妆品、图书、食品等行业被采用。其中，食品业对品类管理的应用最广。

---

① 吕贵兴. 零售企业品类战术之高效定价分析［J］. 现代商贸工业，2007（6）.
② 许兆钧. 多重选择目标规划模型于便利商店品类管理之应用［A］. 台湾商管与资讯研讨会，2006.

1.2.3 我国大陆地区品类管理开展现状

在我国大陆地区，率先开展品类管理的主要是外资超市和合资超市。外资超市在进入国内零售市场的过程中，也带来了品类管理等先进的管理理念。例如，沃尔玛在1996年进入深圳市场时，带来了与宝洁公司合作进行品类管理的理念。然而，品类管理的理念与实践并未真正在国内零售业铺展开来。在理论方面，从2002年到2005年，国内一些学者开始对品类管理理论在学术范围内进行简单介绍，但并未对其进行深入挖掘，此后，国内学者对品类管理的研究再度沉寂。在实践方面，除了一些外资企业和我国港台地区的零售企业对品类管理有所实践外，内资企业并未深入实践。

随着国内零售市场的日益发展成熟、竞争日益激烈，消费者对零售行业的期望日益提高，传统的价格、促销、网点扩张等竞争方式在市场上的边际效益日益降低。特别是近年来，随着电子商务的两大瓶颈——支付和物流问题的解决，网络零售商不但做大了零售市场的份额，还从传统零售商处切下了一块蛋糕，导致很多传统零售商体会到了生存的压力，不得不将注意力从降低通道费转向通过提高核心技术来盈利。以华润万家等为代表的很多零售企业开始进行品类管理尝试，并取得了一定的成果。

1.3 品类管理与零售业

据统计，高效的品类管理能够使企业的销售额提高10%~15%，使企业的库存周转速度提高10%~15%。Cannondale Associates公司公布的《2004年零售行业消费者营销报告：品类管理比较研究》指出，快速消费品行业的品牌制造商和零售商对品类管理都相当重视，同时，被调查的生产商和零售商都表示会将是否重视品类管理作为评估对方营销表现和挑选合作企业的重要标准之一。品类管理会对零售业产生如下影响：

1.3.1 促进零售流通渠道的整合，减少流通环节

品类管理打破了多环节流通体制。所谓多环节流通体制，是指商品在流通过程中往往要经过批发商和零售商两个环节，有时批发商还不止一个，有的产品还可能经过代理商、经销商甚至更多环节。

假定一个传统流通渠道由零售商、批发商、分销商和制造商四部分组成（如图1-4所示），则多环节流通体制通常会带来以下问题：增加了整个渠道的流通费用；增加了流通行业和上游产业的波动幅度；增加了生产商的经营风险，即供应链中的"牛鞭效应"。

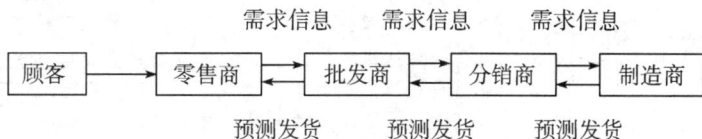

需求信息　　需求信息　　需求信息

顾客　→　零售商　⇄　批发商　⇄　分销商　⇄　制造商

预测发货　　预测发货　　预测发货

图1-4　传统流通渠道

品类管理能够缩短产品流通的环节（如图1-5所示），减少商品的订货期，实现产销信息共享，有效控制"牛鞭效应"。同时，品类管理能够使零售商和供应商双方紧密联系在一起，借助以信息为特征的经营和物流管理系统，对市场的变化及时做出响应，其结果是库存水平下降，有效抑制了滞销品的产生。

销售时点系统（POS）数据

顾客　→　零售商　→　供应商

预测发货

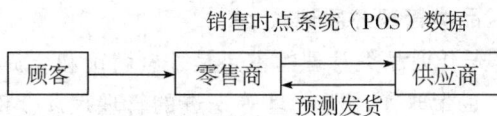

图1-5　基于品类管理的流通渠道

@ **相关链接1-2**

宝洁与沃尔玛的品类管理实践

　　沃尔玛的各家连锁店都制定了一个安全库存水平，一旦现有库存低于这种水平，设在沃尔玛的计算机就会通过通信卫星自动向宝洁公司的工厂订货。宝洁公司接到订货通知后，会立即将订购商品配送到各店铺，并实施在库管理。与整个商品的前置时间缩短相适应，两个企业之间的结算也是采用电子基金转换系统（Electronic Fund Transfer，EFT）来完成的。

　　自从宝洁公司与沃尔玛实施VMI（供应商管理库存，品类管理为VMI在零售领域的深化应用）系统以后，双方的绩效都有了明显的提高，见表1-2。其实，宝洁公司一开始是想和当时全球排名第一的零售商凯马特公司建立长久关系的，但是宝洁公司的要求遭到了凯马特的断然拒绝。在这种情况下，宝洁公司把目光转向了当时处于高速发展期的沃尔玛。沃尔玛的老板山姆·沃尔顿先生抓住了这次机遇，将VMI系统引入了沃尔玛。先进的思想和技术改变了历史，沃尔玛一举超过了凯马特，成为美国第一大零售商。经过不断的发展，沃尔玛现在已经位居世界500强首位。沃尔玛创造了历史，其中VMI系统功不可没。

表1-2　　　　　　　　　**宝洁与沃尔玛实施VMI系统后的绩效变化**

沃尔玛	宝洁
交易成本削减	交易成本下降
在库成本和风险降低	企业营销计划的实现变得非常容易
无纸贸易产生的间接费用削减	自动订货系统使得削减在库成本和风险的努力成为可能
人员管理、再配置等人力费用下降	产销联盟战略的实施完善了工厂的生产体制，削减了原材料的调达成本，降低了价格波动产生的机会成本
多环节流通费用削减	减少了中间环节，降低了流通成本

　　资料来源　赵旭升，马海军.VMI在零售业应用中的发展模式——供应商品类管理［J］.佳木斯大学学报，2005（10）.

1.3.2　降低零售企业的经营成本，提高经营效益

　　品类管理作为一项管理技术，通过改善零售企业的货架陈列、优化商品组合、改善促

销方式、引进新品、淘汰滞销品等方式，使得零售企业的产品更加适销，从而增加了单位销售面积利润，充分利用了货架陈列空间，增强了单品盈利能力，减少了商业流通环节，最终达到了降低零售企业经营成本、提高零售企业经营效益的目的。

@小资料1-1

　　2017年7月3日，商务部发布《中国零售行业发展报告（2016/2017年）》（以下简称《报告》），全面展示2016年我国零售业的发展情况，分析行业发展环境，指出行业存在的问题，预判行业未来发展趋势。

　　《报告》显示，截至2016年年底，我国零售业经营单位共有1 811.91万个，同比增长5.2%。全年商品零售额近29.7万亿元，同比增长10.4%，整体债务水平略有下降，企业利润规模小幅上涨，行业劳动效率小幅提高。便利店、购物中心、超市业态销售额增长较快，增速分别为7.7%、7.4%和6.7%。2016年下半年以来，大型零售企业销售情况明显好转，实体零售出现结构性回暖迹象。

　　《报告》表明，零售行业的变革发展仍然面临着一系列挑战，商业网点发展不均衡、结构性过剩、配套设施不完善等问题依然存在，零售企业的物流成本、租金成本、人工成本上涨的压力较大，数据驱动经营决策的发展格局尚未形成，零售市场的公平秩序有待进一步优化，传统零售商业模式的创新转型亟待加强。

　　《报告》指出，2017年，我国宏观经济形势明显好转，政策日益完善，互联网、大数据、云计算等信息技术的应用更加普遍，居民的消费需求发生了深刻变化，催生了零售新业态、新模式。《关于推动实体零售创新转型的意见》的出台，也为实体零售企业创新转型指明了方向，营造了良好的环境。2017年，零售企业线上线下全方位深入融合、多业态协同提供一站式聚合服务、供应链体系智能高效等特征将日益明显。

　　资料来源　佚名.商务部发布《中国零售行业发展报告（2016/2017年）》［EB/OL］. ［2017-07-03］. http://news.cctv.com/2017/07/03/ARTIzwzu7kne2w0Y0VE0msUo170703.shtml?_da0.014982793474773937.

中国零售行业发展报告（2016/2017年）

1.3.3　改善零供关系，使供应商有效把握市场

　　在我国流通领域，零售商与供应商之间的关系相对比较紧张，无论是零售商还是供应商，它们一旦在市场实力上取得相对优势，几乎都会利用这种优势迫使对方在商业上让步，如一些零售商收取通道费的行为，严重的已经构成了不公平交易行为。竞争能够提高效率，但过度竞争、不公平竞争则会取得相反的效果。零供之间的紧张关系使得双方不愿交流经营信息，以对抗代替合作，这无助于整个流通渠道降低成本、提高效益。品类管理要求零售商与供应商之间充分合作、信息共享、共同经营，这样不仅有助于改善零供关系，提高整个供应链的效率，降低流通渠道的成本，而且有助于供应商利用零售商的销售数据更好地分析、把握市场。

1.3.4　增强零售企业的核心竞争力，改善盈利模式

　　零售企业核心竞争力的内容包括很多方面：人脉资源、人力资源、信息化能力、财务实力、企业文化、管理能力、市场环境……本书认为，"品类管理"是管理能力中的一

项。品类管理不仅是指导零售企业科学配置企业资源、有效贴近终端消费者的指导工具，而且是监督零售企业高效经营的管理工具。因此，良好的品类管理或者类似的管理理念，是构建零售企业核心竞争力不可或缺的一项重要内容。

在我国，一些大型连锁零售企业，尤其是内资零售企业，单位面积或商品盈利能力很弱，甚至是负的，企业能够持续经营并不是依靠核心职能——销售来创造的，而是依靠收取通道费。通道费的许多内容是不合理的，它造成的后果是零售企业的经营成本提高，与供应商的关系紧张，收取的费用被转嫁到消费者身上，最终导致零售企业的竞争力下降。品类管理则是通过改进零售企业的经营能力来增强企业的核心竞争力的，从而可以降低零售企业对通道费的依赖性，改善盈利模式。

1.3.5　给零售商和供应商带来巨大的效益

在条件不具备或没有充足准备的情况下，实施品类管理并不能给零售商与供应商带来很好的效益，甚至可能会产生负面作用。但在条件具备或准备充足的情况下，品类管理能够给零售商和供应商带来巨大的效益。

1）品类管理带给零售商的效益

（1）减少管理货架的人力；

（2）降低缺货率；

（3）减少库存成本；

（4）增加销售量；

（5）提高商品周转率；

（6）提供较佳的采购及商品组合建议。

2）品类管理带给供应商的效益

（1）减少存货成本；

（2）增加销售量；

（3）提高市场占有率；

（4）提高毛利率；

（5）提高净利率；

（6）提高投资报酬率；

（7）提高资产报酬率。

1.4　品类管理的支撑要素

部分国内学者认为，品类管理通常包括相互关联的六个要素。其中，零售商策略和业务流程两个要素是日常品类管理操作的核心工作，因此被称为品类管理的"核心要素"；其他四个要素即品类评估、信息技术、合作关系、组织机构，在支持零售商策略和业务流程的过程中扮演着重要的角色，是品类管理得以顺利实施的保障，因此被称为品类管理的"保障要素"。①也有学者认为，品类管理包括策略、经营流程、评量表、组织能力、资讯

---

① 中国连锁经营协会. 品类管理理论与实战［M］. 北京：中国商业出版社，2009.

科技和交易伙伴的合作关系六大要素。①

　　本书认为，品类管理的支撑要素包括零售商战略、业务流程、品类评估、零供合作关系、组织执行能力和现代信息技术六项。

1.4.1　零售商战略

　　零售商战略是指零售企业根据自身的经营状况和发展定位，以消费者及市场需求为基础，对企业的组织架构、经营理念和管理方法与技术进行全局性规划与战略性布局，从而使企业的后续经营活动围绕既定战略展开。

　　品类管理的实施首先需要零售企业在战略层面上做出推行的决定。零售商对自身的经营情况做出评估，认识到开展品类管理对自身核心竞争力发展的有利之处，从而在战略上做出开展品类管理的决定，并以此战略为始，在经营过程中长期执行品类管理策略，这样品类管理才能在企业内部真正推行。

1.4.2　业务流程

　　流程的英文是"Process"（也可译作"过程"）。业务流程是一组将输入转化为输出的相互关联或相互作用的活动。总体来说，"流程"包括以下六个要素：输入资源、活动、活动的相互作用（即结构）、输出结果、顾客、价值。

　　品类管理的业务流程是通过投入零售商采集的商品销售信息、消费者购物信息及品类管理所需的其他资源，对所销售的商品进行系列管理的行为，最终达到满足消费者需求、向消费者提供品质更好的服务的目的。业务流程是品类管理能够正常开展及取得良好效果的保障。

1.4.3　品类评估

　　品类评估不仅是对商品销售情况的评估，而且是从消费者的消费特性与品类商品的联系、商品以往的销售记录等各个方面对品类商品的评估。品类评估能够保证品类管理的后续业务流程有一个合理的逻辑起点，使品类管理的所有业务流程建立在一个对品类商品正确认识的基础上。

　　品类评估通过品类评估表实现。品类评估表的设计原则为：要结合企业的任务、目标和策略，针对供应商、零售商和消费者三者的需求均衡设计。进行品类评估时，不再只看销售量，而是同时分析整体业务绩效、毛利率和购买率等所有相关数据，以各个阶段的数据综合确定品类管理的成效。总之，品类管理的成效非短时间内可以体现，如果盲目修改品类评估表，那么品类评估很可能无法达到最终目标。②

1.4.4　零供合作关系

　　在我国，零售商与供应商之间的关系比较紧张，双方利益未能统一，但这并不是说零供之间的关系不可调和，而是处于优势地位的一方不愿放弃短期既得利益去追求长期合作产生的利益。品类管理则相反，它需要零售商与供应商之间保持良好的合作关系。

　　零供之间良好的合作关系主要体现在对商品和消费信息的共享、货架排面的共同管理、促销活动的合作等方面。良好的合作关系能够使双方确定更符合市场需求的商品组

---

① 王正萍. 品类管理的基本要素及执行重点 [J]. 信息与电脑，2003（7）.
② 王正萍. 品类管理的基本要素及执行重点 [J]. 信息与电脑，2003（7）.

合，从而降低经营成本，提高经营效益。

1.4.5　组织执行能力

品类管理的实施需要企业有良好的组织执行能力。如前所述，品类管理首先是企业高层决策的结果，只有得到最高管理层的重视和允许，品类管理才能在整个组织体系中有效贯彻；其次，应明确组织机构及职能主体，通过一定的组织程序来执行品类管理；最后，应有明确的执行目标。

1.4.6　现代信息技术

现代信息技术是品类管理的技术支撑。品类管理的实施离不开对商品和消费者信息的掌握和分析，也离不开零售商与供应商之间信息的互换交流，而这些都需要依靠计算机技术来完成。

　　案例窗

关于空调产品品类细分的思考

由于消费者的产品认知能力、理性思维能力的提升和产品信息的透明与同质化，加之企业对产品铺天盖地的宣传，因此消费者对广告内容产生了抵御心理，进而形成了阅读惰性，甚至出现了反感情绪。然而，企业要想生存和发展，就必须顺势而为，力图让消费者获得信息的渠道变得轻松。那么企业该怎么办呢？基于此，我们引出了一个话题，即关于空调产品品类细分的话题。

2007年，美的空调开辟了一个全新的空调消费细分市场，即推出了专门用于夜晚、卧室使用的空调产品。随后，空调行业老大格力也立即推出了类似的细分品类。由于此类空调一投入市场就赢得了较好的市场表现，因此二流、三流企业争相模仿，相互大力争夺这一品类的市场份额。一时间，此类空调产品的出境率一路攀升。毫无疑问，这是一个巨大的市场机会和最佳的策略机遇。为了确保对此类空调产品的垄断地位，格力首先将此类空调定义为"卧室空调"，正式明确这是一个新的品类，并冠以专门的"格力卧室空调"的图标，以一种似乎"卧室空调"为格力专利的形式高调杀入市场，从而给寂静了多年的空调市场带来了一丝新意，也唤醒了消费者的购买欲望，带动了行业市场的整体运行。而其他企业，如美的，却永远丧失了这个机会。笔者也曾在"卧室空调"概念未出现的时候，提出过有关垄断这一新品类的思想，但均以失败告终！针对现在已经形成的庞大市场，有空调业内人士表示：2007年，甚至2008年的空调市场，必定是"卧室空调"的市场！

2007年和2008年的销售数据显示，"卧室空调"确实给整个空调市场带来了勃勃生机。虽然每年都有为数不少的空调企业从市场上败下阵来，但是就前几大空调企业来说，它们不仅产销量逐年递增，还把整个空调市场的蛋糕给做大了。出现这样的结果，足以说明空调品类细分的年代已经到来了。

随着行业竞争的加剧，空调产品逐渐分离出三大最受消费者关注的功能，即静音、健康、节能。当然，随着对这三大功能的挖掘难度逐渐增大，后来又出现了以外观、智能等为卖点的系列产品。但市场证明，就目前而言，以外观、智能等为卖点的产品的销售还没有出现大力提升的现象。下面我们仅以静音、健康和节能三大功能建立起来的品类进行阐述。

在静音方面，美的、格力等企业率先提出了以卧室、夜晚为使用环境的静音品类的空调产品。特别是格力，在了解到此类空调的市场地位和发展潜力后，立即提出了"卧室空调"的概念，首次从概念上和感官上扩大了对静音效果的理解，从而延伸出了一个全新的品类。正如文章开篇所述，消费者对广告有一种阅读惰性或反感心理，因而消费者很容易记住品类名而不是几个罗列的卖点。"卧室空调"的成功主要基于以下几点：

（1）由行业老大格力提出，产品性能的说服能力强；

（2）跳出单一某款产品在静音这一特性上的说教，从品类的概念上进行创新，从而给予了非专业的消费者以全新的感觉；

（3）市场细分明确，产品概念的针对性强；

（4）各大企业争相模仿并大力宣传，对消费者的购买起到了极强的导向作用。

在健康方面，格兰仕提出了"格兰仕光波空调"的概念，并一直以此立命。虽然说格兰仕现在在行业内所处的地位不容乐观，但是其仅以"光波空调"这个细分品类就打下了一片不大不小的天地，这足以显示出品类细分的重要性。随着"卧室空调"的销量一路上涨，长虹空调也提出了一个新的品类——"养生空调"，但是从市场份额和影响力上看，"光波空调"和"养生空调"的市场表现都远远低于"卧室空调"。究其原因，我们发现主要有以下几点影响了这两个品类的市场表现：

（1）支持"光波空调"和"养生空调"的企业格兰仕和长虹在行业所处的地位难以提供背景支持；

（2）格兰仕和长虹的技术实力相对较弱，对消费者的健康保证作用的可信度比较低；

（3）"健康"这一概念难以用数据直观表达。

具体来说，空调的功能如图1-6所示。

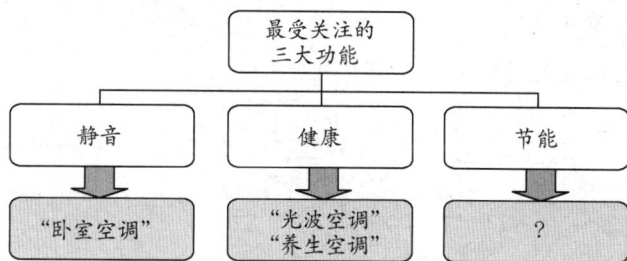

图1-6 空调功能图

在节能方面，随着国家对节能、环保产品的重视以及消费者节能环保意识的提高，空调产品的"节能"特性被逐步放大，并出现了一系列相关产品。但是将"节能"作为重要卖点的企业到目前为止仅有志高一家，其他企业都将"节能"作为次要卖点来看待。其原因是多方面的，当然最主要的是技术能力、成本消化能力的限制和企业的关注点不一。令人遗憾的是，志高空调一直把单一的"节能"特性作为其产品的卖点，而没有扩大到一个品类的范畴，更没能提出一个关于"节能"的新品类。从"卧室空调"的市场表现和市场机遇来看，由"节能"划拨出来的品类一定会有更加良好的市场表现。原因有以下几点：

（1）正如前文所述，"节能"特性是国家所倡导和重点支持的事关国家经济持续发展的一项重要指标，每个企业都有这个责任；

（2）消费者节能意识的加强为企业"节能"产品的出现已经做好了市场铺垫；

（3）"节能"品类的提出可以放大"节能"性能的影响力和传播力，更具有针对性；

（4）"节能"能够以明显的数据进行表达，对于普通消费者来说，可信度高。

总之，打造一个全新的品类，或者用一个品类对一类产品进行重新命名，其传播性和针对性都远远优于单纯某一个产品卖点的传播性和针对性。所以从一定意义上来说，产品品类的价值大于单纯某一卖点的价值，这也是各企业，特别是空调企业必须明白的营销方法和策略。

资料来源　孙德奎. 关于空调产品品类细分的思考 ［EB/OL］．［2008-05-10］. http：//www.globrand.com/2008/84295.shtml.

职业指南

成功的品类管理必须从战略着手

所有的品类管理工作，都应该从战略开始。战略是一个零售企业管理各个品类的总体指导方针。零售企业应该把其全部商品分成一系列的品类来管理，品类是企业商品管理的"战略经营单位"，这也是品类管理的基本原则之一。每一个品类都在全部品类组合中扮演一个特定的角色，各个品类组合在一起，形成一个整体的战略目标。为了达到此目标，每一个品类的战略都必须与企业的整体战略相一致。战略作为品类管理的起点，就是要保证单个品类的经营方法是正确的，以此确定企业战略对业务流程的覆盖，并构建出战略框架。

在推行品类管理的业务流程之前，零售企业应该就一系列具有战略意义的问题给出答案，这些战略性问题包括企业的总体目标和使命、市场营销定位、对目标顾客的描述、对目标顾客需求的清晰定义等。

具体来说，这些问题的逻辑关系如图1-7所示。

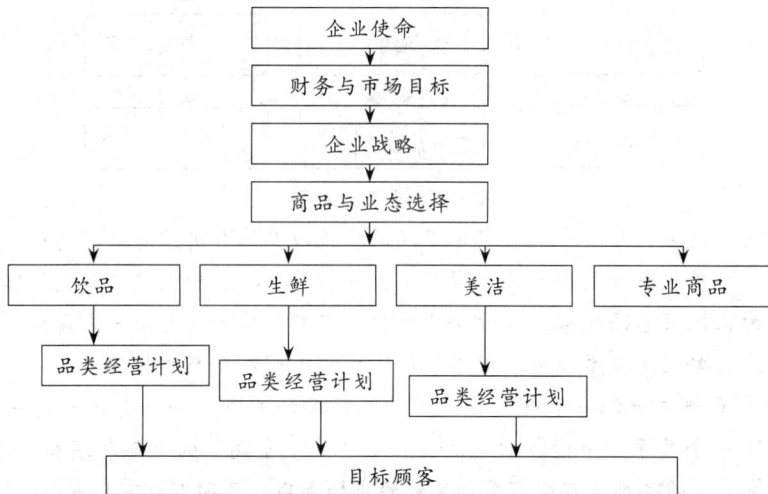

图1-7　零售企业一系列具有战略意义的问题的逻辑关系

在过去的 25 年中，我们辅导过数百家零售企业，发现了它们在制定企业战略时最可能犯的一些错误，这些错误具有相当程度的共性。

第一，战略只存在于高层管理干部的"头脑"中。如此造成的误解是广泛的，即使在高层团队成员之间，也可能在理解上存在很多差异，更别说基层的管理干部了。对战略认识的不一致，必然会导致具体决策的矛盾与混乱。为了有利于整个团队的理解与交流，战略必须用书面形式清晰表述。

第二，战略常常被看成企业的头等机密，只在为数不多的高管成员间透露。虽然企业的战略并不需要每一个管理干部都了如指掌，但战略方向必须得到准确分解和传达，以使企业的基层干部在需要做出相应决策的时候，能够有一个准确的认识。

第三，在零售企业的战略中，被严重忽视的要素是目标顾客群，或者说是针对一个企业各种业态的门店的有差异的目标顾客群。如果忽视了这一要素，就没有办法让不同岗位上的管理干部持续一致地做出面向目标顾客的有效决策。

所有零售企业面临的最大挑战，就是如何在这个激烈变化的市场中调整自己，以适应消费者和市场的变化。今天的中国零售企业所面临的挑战尤其严峻，虽然"变化"始终是现代中国零售行业进步的动力，但是现在的"变化"的确来得太快，并且难以预测。"新常态"条件下的消费者需求和新的竞争渠道带来的压力，实际上已经把中国的零售企业推到了"下一个时代"，这种急速的"变化"从未在中国发生过。零售企业必须对原有的愿景、战略和方法做出调整，以适应新的现实。其他国家的经验一再证明，品类管理是零售企业最重要的，甚至是必不可少的工具，它可以帮助零售企业调整其目前的战略，以适应新的经济和市场形势，特别是当一个零售企业能够从战略的角度来认识它的时候。

资料来源　哈瑞斯，克劳德. 成功的品类管理必须从战略着手［EB/OL］. 张智强，译.［2016-01-13］. http://www.linkshop.com.cn/web/archives/2016/342122.shtml. 有删节.

📌本章小结

商品品类必须以消费者对同类商品在某些特性上的共同认知为前提，以便根据市场需求确定商品组合。因此，品类是指在消费者心目中在某一个或某些特性上是一致的、能够相互替代的同类商品，并且这些同类商品能够让销售者更好地锁定目标消费者，更方便销售者进行管理，从而促进销售。品类管理是以品类为策略性事业单元，在零售商与供应商有效合作的基础上，通过数据收集与分析应用，充分挖掘与满足消费者的需求，从而优化盈利能力的零售管理流程。

品类管理会对零售业产生如下影响：促进零售流通渠道的整合，减少流通环节；降低零售企业经营成本，提高经营效益；改善零供关系，使供应商有效把握市场；增强零售企业的核心竞争力，改善盈利模式；给零售商和供应商带来巨大的效益。

品类管理通常包括相互关联的六个要素。其中，零售商策略和业务流程两个要素是日常品类管理操作的核心工作，因此被称为品类管理的"核心要素"；其他四个要素即品类评估、信息技术、合作关系、组织机构，在支持零售商策略和业务流程的过程中扮演着重要的角色，是品类管理得以顺利实施的保障，因此被称为品类管理的"保障要素"。

主要概念

品类　品类管理　ECR　零售商战略　品类评估　零供合作

基础训练

一、选择题

1.品类管理实践开始于（　　）。

A.20世纪60年代的日本　　　　　　　B.20世纪80年代的美国

C.20世纪90年代的欧洲　　　　　　　D.21世纪初的中国

2.以下属于品类管理产生的市场基础因素为（　　）。

A.消费者对零售企业要求的变化　　　　B.竞争压力

C.信息技术的发展　　　　　　　　　　D.传统品牌管理遭遇瓶颈

3.品类的构成要件是指形成品类所必须满足的条件，包括（　　）。

A.消费者心目中对某类可替代商品的某些购买考虑因素的共同认识

B.同品类商品必须是相互关联或可互相替代的

C.形成共同的利益关系

D.同品类的商品可以通过定价、展示、促销等方式共同进行销售管理，从而达到规模效应，增强对消费者的吸引力

二、判断题

1.品类应为在消费者心目中在某一个或某些特性上是一致的、能够相互替代的同类商品，并且这些同类商品能够让销售者更好地锁定目标消费者，更方便销售者进行管理，从而促进销售。　　　　　　　　　　　　　　　　　　　　　　（　　）

2.ECR更多地被认为是一种新技术，而不是一种观念。　　　　　　（　　）

3.零售商战略是指零售企业根据自身的经营状况和发展定位，以消费者及市场需求为基础，对企业的组织架构、经营理念和管理方法与技术进行全局性规划与战略性布局，从而使企业的后续经营活动围绕既定战略展开。　　　　　　　　（　　）

三、简答题

1.品类管理具有什么特征？

2.描述品类管理零售店与传统零售店的区别。

3.品类管理有哪些支撑要素？

实践训练

【实训项目】

大卖场服装品类考察。

【实训场景设计】

学生按教师指导选择达到一定规模的、方便到达的大卖场，对大卖场的服装销售区域进行考察。

【实训任务】

所有同学一起对大卖场的服装销售区域所销售的服装进行大致分类，每个同学选择一类服装，考察这类服装的相同之处，如用途、价格、品牌形象、质量等，分析这些特征对消费者购物产生的影响，最终提交一份分析报告。

【实训提示】

同学们应首先了解大卖场商品销售的特点，包括定价、促销、商品组合、品牌和供应商选择等。

【实训效果评价】

实训效果评价见表1-3。

表1-3 实训效果评价

评价指标	具体评价	得分
报告内容		
语言		
逻辑思路		
实践性		
对专业的理解		
合计		

教师对每位同学实训的各项指标进行评价打分，每项指标分值最高为20分，最低为0分，最后合计为本次实训成绩。

第2章

品类管理工作流程

学习目标

掌握品类管理的作业流程；在建立品类管理组织机构的基础上，对市场及品类结构进行分析，建立品类模板，对品类进行评估，最终进行品类推广。

【引例】   服装品类销售额增长点分析

本分析报告是为某垂直服装电商（平台）做的数据分析，目的是找到当前的运营问题，提高运营效率。

一、结论

结论1：战略层面，男装成为平台的重点发展品类。

结论2：战术层面，加强平台在移动端的投入。

结论3：在运营策略上，可以以男装为突破口，通过品类的扩充和知名品牌的合作，以及在渠道上的优势，迅速获得市场。

结论4：华北是男装重点发力的区域。

结论5：加大polo衫和夹克等品类投入，将价格定位在100~300元，能快速提升男装交易额。

结论6：选择"针织、雪纺"这两个品类作为关联推荐的品类，可以提高客单价。

结论7：目前平台的男装，其市场层面运营的核心是"品牌认知"，有了一定的品牌认知后，我们需要做品牌的偏好推广，最后提高用户的忠诚度。

结论8：对店铺去做分层运营和管理，对vip型店铺去不断扩充sku，对高潜力的店铺去打造爆款，对不稳定的店铺去处理滞销品，全面提升店铺业绩的首要工作是调整产品结构。

二、分析思路

1.这是一个垂直电商，核心是做服装品类，和酒仙网的运营模式很类似，所以我们在分析这种企业时，首先要看看这个品类互联网化还有多大的价值？"网购渗透率"是一个很重要的衡量指标，2013年的国内服装网购渗透率达21%，占国内网购市场交易额的27%，服装成为网购的第一大品类；2014年的国内网购渗透率有23.6%，说明还是很大的发展空间，至少要达到50%以上（如图2-1所示）。

2.我们确定了服装电商还有很大的发展空间，接着就要决定是发展男装还是女装，男装网购的渗透率低，但是增长快，所以是未来发展的重点。

在国内服装市场上，男装市场容量占比38%，高于女装的32%；服装网购，男装网购额占比17%，渗透率8.9%，低于女装41%的份额和25%的渗透率。但2012年，男装网购份额占比提升了17.3%，远高于女装的1.5%。

2008　2009　2010　2011　2012　2013　2014
国内服装零售额（亿元）　　服装网购交易额（亿元）
— 服装网购渗透率

图2-1　国内服装零售额、网购交易额及网购渗透率

3.前面分析了个整个服装市场的服装交易，从平台自身分析，2013年男装交易额占整个服装配饰交易额的28%（如图2-2所示），高于行业平均值，说明平台在男性用户市场有着很强的信任度。前期我们从运营策略上，就可以以男装为突破口，通过品类的扩充和知名品牌的合作，以及在渠道上的优势，迅速获得市场。

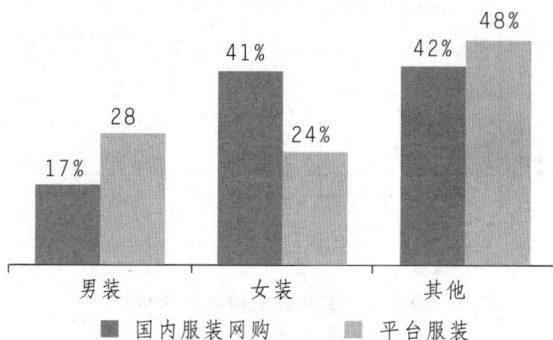

男装　女装　其他
国内服装网购　　平台服装

图2-2　2013年平台各类服装交易额分布

4.要提升电商的交易额，就要从三个地方入手：流量、转化率、客单价。我们先从流量价值上看看我们是否把流量用到了最大化，所以这里用了一个指标"客均服装交易额贡献度"（客均服装交易额贡献度=日均独立访客/交易额，即单一访客为网站带来的交易额），我们发现我们的流量价值只有天猫的一半，凡客的二十分之一，还有很大的增长空间（见表2-1）。

表2-1　　　　　　　　　**2013年国内B2C服装电商交易情况**

排名	国内B2C服装交易	2013年份额	日独立访客(百万)	客均服装交易额贡献度
1	天猫	74.7%	106 194	12
2	唯品会	4.1%	15 778	4
3	腾讯B2C	3.9%	4 671	14
4	凡客	2.8%	351	134
5	京东	2.3%	38 520	1
6	当当	1.3%	4 359	5
7	亚马逊中国	1.0%	4 603	4
8	平台	1.6%	3 981	6

5．要提升流量价值，就要从精准营销上入手。首先是从地域上，我们根据平台自己的用户群分布，来做针对性的区域营销。主要的客户群集中在华北地区，但是渗透率只有7.2%，说明在这个区域的市场还有很大空间，而交易额环比增长只有40%，其余的地域达到50%以上，所以确认华北地区是我们重点发展的区域（如图2-3所示）。

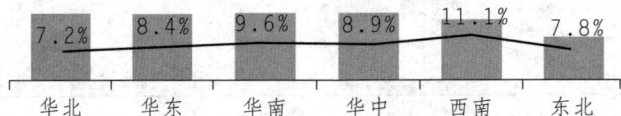

图2-3　客户分布区域统计

6．在确认重点发展男装之后，我们还要做品类细分，具体发展哪些品类，我们有两个标准：首先是这个品类的交易额在服装品类的交易额占比要足够大，其次是增长要足够快，所以我们通过波士顿矩阵选择polo衫和夹克为重点扶植的品类（如图2-4所示）。

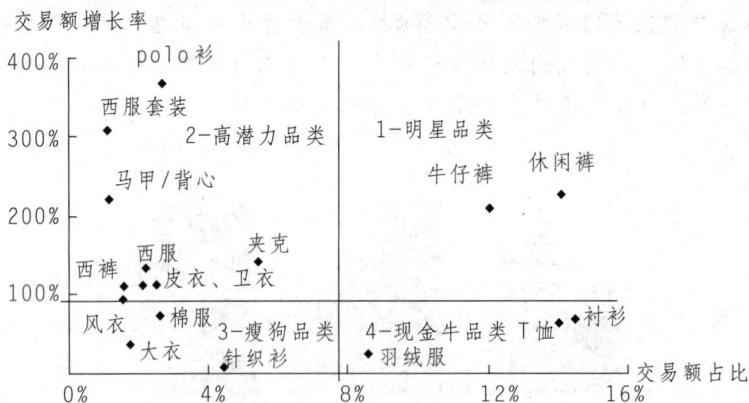

图2-4　男装波士顿矩阵分析

7．我们选择了polo衫和夹克，还需要进一步地细分发展哪个价格带的产品，这就是数据分析的魅力，通过层层挖掘，直到找到那个引爆点。所以100~300元的polo衫是我们需要重点发展的区间，100~300元的夹克也是我们要发展的区间（见表2-2）。

8．还有一个考量价格带定位的就是动销率（动销率＝统计期内有销售量的商品数/在柜商品数量），动销率越高的品类，说明越受用户的喜欢。

9．关联分析：关联分析解决的是"客单价"的问题，购买"男装"的用户一般还会购买什么品类的商品，通常我们在做这种应用的时候，还会接入另外一类数据，就是"同质数据"；如"地域、年龄、颜色偏好、职业、客单价"等因素和我一样的用户，一般还会购买什么，这种推荐一般转化率会很高。

10．如果运营男装品牌，会涉及选品的问题，哪些品牌是我们引进的重点，比如我们选择在上一周的促销活动中，将自己的平台销售最多的品牌和天猫作对比，会发现"杰克琼斯、GXG"这两个品牌的互联网购买力很强，我们未来可以关注。

11．从整个平台的运营来看，我们11%店铺的销售额占了整体销售额的80%以上，说明90%的店铺都处于无销售状态，所以店铺的结构化管理是我们接下来平台运营的重点。

12．我们把高效率的店铺以"动销率"和"转化率"来作分类，分成"vip、高潜力、不稳定和全面提升"四种类型。对于动销和转化都很好的店铺，我们需要不断地扩充

表2-2 不同品类价格区间

品类	100元以下	100~300元	300~500元	500~1 000元	1 000元以上
衬衫	7.4%	43.2%	37.9%	9.9%	1.3%
T恤	20.23%	55.52%	16.86%	5.09%	0.83%
休闲裤	4.47%	47.76%	32.63%	13.47%	1.57%
牛仔裤	7.55%	47.50%	20.64%	19.03%	5.20%
羽绒服	0.06%	6.82%	17.79%	34.85%	40.48%
夹克	0.58%	32.64%	28.56%	26.73%	11.44%
针织衫	7.56%	39.17%	30.48%	16.25%	6.34%
棉服	0.42%	26.58%	30.56%	27.68%	14.76%
外套	2.72%	31.57%	38.55%	18.71%	8.38%
polo衫	18.01%	37.96%	27.84%	13.88%	1.64%
皮衣	0.06%	6.84%	7.55%	6.96%	78.56%
卫衣	4.62%	62.87%	27.23%	4.52%	0.59%
西服	1.89%	27.84%	21.41%	32.98%	15.81%
大衣	0.10%	6.65%	17.48%	35.80%	39.96%
风衣	0.10%	41.20%	33.43%	17.37%	7.89%
西裤	2.35%	40.06%	24.35%	32.27%	0.94%
马甲/背心	7.53%	61.15%	17.04%	10.05%	2.50%
西服套装	0.05%	8.15%	20.65%	35.76%	35.39%
裤子	3.20%	27.66%	31.50%	25.21%	12.23%
羊绒衫	0.88%	11.54%	16.52%	25.56%	45.46%

这个店铺的sku数量，对于各种sku都会有销售。但是，对于销售不是很好的店铺，我们要帮助其找到"爆款"，提升转化；对于有转化没有动销的店铺，一定是有大量的滞销品，这个时候需要赶紧替换。

资料来源 汤垒. 服装品类销售额增长点分析［EB/OL］.［2017-05-22］. https://zhuanlan.zhihu.com/p/21738079.

2.1 品类管理作业流程概述

典型品类管理的作业流程被分为八个步骤，包括品类定义、品类角色、品类评估、品类评分表、品类策略、品类战术、品类计划实施和品类回顾，如图2-5所示。

```
                    高层达成一致
                         ↓
定  ┌──────┐      品类定义 ──── 根据产品结构来划分品类
期         品
评         类        ↓
估         回       品类角色 ──── 品类在零售商中的角色
监         顾
督                    ↓
修               品类评估 ──── 了解品类／子品类的表现
改
                    ↓
               品类评分表 ──── 建立目标和评估标准
                    ↓
               品类策略 ──── 市场策划、供应、店内服务的策略
                    ↓
               品类战术 ──── 进行产品款式选择、定价、货架
                              摆放和促销等优化管理
                    ↓
               品类计划实施 ──── 付诸实践
```

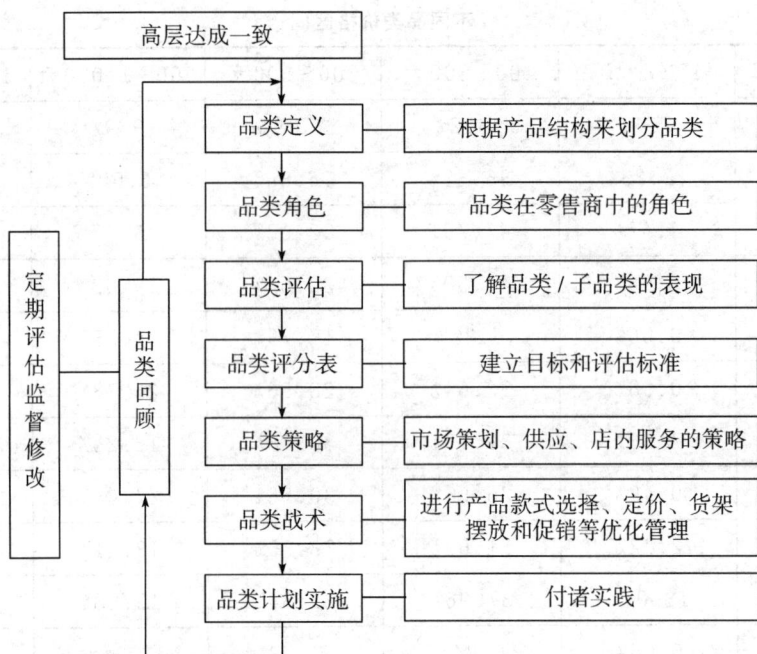

图 2-5   品类管理作业流程图

品类管理的作业流程并不一定是标准式的、教科书式的，只要是围绕着品类的三个特性进行经营，以达到迎合消费者需求、扩大销售、增强零售企业核心竞争力的目标的作业流程都可视为品类管理流程。由于各企业的基本情况不一，开展品类管理的环境、技术和人员储备基础、与供应商关系等情况也并不相同，让所有企业遵循同一流程开展品类管理工作并不现实。零售企业应根据自身情况，设计符合自身经营状况的品类管理作业流程。

2.2   建立品类管理组织机构

2.2.1   企业现状确认

实施品类管理前，首先要对企业目前的状况进行评估调查，以确认是否能够开展品类管理；如不能，差距在何处，如何弥补。对现状的确认内容见表 2-3。

2.2.2   人员架构

品类管理需要企业组织机构中部门的支持，几乎各个部门都不能置身事外，实施品类管理所涉及的企业部门如图 2-6 所示，整个人员架构组合涉及以下人员和部门：企业领导、采购部门、营运（市场）部门、信息部门、门店和其他部门人员。企业领导的重视支持和倡导是品类管理的推动力；采购部门是新品引进和与供应商接洽的直接执行者；营运部门直接对品类进行经营及销售，包括按品类拟订促销计划等；IT 部门是品类管理的信息支持者，是品类管理顺利开展的技术支持力量；门店是品类管理最终得以实施的直接执行者。品类管理组织支持结构图，如图 2-7 所示。

表2-3 实施品类管理前企业内部状况评估表

评估项目	内容
开展品类管理的目的	满足消费者需求 增加利润 增强盈利能力和核心竞争力
公司对实施品类管理的适应能力	是否有变革组织、流程和管理控制系统的意愿 以前是否有变革的经验 对变革的牵制因素 相关部门的准备 是否有投入时间与资金的准备
企业管理层的执行意愿	管理层是否有实施品类管理的认识与决心 对品类管理的了解 对实施品类管理的信心 是否能全程支持实施品类管理 对投入资金与时间的容忍程度
人力资源储备状况	是否有品类管理人才储备 是否有能培养成品类管理的人才储备 薪资与评价体系是否符合品类管理的目标要求
信息技术系统	现有的信息管理系统状况是否能支持品类管理 品类管理中会遇到哪些与信息技术相关的问题 企业数据与信息质量、及时性、全面性如何 与供应商如何交流数据信息
门店的执行力	门店对实施品类管理的意愿 门店对品类管理的理解及对品类管理意义的理解 门店是否有精力与时间投入品类管理，配合系统品类管理工作
与供应商的关系	是否已经实施VMI 关键品类供应商是否支持企业实施品类管理 与供应商之间的关系如何

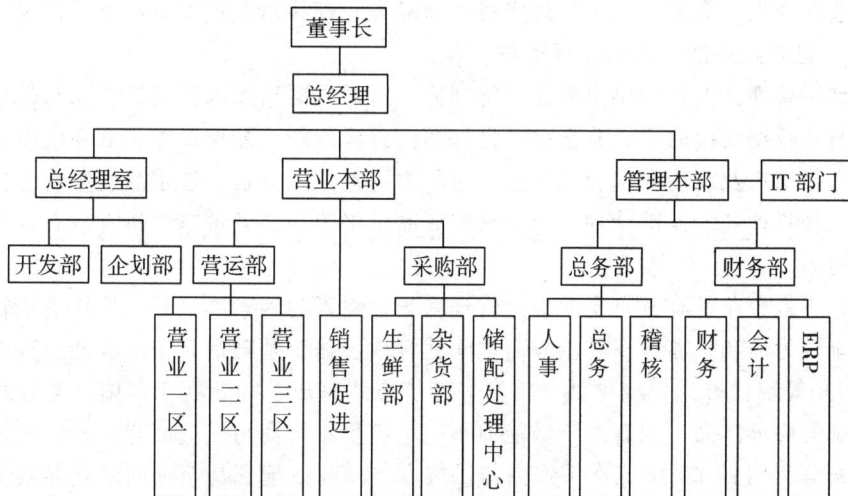

图2-6 实施品类管理所涉及的企业部门

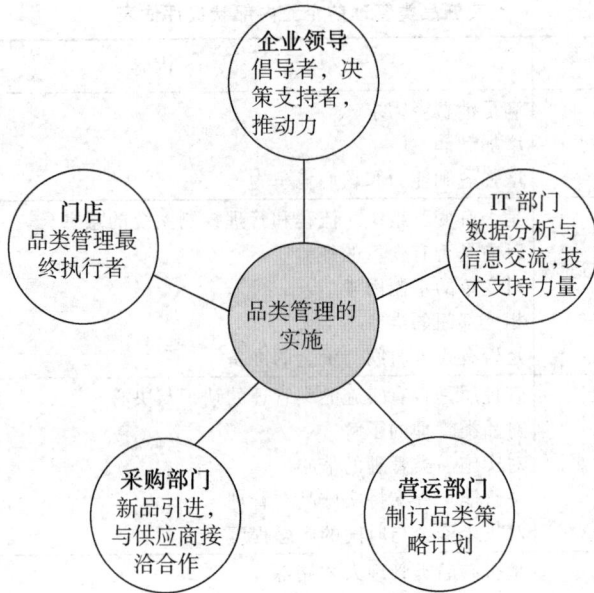

图 2-7 品类管理组织支持结构图

2.2.3 品类管理政策内部宣传

零售企业要确保品类管理的顺利实施，必须在组织体系内部对品类管理的策略、内涵、意义等进行深入的宣传，使所有员工认识到品类管理的重要意义，理解品类管理的内涵，从而使品类管理工作有序地开展。

宣传工作主要包括以下几个方面：

（1）编制内容完整、通俗易懂的品类管理宣传资料，在企业内部组织学习，使相关人员对品类管理有较深的理解。

（2）对相关人员进行品类管理知识及后续品类管理工作的培训。

（3）在样板门店展开品类管理实践，使组织系统内部能够看到品类管理的实施效果。

（4）选取样板分类进行品类管理实践，让品类管理执行人员对其有感性认识。

2.2.4 建立内外部信息沟通渠道与平台

开展品类管理，尤其是供应商品类管理后，对零售商组织内部及零售商与供应商之间的信息沟通和数据交换的要求非常高，良好的信息沟通能力能保证零售商和供应商在大量的翔实的产品销售及市场数据的基础上，对品类进行深入分析，制定品类策略，包括制订快速及时的补货计划、促销计划，合理确定商品价格等，品类策略的执行也有赖于良好的信息交流能力。

目前，零售企业都有其自身的信息管理系统，除人为因素影响外，依托信息管理系统的内部交流较为通畅，零售商与供应商之间就订单传输等基础信息交流也能通过电子数据交换（EDI）等现代方式，或电话、传真等传统方式完成。问题在于实施品类管理，对大量数据传输的要求较高，现有的传输能力不一定满足零售商与供应商充分合作的要求。此时，需要充分利用 EDI 系统或在零售商与供应商之间建设配套甚至相同的软件系统来满足信息充分交流的要求。因此，在实施品类管理前，应事先确定零售商组织内部及零售商与供应商之间的沟通方式、工具。

2.2.5　数据来源、标准的确认及数据挖掘

1）品类管理数据来源

在品类管理实施初期，需要在数据收集的基础上对商品品类进行分析，数据的来源包括商品销售数据、商品属性数据、供应商相关数据、消费者消费特点数据、竞争者销售数据等。零售企业应为收集这些数据制定相应标准，比如确定数据详细到何种程度、数据的时间标准、质量标准等。

2）数据挖掘

维基百科如此描述数据挖掘：数据挖掘（Data Mining），又译为资料采矿、资料探勘，它是资料库知识发现（Knowledge Discovery in Databases，KDD）中的一个步骤。数据挖掘一般是指从大量的资料中自动搜索隐藏于其中的有着特殊关联性的信息的过程。资料挖掘通常与电脑科学有关，并通过统计、在线分析处理、情报检索、机器学习、专家系统（依靠过去的经验法则）和模式识别等诸多方法来实现上述目标。数据挖掘过程由以下三个阶段组成：（1）数据准备。（2）数据挖掘。（3）结果表达和解释。数据挖掘可以与用户或知识库交互。

对零售企业来说，在品类管理过程中，通过对品类商品以往的销售数据、消费者行为习惯等数据进行深度挖掘，找出品类特征，以此来制定品类策略，追求良好的销售效果，提高消费者的满意度。

3）商业领域中的数据挖掘分析方法

在实际的商业领域，应用数据挖掘的方法和技术越多，得出结果的精确性就越高。因为对某一种方法或者技术不适用的问题，其他方法很可能奏效，这主要取决于问题的类型以及数据的类型和规模。数据挖掘方法有很多种，在这里重点分析商业领域中最常用的几种方法，即关联分析、序列分析、分类与预测以及聚类分析。

（1）关联分析。

关联分析是指寻找在同一事件中出现的不同项的关联性，即确定关联规则，挖掘的一般对象是事务数据库。关联分析的目的是发现事务数据库中不同商品之间是否存在某种关联关系。通过关联规则找出顾客购买行为模式，如购买某一商品对购买其他商品的影响，从而应用于商品货架设计、存货安排以及根据购买模式对顾客进行分类等。此外，关联规则还可应用于附加邮递、目录设计、追加销售、仓储规划以及基于购买模式对顾客进行划分等方面。

（2）序列分析。

序列分析与关联分析类似，但它寻找的是事件之间时间上的关联性。例如，商场中60%的客户在购买商品A后，隔一段时间其中有80%会再购买B，即序列模式是A≥B。显然，通过序列模式分析，企业可以发现客户潜在的购买模式。序列分析广泛应用于各种大型商业、医学、工程和社会科学等领域，有效地促进了这些行业的发展。

（3）分类与预测。

分类与预测是通过对当前数据集合的描述来识别未知数据的归属或预测未来数据的发展趋势。针对数据库中的每一类数据，挖掘出关于该类数据的归属及发展趋势。一般地，

分类分析是一个两步过程：第一步，建立一个模型，描述指定的数据类集或概念集；第二步，使用模型进行分类分析，进一步预测。分类与预测通过对大量销售数据的分析，确定特定顾客的兴趣、消费习惯、消费倾向和消费需求，进而推断其下一步的消费行为，据此有针对性地采取营销策略和改进服务质量，从而节省营销成本，获得良好的营销收益。

（4）聚类分析。

聚类分析是按照事物的某些属性把事物聚集成类。当要分析的数据缺乏描述信息，或者无法组成任何分类模式时，就采用聚类分析的方法。聚类之前，类的数量及类的特征都是未知的。聚类分析应遵循同类内相似性最大化、类间相似性最小化的原则，使得每个组内的对象具有很高的相似性，而与其他组中的对象则不相似。用聚类分析可以帮助企业了解顾客的特征，典型的结果是将顾客分成新顾客、忠诚顾客、流失顾客、无规律购买顾客、新吸引的顾客等，便于企业针对不同群体的特征，设计出不同的营销策略，最大限度地满足消费者的个性化需求。

@ 小资料 2-1

数据分析工具

"大数据、大数据，最重要的就是数据。但数据在哪里呢？现在最缺乏的，是统一的数据采集平台！"这是很久之前我接受采访时的观点，现在仍是如此！

1. 为什么工具那么重要？

我在创立 GrowingIO 的时候被投资人拉进一个交流群，群里面是硅谷各种创业公司的 CEO。我发现群里面讨论的东西很有趣，就两件事情：一个是创业增长的方法论，另外一个就是讨论各种工具。"工欲善其事，必先利其器"说的就是这个道理，古今中外概莫如此！

2. 选择合适的分析工具

选择什么样的分析工具，跟你的工作岗位、分析场景息息相关。每种场景都有若干种工具可以选择，有些工具也可以用于多种分析场景，关键在于你对工具的熟悉和理解，如图 2-8 所示。

数据分析工具

领域	工具
数据采集	Python、Java、Google Analytics、GrowingIO 等等
数据清理	Hadoop、Hive、SQL、Excel 等等
数据可视化	Tableau、Echat、Excel、PPT 等等
统计分析	R、Python、SAS、SPSS、Matlab、Excel 等等
网站流量分析	Google Analytics、百度统计等等
用户行为分析	GrowingIO、Mixpanel、Kissmetrics 等等

图 2-8　数据分析工具汇总

Excel 绝对是最基本、最常见的数据分析工具，在数据量较小的情况下，无论是数据处理、数据可视化还是一些统计分析都能支持。一旦数据量大了，这个时候就需要大型的数据库来支持。

市场营销人员需要对广告投放进行数据分析，网站流量监测是他们关注的重点。产品和运营人员重点关注用户行为和产品使用，用户行为数据分析工具是他们的首选。以前大家只关注业务数据，然而这些结果型的数据并不能告诉他们中间发生了什么、为什么发生；现在大家越来越关注精细化运营，对用户行为数据的需求也越来越高，这也是我回国创立 GrowingIO 的原因。

如果你能懂一些 R 和 Python 的相关知识，在数据建模、统计分析、数据科学的方向上有所发展，那么你的数据分析水平就更上一层楼了。

完整阅读：数据分析的道、术、器

资料来源　张溪梦. 14 年数据分析经历，我总结为这三点：道、术、器 [EB/OL].[2017-06-28]. http://www.sohu.com/a/152653791_328948. 有删节.

相关链接 2-1

啤酒和尿布的故事

在一家超市里，有一个有趣的现象：尿布和啤酒赫然摆在一起出售，但是这个奇怪的举措却使尿布和啤酒的销量双双增加了。这不是一个笑话，而是发生在美国沃尔玛连锁店超市的真实案例，并一直为商家所津津乐道。沃尔玛拥有世界上最大的数据仓库系统，为了能够准确了解顾客在其门店的购买习惯，沃尔玛对其顾客的购物行为进行了购物篮分析，想知道顾客经常一起购买的商品有哪些。沃尔玛数据仓库里集中了其各门店的详细原始交易数据。在这些原始交易数据的基础上，沃尔玛利用数据挖掘方法对这些数据进行分析和挖掘。一个意外的发现是：跟尿布一起购买最多的商品竟是啤酒！经过大量实际调查和分析，揭示了一个隐藏在"尿布与啤酒"背后的美国人的一种行为模式。在美国，一些年轻的父亲下班后经常要到超市去买婴儿尿布，而他们中有 30%~40% 的人同时也为自己买一些啤酒。产生这一现象的原因是：美国的太太们常叮嘱她们的丈夫下班后为小孩买尿布，而丈夫们在买尿布后又随手带回了他们喜欢的啤酒。

资料来源　根据百度百科相关资料整理得来。

相关链接 2-2

商务部：社区零售业步入"黄金发展期"，大数据挖掘正当时

一边是传统百货业日益黯淡，一边是社区零售业步入快速发展期。中国的零售行业，正在酝酿着日渐清晰的商业形态的变革。

根据商务部 2017 年 7 月 3 日发布的《中国零售行业发展报告（2016/2017 年）》（下称《报告》），中国商品零售额在经历了长达 5 年的增速回落之后，2016 年有触底的迹象。当年 10.4% 的增速虽然仍比上年低了 0.2 个百分点，但降幅比上年收窄了 1.4 个百分点。

从数据上看，中国的实体零售业出现了结构性回暖：便利店、社区购物中心等社区商业由于正在进入黄金发展期，选址空间大、贴近消费者、营业时间长等优势，在互联网技

术改造后正在各个社区快速扩张、渗透。但另一方面，传统的专业店、百货店增长依旧乏力，千店一面、千店同品现象突出，部分地区存在着结构性过剩。

值得注意的是，新的ICT技术正在重塑中国的零售业，去年移动支付扩张迅速，这在为消费者、经营者提供便利的同时，也成为搜集消费者数据、商品数据的重要入口。

社区商业进入发展黄金期

《报告》指出，在宏观经济增速不断放缓，场地租金攀升、企业利润下降的大环境下，门店越开越小，俨然已成为我国实体零售业不可阻挡的发展趋势。

在此背景下，便利店、精品超市、社区型购物中心等社区商业将成为零售企业寻求转型升级的重要方向，社区商业已经进入黄金发展期。

根据商务部2017年6月底发布的《中国便利店景气指数报告》，2017年一季度，中国便利店景气指数为72.2，高出荣枯线22.2，体现出从业者对行业发展趋势总体持乐观态度。

2016年，中国便利店行业的门店总数同比增长9%，销售规模同比增长13%，门店数量与销售规模保持着较高的增长速度。尤其是便利店单店营业面积小、选址灵活，有利于其快速扩张。

消费领域著名专家、中国贸促会研究院研究员赵萍告诉《21世纪经济报道》记者，现在的便利店和以往不同，前者是基于O2O概念拓展的新型业态，虽然看起来仍是实体零售业，但都离不开线上线下的互动，比如通过云藏储进行分仓、通过大数据实现就近配送。除了便利之外，更多地引入了电商的基因，这是便利店发展火爆的重要原因。另外，赵萍指出，中国的社区零售在更适应消费者需求的网点选址上具备更大的空间。此前，实体零售业大都位于城市商业中心和地区商业中心。目前，在商业中心，尤其是三四线城市购物中心出现了严重的结构性过剩。而社区层面上，还有不少黄金网点可供挖掘，小型的、便民的社区业态在选址、节约成本上也有更大的空间。

《报告》也指出，传统零售网点发展不均衡、结构性过剩的问题凸显，中心城区商业网点集中，商业体建设过剩，同质化竞争严重，导致企业盈利困难。业态上，大型百货店、超级市场渐趋饱和。

据联商网不完全统计，2016年全国范围百货与购物中心业态关闭56家门店，大型超市业态关闭129家门店。而"最后一公里"社区商业仍处于初级阶段，以每百万人拥有社区便利店店铺数量统计，日本388家，中国台湾地区425家，中国大陆城市平均为54家。

《报告》指出，伴随着我国社区零售整合化、全渠道发展进程逐步加快，投资成本低、成熟周期短的社区零售必将成为支撑行业发展的重要推手。从长期的发展来看，"小而美"的社区化零售业态将更符合新形势下消费市场的客观需求。

赵萍表示，社区商业不仅是"小而美"，也可能是"大而美"，在电商整合以及大型零售企业开始布局便利店的背景下，可能会逐渐形成以便利店小业态为主的大企业。

一个典型表现就是连锁品牌化便利店的快速扩张。据中国连锁经营协会数据，2016年我国连锁便利店品牌超过260个，门店数达9.8万家，同比增长9%；销售额达1 334亿元，同比增长9%；单店日均销售额达3 714元，同比增长4%。

在赵萍看来，连锁有利于对便利店的统一配送，并形成自身的品牌效应，集客能力比其他单店更强；通过统一管理和统一运作，更容易与电商平台相结合，实现线上线下互动发展O2O模式。

移动支付数据挖掘快速成长

值得注意的一个特征是，中国零售市场正呈现出明显的"新消费、新零售和新生态"特征：互联网技术创新应用活跃，整合全渠道资源，提供线上线下一体化服务，支付方式更加多元高效，品牌连锁经营快速发展，零售商品结构不断升级。

商务部流通业发展司一位负责人表示，在新零售时代，线上线下深度融合成为常态，实体零售与网络电商逐步从独立、对抗向融合协作、优势互补、实现共赢的方向发展。在此过程中，信息化技术驱动占主导地位，大数据、物联网、人脸识别、移动支付等信息技术为企业创新升级提供了技术支撑。尤其是伴随智能手机的普及，网络支付场景极大丰富，2016年支付宝、微信等移动支付方式在实体门店迅速普及。

中国互联网络信息中心的最新调查数据显示，网民在实体店购物结算使用手机支付的比例高达50.3%，农村地区使用率也已达到31.7%。2016年年底，手机网上支付用户规模达到4.7亿人，比上年增长31.2%，渗透率达到67.5%，比去年提高9.8个百分点。

赵萍表示，移动支付为实体店的转型升级带来了巨大契机。她认为，未来实体店的发展，需要对线下客户、商品有一个数据化的过程。按照此前的方法，持续推进数据化成本很高，将两者精准匹配更是非常难。但移动支付的普及使个人信息与商品信息直接挂钩，在消费者觉得支付便利的同时，完成了数据收集与匹配。

"通过移动支付，实体店进行大数据分析、精准营销也有了特别便利的手段，现在的移动支付还可以与客户社交功能发生联系，实现精准推送、定期沟通。"她表示。

《报告》称，截至2016年12月，全国企业开展在线销售的比例已经达到45.3%，比上年提高12.7个百分点。零售企业积极提升门店数字化水平，打通线上线下商品、客户、订单信息，更好地匹配顾客、商品、场地等零售要素，提升运营效率。

《报告》指出，互联网零售企业基于自身优势，已在数据挖掘、数据决策领域取得了显著成效，但中国大部分传统零售企业的数据基础较为薄弱，在数据挖掘方面仍有巨大的发展潜力。

在客户数据方面，赵萍表示，此前零售业几乎没有相关数据，仅有的会员数据往往只有一个手机号，很难产生价值。在数据获取上，我国传统零售企业收集数据方式较为单一，主要是POS机数据和历史交易数据，消费者行为数据缺失。

不过《报告》指出，目前实体店收集行为数据的技术已非空白，如沃尔玛在手推车上追加跟踪器，根据推车路径改进货架摆放；银泰、大悦城等大型零售企业通过进店WiFi、扫描二维码等方式与顾客交互。

但《报告》也指出，传统的零售企业数据管理技术较为薄弱，数据细粒度不够，数据标准化、数据孤岛问题尚未解决，不能从海量数据中高效地获取关键机会洞察点，数据应用范围大部分局限于商品品类分析报表。数据全面驱动经营决策的发展格局尚未形成。

零售行业的大数据挖掘、精准营销正刚刚"破题"。

资料来源　夏旭田，李祺祺．商务部：社区零售业步入"黄金发展期"大数据挖掘正当时［N］．21世纪经济报道，2017-07-04．

2.3 市场分析

市场分析是根据已获得的市场调查资料，运用统计学原理，分析市场及其销售变化。从市场营销角度看，它是市场调查的组成部分和必然结果，又是市场预测的前提和准备过程。

零售企业日常经营活动经常涉及市场分析，而品类管理则完全建立在市场分析的基础之上，以消费者对品类商品的实际感知为驱动力。

2.3.1 顾客分析

顾客分析是确定品类目标顾客的基础，是品类商品定价、确定商品陈列方案、确定促销计划的依据。

顾客分析应收集的顾客信息见表 2-4。企业应根据实际需要确定所要收集的顾客信息。

表 2-4   **顾客分析应收集的顾客信息**

信息类别	信息内容
基本的顾客个人数据	姓名、工作单位、业务部门、通信地址、电子邮件、电话、传真、性别、国籍等
顾客财务状况	年收入
顾客交易情况	产品情况、收入情况、利润情况、支付方式、支付行为
网络沟通情况	IP地址、登录页面、点击量、访问时长
电话沟通情况	客服呼叫中心数据报告、销售电话
其他沟通情况	邮递邮件、回复反馈
顾客满意程度	分别对应产品、服务、公司
顾客消费偏好	价格、品牌、质量、服务等

2.3.2 竞争店分析

零售企业都在开展竞争店分析，但很多企业走入了一个误区，以为竞争店分析只是抄一下竞争店的商品价格，然后相应调整自己门店的价格。其实竞争店分析不只是对价格的分析，还应包括很多方面：

1）竞争店分析的职能部门

（1）采购部门。

采购部门负责商品性市场调研，包括商品构成调查分析、卖场营销调查和根据分析结果制订品类采购计划。采购部门以定性分析为主。

（2）营运部门。

营运部门负责价格性市场调查，包括竞争店单品价格调查报告、价格带调查报告、来客数、客单价调查报告等，属于定量分析。

2）竞争店调查内容

竞争店调查内容见表2-5。

表2-5 　　　　　　　　　　　**竞争店调查项目表**

调查项目	具体内容	执行人员
价格市调	按品类5%敏感商品的市调（每天或隔天） 常规性价格市调（每两周或每月）	营运部一线员工
价格带（商品结构）市调	采购部根据商品结构调整需要（一般按季度）委托门店进行竞争店价格带、价格线（商品结构）市调	门店一线员工
卖场营销市调	商品结构侧重、营销结构侧重、卖场活性、营销结构、客流分析	管理层人员
竞争店经营情况市调	收银台、来客数、估计客单价、目的性购买比率 分析自己门店与竞争对手门店在日常经营上的差异与对策	店长、主管

零售企业在市场调研的基础上应对竞争店整体情况进行分析，见表2-6。

表2-6 　　　　　　　　　　　**竞争店整体情况分析表**

分析项目	分析内容
竞争店经营结构及理念	以来客数、客单价判断
竞争店商品结构及卖场营销	品类的宽度和深度 品类价格带的构成 动态促销模式 卖场设计模式等
竞争店商品品类功能	目标性品类： 目标品类与对手相比竞争力组合如何 如何调整改进 常规性品类： 常规性主营品类怎样做才能与竞争店形成差异化优势 补充性品类： 哪些补充性品类可考虑调整更新
竞争店作业流程	上货： 开店时上货何时结束，高峰期上货何时结束 开店时上货与高峰期上货有何区别 销售方法： 高峰期与低峰期的销售有何不同 清货与甩卖的时间 面对面销售的时间
竞争店促销分析	周段促销： 促销主题选择 促销强度分析 时段促销： 每日促销主题 每日促销商品选择 时段促销商品选择

2.3.3　消费者消费决策过程分析

分析消费者消费决策过程，发现消费者消费偏好及消费者对商品品类特点的需求，能指导品类管理的正确实施。

@ **相关链接 2-3**

霍金斯的消费者决策过程模型

什么是霍金斯的消费者决策过程模型？

美国消费心理与行为学家 D.I.霍金斯的消费者决策过程模型是关于消费者心理和行为的模型，被称为将心理学与营销策略整合的最佳典范，它为我们描述消费者的特点提供了一个基本结构与过程或概念性模型，也反映了今天人们对消费者心理与行为性质的信念和认识。

霍金斯的消费者决策过程模型如图 2-9 所示。

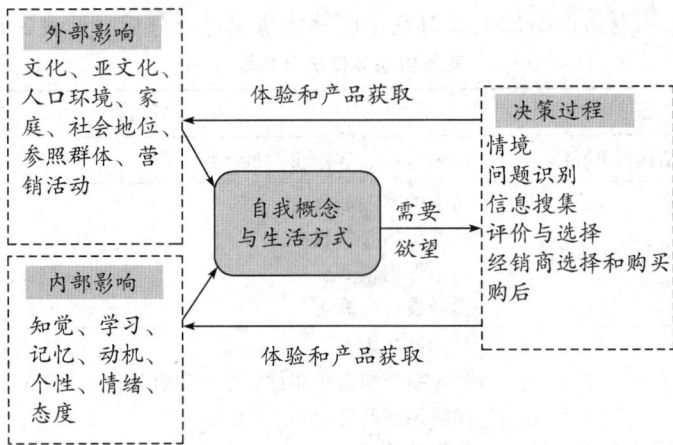

图 2-9　霍金斯的消费者决策过程模型图

霍金斯模型认为，消费者在内外因素影响下形成自我概念（形象）和生活方式，然后消费者的自我概念和生活方式产生了一致的需要与欲望，这些需要与欲望大部分要求以消费行为（获得产品）来满足与体验。同时，这些也会影响其今后的消费心理与行为，特别是对自我概念和生活方式的调节与变化。

消费者在内外因素影响下首先形成自我概念或自我形象，其后自我概念又将通过生活方式反映出来。

自我概念是个体关于自身的所有想法和情感的综合体。

生活方式则是你如何生活。涉及你所使用的产品，你如何使用这些产品以及你对这些产品的评价和感觉。

主观因素（自我概念）的两个部分：内部因素和外部因素。

内部影响因素驱动：你是一个非常注重自我感觉的人，你的行为经常由自己独立决定，不依赖外界的影响。外部世界对你来说常常是不存在或者仅供参考的。消费对你来说其意义完全在于满足个人的各种需要，比如生理缺损的需要、心理满足的需要和个人成就的需要等。你在消费时关心的仅仅是你的付出是否可以得到满意的回报。

外部影响因素驱动：你是一个非常注重你在别人心目中形象的人。你很在意别人对你的评价，因此你的行为常常由别人是否喜欢你这样做来决定，而不是自己真实的感受。即使有时候，你感到别人需要你做的并非是自己愿意做的，也会极力压抑自己的感受去顺从别人，因为只有得到别人的肯定，你才会感到安全。你需要在别人的肯定中获得自己存在的感觉。而你购物的行为完全是为了证明自己，更多地满足你人际交往的需要，社会地位、自我价值被证明的需要，爱的需要和温暖、友谊的需要。你在消费时关心的是你这样做别人会怎么看待你。生活方式的选择折射出了自我概念，我们所选择购买、使用的产品以及如何评价它们，最终是由对事物、对自己的综合想法和情感决定的。

无论是家庭还是个体消费者，均呈现出各自独特的生活方式。一个人的生活方式是由意识到的和没有意识到的各种决策或选择所决定的。通常，我们能够意识到我们的选择对自己生活方式所产生的影响，而不太可能意识到我们现在和欲求的生活方式，也会对我们所做的消费决策产生影响。

消费者购买决策过程如图2-10所示。企业应充分考虑消费者在消费决策过程中的各种影响因素。

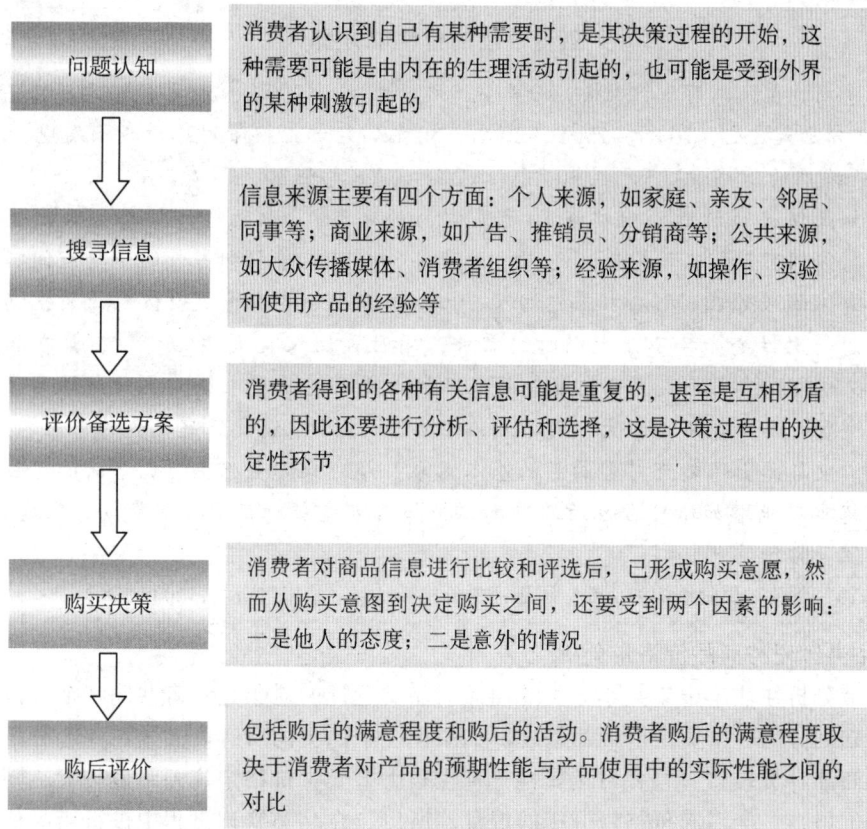

问题认知	消费者认识到自己有某种需要时，是其决策过程的开始，这种需要可能是由内在的生理活动引起的，也可能是受到外界的某种刺激引起的
搜寻信息	信息来源主要有四个方面：个人来源，如家庭、亲友、邻居、同事等；商业来源，如广告、推销员、分销商等；公共来源，如大众传播媒体、消费者组织等；经验来源，如操作、实验和使用产品的经验等
评价备选方案	消费者得到的各种有关信息可能是重复的，甚至是互相矛盾的，因此还要进行分析、评估和选择，这是决策过程中的决定性环节
购买决策	消费者对商品信息进行比较和评选后，已形成购买意愿，然而从购买意图到决定购买之间，还要受到两个因素的影响：一是他人的态度；二是意外的情况
购后评价	包括购后的满意程度和购后的活动。消费者购后的满意程度取决于消费者对产品的预期性能与产品使用中的实际性能之间的对比

图2-10　消费者购买消费决策过程

2.3.4　目标品类发展市场优势分析

在初步确定品类商品之前，应对目标品类的市场优势进行分析，以增加品类策略成功的可能性。如在确定奶制品品类商品时，要分析其品牌、品质、口味、营养成分、包装、价格、消费者的偏好、消费习惯、市场规模、增长潜力等各方面的因素，选择具有市场优势的品类商品。

2.4 品类结构分析

2.4.1 商品价格带分析

1）价格带的含义

价格带是指同类商品中的最低价格和最高价格之间的差距。一个门店某个品类商品价格带越宽，说明适应的不同类别的销售人群越多，数量也越多。但价格带也并不是越宽越好，如超市服装，本身定位是平价，如果价格带设定为几十元到几万元，则高端价格带的服装无法卖出，因为超市本身的消费人群定位与商品价格带不符。同时，价格带较宽，不同价格的同品类商品数量太多，会让消费者无所适从，也不利于销售。

@ 相关链接2-4

红葡萄酒的价格带分析

红葡萄酒，A终端有5个规格，分别是5元、10元、20元、30元、50元；B终端也有5个规格，分别是8元、10元、15元、20元、30元。经过价格带对比后我们发现：

（1）A终端的价格带（5元至50元）比B终端（8元至30元）宽。

（2）如果供应商的红酒价格在10元左右，那么在A、B两个终端都会面临较强的竞争，而如果你拥有5元以下或者50元以上的商品，就可能争取到另外的市场空间。

上例中，如果你在5元左右首先切入，比如备有3个单品的小规格葡萄酒，满足一个人喝酒、想一次性喝光又不想大喝时的需求；同时再切入15元左右价位，如在其附近增加4个左右的单品，来满足两口之家或两人日常性喝酒时的需求；30元一瓶的葡萄酒则作为日常性消费，品目数不可拉大，可控制在1至2个单品，满足家庭聚会的需求。

如此，便勾画出了超市对葡萄酒的基本需求。超市采购会根据自己店面的定位选择商品，高档超市可能增加非日常性酒的种类，折扣店可能针对日常性消费（大家庭大喝时）备齐低价位区品种。

资料来源　王蓁. 供货结构如何呼应零售商的价格带［J］. 销售与市场，2005（30）.

2）品类管理与商品价格带分析

价格带分析往往集中于某小分类的商品。品类管理的对象是具有共同特征，以消费者感知为基础划分的一个宽泛的商品组合。如果把一个品类的所有商品放在一起分析其价格带，由于商品种类较多，且在自然属性上存在很大差异，价格定位差距也较大，则无法形成有效的价格带，会引起价格带分析的混乱。所以，在品类管理过程中进行商品价格带分析，应依实际情况，把品类商品根据商品自然属性细分后再分析。

3）价格带分析过程

价格带分析过程如图2-11所示。

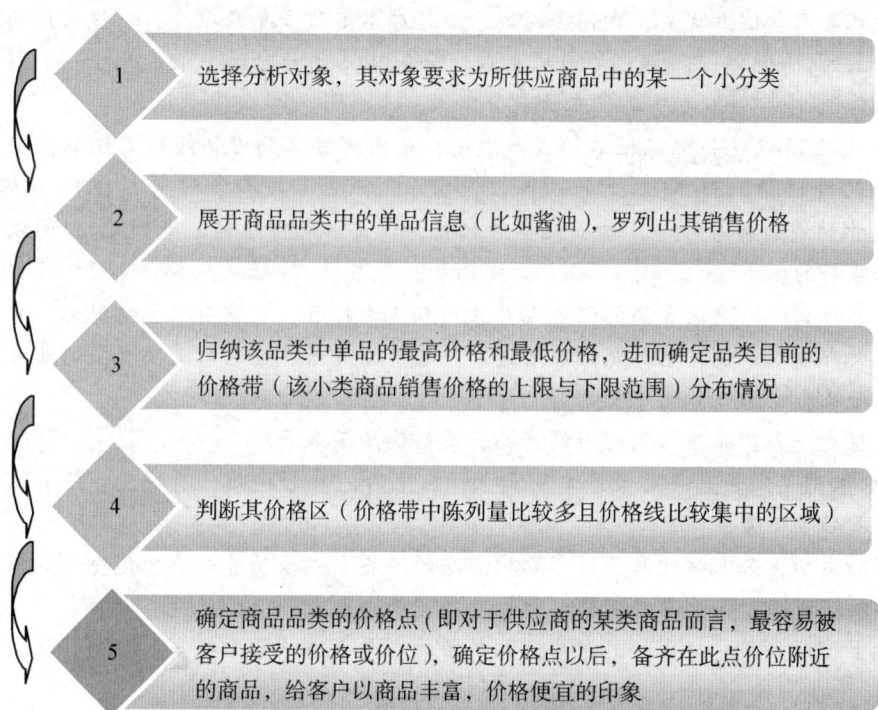

1	选择分析对象，其对象要求为所供应商品中的某一个小分类
2	展开商品品类中的单品信息（比如酱油），罗列出其销售价格
3	归纳该品类中单品的最高价格和最低价格，进而确定品类目前的价格带（该小类商品销售价格的上限与下限范围）分布情况
4	判断其价格区（价格带中陈列量比较多且价格线比较集中的区域）
5	确定商品品类的价格点（即对于供应商的某类商品而言，最容易被客户接受的价格或价位），确定价格点以后，备齐在此点价位附近的商品，给客户以商品丰富，价格便宜的印象

图2-11　商品价格带分析流程

@相关链接2-5

价格带的胜利

金融危机来临，纵使大家都在头疼于高价原料库存与削价打折出货之间造成的利润损失和现金紧张，依然有人利用经济下行制造出的消费恐怖气氛，攫取到越来越少见的暴利，比如山寨机、山寨本。

所谓"山寨本"，学名"上网本"，发端于2007年年底华硕集团推出的易PC。这是一款典型的"做减法"的产品，针对特定的人群调整硬件配置，只满足基本或单一的功能，价格却只有2 999元。

这款由华硕老板亲自督阵的新品，最初只想针对不懂电脑的孩子和老人，满足年龄段两端的特殊需求。不成想推出后却一炮走红，居然赢得电子产品消费中坚——白领和时尚人群的青睐，风靡神州，实在令人跌破眼镜。

从营销角度看，易PC的胜利，是价格带的胜利。

价格带是零售学上的概念。从这个角度看问题，不是因为它更科学（显然，完全把易PC的胜利归结于价格，从4P角度看是站不住脚的），而是因为它更贴近市场。毕竟，大部分消费品都要通过终端零售出去。

超市纵向的货架上，一定陈列着不同价位的产品，可以满足顾客的各种需求。店长决不能容忍顾客到了店里却找不到合适的商品，空手而归。要知道，零售额=进店率×成交率×客单价。

如果把笔记本摆上货架，我们会发现，经过摩尔定律多年的摧残，一线大厂的笔记本从万元以上的价位，一路跌到 4 000 元左右。而在 2005 年的时候，低价鼻祖——神舟的老总吴海军曾说过，3 999 元是笔记本的底价。

4 000 元之所以是品牌笔记本的成本底线，是因为顾客脑中传统的笔记本，应该要有英特尔迅驰处理器，512M 以上的内存，至少 60G 以上的硬盘，预装 WINDOWS XP 系统，14 英寸的液晶屏幕……，诸如此类的配置，以目前的供应链，做到 4 000 元以下，必然是偷工减料的。

可是为什么一定要这么高的配置呢？业内人士都知道，电脑有很多功能你一辈子都用不上。对大部分人来说，电脑是"品质过剩"的产品。只不过它打着高科技的旗号，消费者没注意而已。

如果生产一种"品质"刚刚好的产品，价格能降下来吗？

易 PC 做到了。它只满足最基本的需求，上上网、看看视频、聊聊天，足矣。于是成本一下子就拉了下来。

同样的成功，如家早就赢得过。它把酒店的早餐、娱乐等非必要功能全部取消，一下子把价格拉了下来。而更早的营销经典则是美国西南航空的低价航线。

实际上，跟如家一样价格的旅店和招待所，在各大商旅城市多得是，为什么它们没有成功？

一是它们没有全国性的连锁品牌。你出差到了一个地方，知道哪家定价 200 元左右的旅馆好？小心黑店！

二是如家把自己从旅馆和招待所的定位中摘了出来。在顾客眼中，如家是经济型"酒店"，是星级酒店那样的，只不过是个简装版或缩水版的，骨子里也透着一种高贵，怎么能同灯光昏黄的招待所相提并论？

物超所值。这就是如家给人的感觉。近几年在全球范围内崛起的消费品牌，如 ZARA、H&M，莫不如此。经济寒冬中，顾客的荷包缩水，我们的价格也该动动窝了。不过注意：价格带的玩法不是简单地打价格战，它需要更透彻地洞察消费者。

资料来源　根据销售与市场网相关资料整理得来。

2.4.2　商品品牌结构分析

1）商品品牌结构概述

品牌结构是指企业的品牌组合之间的结构。它具体规定了各品牌在企业品牌战略中的作用和地位，明确界定了企业不同品牌之间和不同产品市场背景之间的关系，这一定义主要从供应商品牌的角度出发。就零售商来说，品牌结构应为零售商所销售的品类商品的品牌组合之间的结构（包括零售商自有品牌）。品类商品需要合适的品牌结构，以洗衣粉为例，对零售企业来说，两个不同品牌的洗衣粉在价格结构、利润空间等方面存在很大相似性，同时销售这两个品牌的商品似乎没必要，但不同品牌的洗衣粉都有自己的忠诚顾客，为了使店内商品涵盖更大的顾客群，满足不同消费者的需要，门店必须陈列这类日常消耗品的主要品牌产品。

2）品牌结构类型

品牌结构类型见表2-7。

表2-7　　　　　　　　　　　　　　品牌结构类型

品牌结构类型	定义	典型例子
共享式品牌结构	共享式品牌结构指的是多种类型的产品共同使用一个品牌名称的方式。由于共享式的品牌在各种产品上均烙上了统一的企业或文化背景，因此有利于新的产品类别共享已经建立市场影响力的产品和品牌形象资产，节省导入期的营销成本和缩短导入期的时间长度	家电类产品多属这一类型，如海尔的产品有电视机、洗衣机、冰箱等很多门类
独立式品牌结构	独立品牌一般是与特定商品或商品的功能、属性等有很强的对应联想，或者是有很强的文化个性风格的品牌。这类品牌一般不宜进行品牌延伸。因为品牌延伸所赋予品牌的新内涵很难让消费者认同，而且原来已经建立的品牌形象也会因为新形象的"掺杂"而被消费者认为已经"贬值"，因此会给企业造成"赔了夫人又折兵"的悲剧	万宝路、555香烟、耐克、雪碧、第五季等就属于独立品牌
母子式品牌结构	母品牌可以延伸出子品牌。它的延伸范围最广，限制也最小，不过一般也不宜进行跨行业的延伸。因为一般来说母品牌其实就是企业形象式品牌，它的主要功能就是为子品牌或副品牌提供可信赖的背景形象。母子式的品牌结构模式一般适用于较为传统和成熟，而产品质量又不太容易分辨的行业，以及较为大型和已经具有较高知名度的企业	例如P&G宝洁这个企业品牌就为飘柔、潘婷、海飞丝、玉兰油等子品牌提供优质的品质形象，而子品牌则重点塑造产品特点和品牌文化形象
主副式品牌结构	主副式的品牌结构一般是为了区分具有一些不同功能、特点和级别的同类产品或不同的形象风格而采用的品牌结构模式	例如海尔小王子、本田雅阁、白沙金世纪等就属于主副品牌模式①

3）决定品牌结构的因素

决定品牌结构的因素分外部因素和内部因素。外部因素有社会文化背景、市场竞争焦点、市场及消费者成熟程度；内部因素有公司和品牌的历史沿革、企业家因素、企业文化（如图2-12所示）。

---

① 根据百度百科有关资料整理得来。

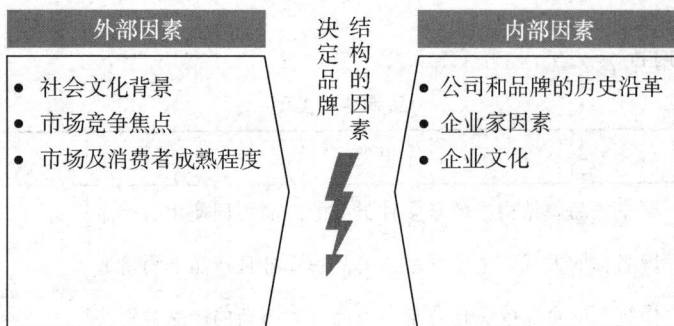

图 2-12　决定品牌结构的因素

2.4.3　商品销售积极与消极因素分析及评估

商品销售积极与消极因素分析即对品类商品从品牌、质量、特性（如食品的口味、玩具的设计等）、外观、包装、使用价值、对消费者的迎合程度等各方面分析上述因素所表现的特征对商品销售是有利还是不利。通过对品类内商品的具体分析，勾勒出品类商品销售积极与消极因素的全貌。

2.4.4　商品促销状况分析

商品促销状况分析即就品类之间、品类内部商品之间的促销模式、促销规模、促销资源投入、促销效果等方面进行分析。

2.4.5　商品陈列空间分析及评估

商品陈列空间分析及评估即对商品陈列空间所陈列的品类商品情况，包括排面、陈列数量、单位面积盈利能力、单品销售数量、促销陈列效果、不同位置陈列效果、品类陈列空间新品销售效果、滞销品数量等情况进行分析评估。

2.5　建立品类体系

2.5.1　品类定义

1）品类定义的概念

明确品类定义，首先应明确品类的概念。如本书前述，品类必须以消费者对同类商品在某些特性上的共同认知为前提，以便根据市场需求确定商品组合销售，故品类应为在消费者心目中在某一个或某些特性上是一致的、能够相互替代的同类商品，且这些同类商品能让销售者更好地锁定目标消费者，更好地对该类商品进行管理，以便促进销售。

国内一些资料把品类定义描述为"品类的结构，包括次品类、大分类、中分类、小分类等。领导性的供应商都可以提供相关品类甚至非相关品类的品类定义"。这一描述体现了品类定义的一些现象，但并不能清晰揭示品类定义的特征。本书认为品类定义是商品销售者或开发者根据自身经营的实际需要，以消费者的需求为指导对商品进行分类，以满足市场需求。

品类定义具有如下特征：

（1）品类定义是一种主动性的概念，即需由执行品类定义的主体（零售商或供应商）去完成的一种主动行为。而品类是一个静态概念，带有一定的学科性和研究性，客观描述同品类商品的共同理论特征。

（2）品类定义的行为主体为商品销售者或开发者，其作为经营者出于满足消费者需求和更好经营的目的，对商品进行分类定义。

（3）品类定义的行为内容是出于品类管理后续作业的需要，对所经营的商品以一定的标准加以分类，并对之进行文字描述。

2）品类定义的内容

品类定义的内容如图2-13所示，包括品类描述和品类结构。

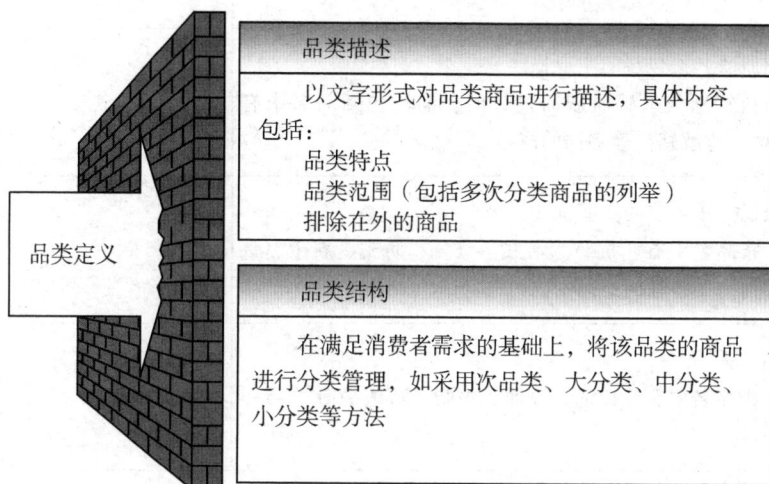

品类定义

品类描述

以文字形式对品类商品进行描述，具体内容包括：
品类特点
品类范围（包括多次分类商品的列举）
排除在外的商品

品类结构

在满足消费者需求的基础上，将该品类的商品进行分类管理，如采用次品类、大分类、中分类、小分类等方法

图2-13　品类定义的内容

表2-8为国内某连锁企业品类描述与品类结构实例。

表2-8　　　　　　　　　　　　　**品类描述与品类结构实例**

香皂/浴液		
产品定义	包括的产品	不包括的产品
香皂是指那些混合水分之后会产生泡沫以作为清洁或洗涤之用的物料，而这种物料是含有油脂或碱性的	件装香皂（包括药皂） 液体香皂/浴液	洗衣肥皂/减肥皂 清洁动物用的香皂 泡泡浴液体（Bubble Bath 发泡剂） 重量少于30g的香皂不列入统计范围

分类			
一次分类	二次分类		三次分类
形状	块状		
	液体 　包括沐浴露、沐浴泡沫、沐浴啫喱、洗手液		洗手 ——主要用作洗手 洗身 ——用浴缸或淋浴时使用 洗身和洗发 ——可同时用作洗头及沐浴

续表

功效	美白（按包装的主要描述） 　　指令皮肤逐渐变白的产品，包括品名中有"增白、嫩白、美白、雪肤、白里透红、雪颜、润白、净白"等字样的产品	
	防紫外线（按包装的主要描述） 　　指有隔离紫外线作用的产品，包括品名中有"防紫外线、防晒"字样的产品，通常此类产品会注明SPF值	
	敏感肌肤（按包装的主要描述） 　　指特别为敏感肌肤而设计的产品，包括品名中有"脱敏、防敏感"等字样的产品	
	抗衰老（按包装的主要描述） 　　指品名中有"抗皱、活肤、修复、防皱、新生、重生、活力"字样的产品	
	控油、去油 　　指品名中有"控油、去油、去脂、清透平衡"字样的产品	
	滋润 　　指品名中有"滋润、滋养、清润"字样的产品	
	营养 　　指品名中有"营养、维他命（维生素）"字样的产品	
	保湿 　　指品名中有"保湿、水分、补水"字样的产品	
	毛孔收紧 　　指品名中有"毛孔收紧、毛孔细致"字样的产品	
	紧肤 　　指品名中有"紧致、收紧、提升、紧肤"字样的产品	
	排毒 　　指品名中有"排毒、清毒"字样的产品	

配方	除菌 　　产品正面主要描述应包含"杀菌、除菌、祛菌、抗菌"等字样。例如,卫宝、滴露、舒肤佳	
	清爽 　　产品正面主要描述应包含"爽肤、清凉、薄荷、冰爽、冰凉、舒爽、自然清香"等字样。绿茶等应全部归为该类	
	滋润 　　产品正面主要描述应包含"润肤、滋润、护肤、柔润、柔肤、嫩肤、莹润"等字样	
	美白 　　产品正面主要描述应包含"美白、净化"等字样 敏感肌肤 　　产品正面主要描述应包含"敏感肌肤、药物"等字样 美容 　　产品正面主要描述应包含"硼酸、止痒、硫黄、健肤、药用、药剂成分、消毒、祛痱"等字样 香味 　　产品正面主要描述应包含"香水、香水皂、香型"等字样 其他 　　非上述类或没有特殊功能描述的产品	

注意:核数时根据产品主要描述分类,如产品出现多重描述,按描述中第一顺序归类

例如:(1)金银花止痒清爽沐浴液,按描述第一顺序归入"Medicated 药物"

(2)百花恋护肤爽肤止痒滋润美白沐浴液,按描述第一顺序归入"Moisturizer 滋润"

(3)婴儿产品根据正面主要描述的内容按现有定义分别归类,除此以外的婴儿产品归入"Moisturizer 滋润"

目标市场 (按包装的 主要描述)	婴儿 　　专为婴儿而设计的产品	
	成人	
	儿童	

续表

包装	纸	
	硬纸盒	
	泵装	
	胶袋	
	瓶装	
	试用装 　　一般在10ml以下	
	其他 　　非上述类，如胶盒	

客户特别要求

　　Safeguard舒肤佳，Lux力士（合资），Hazeline夏士莲，FA花牌的香皂和浴液要按不同颜色分开处理

Units统计单位

核数单位：一件/一瓶

报告单位：KG /SU

　　3）影响品类定义的因素

　　影响品类定义的因素主要有：

　　（1）消费者需求。

　　有学者认为，消费者需求简而言之就是消费者的一种期望，而这种期望一定是针对消费者日常行为中的某种存在的问题。因此需求的定义应该是消费者日常行为过程中针对问题的一种期望。现代社会由于信息的发达和消费者选择机会的增多，消费者需求日益呈现多样性的特征，且要求也越来越高。消费者不再因为基本的生存需要而被动接受已经存在的商品，而是通过对大量带有个性色彩商品的比较，寻找契合自己需求的品类产品。

@ **相关链接2-6**

马斯洛需求层次理论

马斯洛将消费者的需求分为五个层次。

1.生理需要

基本的生理需要的满足，包括食物、饮水、住所、睡眠、氧气和性交，即通常所谓的衣、食、住、行。这些生理性的需要在人的所有需要中是占绝对优势的。

2.安全需要

其具体包括安全、稳定、依赖、免受恐惧、焦躁与混乱的折磨，对体制、法律、秩序、界限的依赖等。

3.归属和爱的需要

渴望在团体和家庭中有自己的位置，渴望归属感及爱与被爱的感觉。希望有自己的朋友、爱人。

4.尊重的需要

其包括外界对自我的尊重和自己对自我的尊重，相对来说，自己对自我的尊重更重要

一些。自己对自我的尊重即自尊，自尊的需要的满足是指由于实力、成就、优势、用途等自身内在因素而形成的个人面对世界时的自信、独立。外界对自己的尊重的满足，则是指地位、声望、荣誉、威信等外界较高评价的获得。

自尊的需要的满足可以获得一种自信的情感，使人们觉得自己在世上有价值，自己是必不可少的，能为别人所需要。

5.自我实现的需要

"自我实现"，也就是一个人使自己的潜力发挥的倾向，成为自己所能够成为的那种最独特的个体、自己想成为的那种人。一个人在其他基本需要得到满足以后，自我实现的需要便开始突出。

@ 相关链接 2-7

六种方法把握消费者需求

近年来，国内市场以"渠道"为中心的营销模式，因遭遇消费者理性化程度以及零售业集中度的提高，出现了深刻的危机。许多专家大声疾呼："最重要的事是理解消费者。"

产品（服务）的价值定位与消费者需求之间的衔接，是企业营销过程中具有战略意义的"惊险一跃"。如何实现主客互通？用什么方式来理解、体验、临摹及追随消费者需求？下面，本文列举一些具有操作性的方法（它们相互补充，可以同时运用）。

（一）貌似科学的调查测试法

调查测试法是一种最常见、最流行的做法：从目标消费者群体中，抽选一部分作为样本；通过问卷、访谈、座谈、讨论、观察、写实等形式和手段了解被调查对象（样本消费者）的需求特征，如购买动机、功能偏好、情感特征、审美倾向以及行为习惯等；根据样本数据总结、归纳出一些具有普遍性和规律性的结论。或者，由样本消费者对企业预先设计的产品（服务）的"卖点""概念"进行评价，以测试产品（服务）的价值定位能否满足消费者的需求以及满足的程度。但是，因为这种方法存在着一些不易解决的问题，所以有时会产生令人啼笑皆非的结论。

第一，样本规模问题。样本规模太小，没有什么代表性；样本规模过大，投入高、效率低，往往超出了企业的组织实施能力。

第二，样本结构问题，即样本消费者内部的分布状况与整个消费者群体内部的分布状况有可能不一致（完全吻合几乎做不到）。举一个简单的例子：整体消费群中男性占60%，女性占40%。如果样本消费群中的比例倒过来了，调查、测试结果显然就不可信了。

第三，消费者意见真实性问题。当你询问一位消费者"是否喜欢创新"时，即使再保守的人往往也会选择积极的答案。面对问题，被调查者有时会调动理性因素进行分析、判断——常常还隐含着利害分析，其表达出的意见未必是真实意志和真切的心声。

第四，调查、测试的"时滞"问题。即使消费者言称"将来会如何如何"，这也只是他（她）此时此刻对未来的展望。众所周知，消费者的需求像春天的天气、少女的心思一样经常会变，现在的状况和特征并不代表或并不完全代表将来。

需要说明的是，我们并不否定调查、统计及测试法的价值和用途，只是提醒企业家及市场营销人员：不能迷信技术性的模型和"科学"的方法。

（二）推己及人的感悟法

感悟法以简单、激进著称：由少数"天才"式的营销人员，通过"换位"思维和与消费者的深入接触，体验、领悟消费者的需求特征，实现与消费者的心理融通以及准确的价值定位。用中国式的语言来形容，就是通过"将心比心"，达到"心有灵犀一点通"的境界。感悟法的基础是共通的人性，这是"推己及人"的前提。此方法成功的关键有四个：

第一，感悟者自身感性和知性的丰富、细腻及敏锐程度——好比拍照片，底片越好，相片质量越高。本文前面之所以提到"天才"，是因为"感悟"是一种不可言状的思维过程，依赖于非常独特、不可模仿的主体能力（这也是企业核心竞争力的组成部分）。

第二，感悟者与被感悟对象文化上的同源性。这里的文化，指消费者的价值观、理念、情感诉求、思维方式以及行为习惯等。所谓"同源"，并不是指文化上的趋同，而是意味着感悟者与消费者有着生成文化的共同背景，如相同的生存环境、相似的人生经历等。电影《孔雀》在笔者这一代人（60年代生）中产生了广泛的影响，若非作者与我们有相同的成长历程，怎么可能如此细致、锋利地展示我们"此情可待成追忆，只是当时已惘然"的无助与伤感的青春？

第三，感悟者多次试错后的经验积累。感悟消费者需求，光有"天才"还是不够的，往往需要经过长期实践尤其是多次失误、失败，才能形成这种独特的思维能力。

第四，感悟者与消费者密切的联系。这是成功关键中的"关键"。不扎根于消费者中间，不和消费者有着水乳交融的关系，感悟的依据就不充分，感悟的思维材料就不丰富。

但在市场营销实践中，感悟法存在两大难题：一是"天才"可遇不可求，使得这种方法失去了意义；二是容易滑向误区——不是基于对消费者深入理解、有着理性积淀和基础的"感悟"，而是浮光掠影、先入为主、浅尝辄止的"感觉"。

（三）逻辑严谨的分析演绎法

相对于"感悟法"的神秘和弹性，分析演绎法具有强大的逻辑力量。它从某些"前提"（亦可称作"假设"）出发，符合逻辑地推演出有关结论，而结论正确与否，关键在于"前提"是否站得住脚。

那么，究竟有哪些"前提"呢？概括起来说，主要有三类：

第一类前提：关于消费者需求影响因素的"前提"。

影响消费者需求的因素很多。概括地说，有些因素属于消费者所处的客观环境，包括社会、政治、经济、科技等各个方面；有些可归于消费者自身的特征和属性。对其目前特征以及未来趋势的判断，是把握消费者需求的依据和基础。从"水资源遭受污染"的前提，不难推断出"居民饮用纯净水需求将持续增加"；依据"互联网将进一步宽带化"，可以得出"在线互动式、多媒体娱乐需求方兴未艾"；如果"全社会能源供应将长期紧张"，那么对于空调、冰箱等家电产品的消费者，其需求倾向必然会以"变频节能"为焦点。

第二类前提：关于消费者普遍性的行为定律的"前提"。

心理学等学科的专家发现：人作为一种高级智能动物，在与环境的互动中形成了一些相对确定和稳定的行为"定律"。例如，"自我价值实现是人的最高层次需求"、"人总是趋利避害的"、"少年不知愁滋味"，以及"人到中年要怀旧"等，它们大都是基于人性的经验性总结，是我们理解消费者的一把钥匙。以它们为"前提"，可以把握消费者的具体需求特点和形态。就拿"中年怀旧"来说，使中年人缅怀、追忆、回味、伤感以及反思的情感价值和文化价值具有极大的吸引力——这就是蔡琴、李宗盛等中年歌手纷纷举办演唱会的市场背景。有些行为"定律"是民族心理的沉淀，有着鲜明的地域特色，这也便于我们深入理解不同区域消费者的差异化需求。例如，乡村消费者通常讲究和注重"人情""面子"，因此用于礼尚往来的商品（如保健品等）在那里就存在一定的市场。

第三类前提：关于消费者具有鲜明时代特色的总体需求特征的判断。

任何时代，都有特色鲜明的需求和消费潮流。以此为依据，可以推演出消费者微观的需求特征。例如，市场经济时代，我国城市新生代（80年代人）具有个性化、时尚化、国际化的需求倾向。在这一前提下，他（她）们可能更加关注产品接触界面（人机关系）的亲和性、互动性和体验性，更加关注产品外观造型的前卫感和科技感，更加关注功能的娱乐性和丰富性。

用逻辑的方法把握消费者需求，优点是可靠性和确定性强，不足之处在于不易挖掘消费者隐性、深层的需求特点。此外，有时对"前提"是否正确，难以把握和判断。

（四）意义不凡的数据库法

无论调查测试法、感悟法，还是分析演绎法，都属于"事先"的预测，都存在结论的"真实性"问题。数据库法和试验法，是"事后"和"事中"的研究，具有客观性和可信性。

一些行业，如会员制商业、信用卡业及通信服务业等，均有完善的消费者档案和完整的消费记录。对这些数据进行"事后"分析，可以发现不同类型消费者的需求特点。由于"数据"是实实在在发生的，以此为基础的研究，意义不言而喻。例如，可以从信用卡用户的刷卡记录，如总额、频次、用途、平均金额、最大（最小）金额、地点、时间、商业形态当中，总结、分析出用户的动机、需求倾向、行为偏好等。基于消费者数据库的分析结论，有时还会颠覆一些似是而非、先入为主的观点，如"穷人是不买贵东西的"等。

但数据库法的局限性是显而易见的：一是大部分行业和企业缺乏完整的消费者数据（搜集的难度很大），因此，它的适用面较窄；二是消费者数据库所反映的信息，主要说明"过去"，不能完全代表"将来"。

（五）精细科学的实验法

目前，研究消费者需求最精细、最复杂、最科学的方法是实验法，即在特定的实验条件下，观察和了解实验对象（消费者代表）的行为及需求特征。实验法的特点包括可重复性和可控制性。前者是指实验过程是可以复制的，后者是指实验的条件是可以调控和改变的。只有通过实验过程的重复，才能使实验结果真正具有确定性和可信性；只有实验条件的可控制，才能清晰地辨认条件（影响消费者需求的因素、原因）与结果（需求特点）之间的关系。例如，一个快餐店，在菜式、价格、环境、服务不变的情况下，在一段时期（如三个月）内的同一时刻（如中午时分），重复记录、观察同一消费群（可以是快餐店周边的公司"白领"，也可以是附近中学的学生）的消费行为特点：他们爱吃什么菜，通常花多少钱，是商量着决策，还是个体分别决策等，从中可以发现需求规律和趋势。若将某个或某几个"变量"改变——推出新的菜式或撤下原来的菜式，或价格变动，或环境调整，则可考察实验对象的需求特征有没有变化以及变化的程度。如果再复杂一些，可以将就餐的消费者分为若干类，分别进行试验。

实验法的难度在于：影响消费者需求的因素太多，而且他们又属于开放及动态系统，实验时如何一一顾及、安排、控制？同时，实验的对象是人而不是物，面对的是能动的主体，存在一定的不确定性。此外，操作难度较大，未必适合所有的行业及企业。尽管如此，这种属于实验心理学的方法，仍是一种精细化把握消费者需求的有效途径。

（六）预见未来的"领导者"观察法

消费者群体中，总有这样一些人：他们富有激情，对新事物充满兴趣；他们追逐时尚，总是站在消费潮流的前沿；他们个性独特，喜欢标新立异，显示自己的卓尔不群。"春江水暖鸭先知"，这些人的需求特征，有着未来的意义；目前尚属前卫，将来很可能蔚然成风，成为主流。理解了他们，也就理解了需求的方向。他们是消费者中的"领导者"。

"领导者"观察法由此产生。市场营销人员可以选择一些符合"领导者"要求的消费者代表，对其进行较长时期的近距离观察，记录他们的言行，考量他们的心理，与其进行深入沟通与互动；有了新的创意和产品"概念"，可以请他们事先评估，有了新产品，可以请他们预先试用。这样，创新就有了依据和方向。

"领导者"观察法易于操作，其关键在于选准观察的对象。由于它着眼于未来，有时对于解决眼前的矛盾和问题作用不大（比如，如何调整现有的产品价值定位）。这种方法所需周期较长；同时对观察研究者有较高的素质能力要求。

资料来源　施炜. 六种方法把握消费者需求［J］. 中外管理，2005（6）.

（2）购买者的决策过程。

品类定义必须考虑购买者的购物心理与决策过程。购买者在购买商品时的消费心理见表2-9。

（3）零售商自身定位。

零售商自身定位也能从根本上影响其品类定义。如连锁超市与百货商场在定位上存在明显差异，相应的品类定义的差别也非常明显。以服装为例，连锁大卖场的服装价位远低于百货商场，质量上也不如百货商场考究，品牌形象方面也远不如百货商场，这些因素相加，说明连锁大卖场的服装品类定义与百货商场明显不同。

（4）品类发展趋势。

出于消费者需求的变化，品类发展也呈现各种趋势。以饮料为例，各种功能性饮料、不同包装的饮料、定位不同需求层次和人群的饮料等层出不穷，零售商在品类定义时要考虑品类的这种多样化趋势。

（5）商品特性与商品之间的关联性。

商品特性是品类定义的基础，同类与可替代的商品可被定义为同一品类。在某些情况下，特性差异较大但存在关联性的商品也可作为同品类或关联品类的商品。如牙膏和牙刷，虽然在产品性质等方面差异巨大，但由于功能上存在相关性，被很多零售商作为同品类或关联品类商品。

（6）零售商管理的需要。

品类定义以消费者的需求为出发点，但也要考虑零售商管理的需要。现代零售企业正在向大型化、连锁化方向发展，经营的商品动辄上万，即使同类商品，也存在品牌、功能、包装等各方面的差异，从而为零售商商品管理带来很大压力。在进行品类定义时，考虑零售商经营管理的需要、降低管理成本、提高管理效率是必需的。

表2-9   **购买者购物心理过程**

店貌感受	当顾客进入商店后，会有意或无意地环视商店。商店的装饰、卫生、秩序、商品的陈列等都会给顾客留下深刻的印象。这种印象的好坏会直接影响到购物的兴趣，尤其是购物环境与商品的相称，也会直接影响消费者的购物兴趣
知晓商品	顾客进入商店后，根据其购物目的有选择地去感知商品。经过随意或有目的的寻找，就会对与购物目标相接近的商品产生兴趣，或发现某个目标商品的存在
观察了解	商品选定后，顾客就会接近柜台或货架。要么自己观察、了解商品，要么向售货员进行咨询了解
引起兴趣	通过对目标商品的观察和了解，使顾客获得了对目标商品的主观感受。这种感受若不佳，会使顾客放弃购买；若获得良好的印象，就会由此引起顾客的兴趣。所谓兴趣，就是人的一种迫切要求认识某种事物或参加某种活动的强烈的心理倾向。这主要取决于顾客的感觉。在兴趣的作用下，顾客会进一步了解商品，并由此产生喜悦的情绪，推动心理向下一阶段发展
产生联想	兴趣产生后，随着对商品的深入了解，顾客会产生对有关商品的物理性能（使用价值）和心理性能（欣赏价值、社会价值），以及给自己带来的满足和享受的联想。这种联想是一种由当前感知的事物引起的，对与之有关的另一事物回忆或设想的心理活动。在这种心理活动中，商品仿佛有了生命力，变得具体而又形象，这使顾客对商品的认识也具体和深刻化了，从而激发了其拥有该商品的欲望
激发欲望	这个阶段中，顾客对商品产生浓厚兴趣，从而激起其购物的欲望。然而由于此时顾客还有选择心理的存在，还不会在这一阶段马上做出购物决定，但这种购物欲望的产生，已经促进了顾客的思维发展
比较判断	顾客购物欲望的产生，使其往往要进一步对商品的质量、价格、样式等进行判断、比较；或对可供选择的同类商品从各方面进行细致的区别、比较，权衡利弊，以做出最后的评价。因而，这一阶段对促进顾客做出购物决定是非常重要的
决定购买	顾客通过对商品的比较、判断，最后确信购买某种商品是明智的，并对所选定的商品产生信任。于是，顾客就会对选定的商品做出购物决定；反之，则舍弃
采取行动	购物决定一经做出，就会付诸购物行动，开始进行商品成交的实际行动，顾客开始进行挑选、检验、付款、取货等一系列行动
购后体验	顾客购物后，会对门店的店风、店貌、商品、服务态度等留下印象。这个印象的深刻、好坏与否，直接影响着顾客是否还愿意再度光临这家门店购物。顾客还会通过对所购商品的使用、别人的评价，来检验自己的购物决定是否明智。若这种感受较好，可能会使顾客进一步重复、扩大购买，或向别人宣传，影响别人的购物决定

4）品类定义操作流程

品类定义操作流程如图2-14所示。

2.5.2 品类角色的确定

1）品类角色概念

在品类管理中，零售商并不是只需要带来高利润的商品，形成稳固的客源，增加消费者的消费频率，满足消费者全面的需求，形成零售商的经营特色和个性，带动高利润商品的需求，也需要一些满足消费者日常需求的低利润商品，或能够在消费者心目中留下特定印象的商品，或便利、或适合季节需求的特定商品。品类角色就是在品类定义的基础上区分品类商品所属角色类别，以利于后续品类管理。

1. 确定品类商品组成范围。其考虑因素有：
　　商品特性
　　　高替代性
　　　高相关性

2. 品类内部细分化
　　品类
　　　次品类
　　　小品类

3. 品类描述，具体为：
　　商品共性、品类涵盖范围、排除的商品

4. 建立品类结构图
　　建立品类结构图，在此基础上转化为计算机识别
的信息，与企业日常经营管理系统相结合

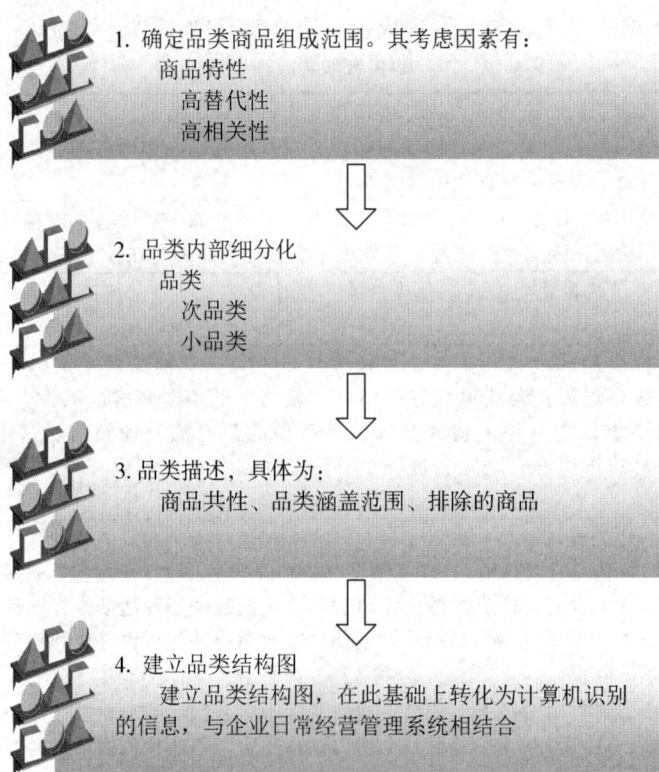

图2-14　品类定义操作流程图

　　品类角色是零售商从自身市场定位出发，确定品类在其经营结构中的角色，以追求不同的销售目标。品类角色的确定及其对零售商营业的贡献，体现了零售商核心业务上的核心竞争能力。品类角色与品类定义不同，品类定义更多地体现为零售商主动地对现有经营商品的结构性分类，品类角色则从品类对零售商的意义出发讨论某品类商品给零售商带来何种利益。

　　品类角色体现如下特征：

　　（1）受零售商本身所处业态的影响。如同样是婴儿用品，在食品超市与大卖场的角色定位全然不同，在大卖场可能会被定义为目标品类或常规品类商品，而在食品超市则可能被定义为便利品类商品，前者要求品类下设商品门类、品牌、价格层次齐全，在必要时可实施低价策略，而后者只要维持少数商品存量，满足消费者的便利需求，低价策略也无法为超市吸引更多顾客，更可能减少门店利润。

　　（2）品类角色体现的是品类商品对零售商的贡献。品类角色与品类定义这一零售商划分品类结构的主动行为不同，它是在品类定义的基础上对已存品类被动分析其角色及定位，在分析的基础上为后续品类管理行为提供指导。

　　（3）品类角色体现了该品类商品能够满足消费者某一方面的需求或能为零售商带来某一方面的经营利益。如便利性品类商品能够满足消费者一站式购物的需求，对零售商来说能带来更多的顾客流。此处所谓零售商某一方面的经营利益不仅指利润，还包括带来客流量、吸引特定消费人群等。

品类角色的划分标准主要有两类：零售商导向品类角色和消费者导向品类角色。

2）零售商导向品类角色

从零售商的角度区分品类角色，其标准主要有两个：毛利率和销售额。一般认为，划分零售商导向品类角色的方法主要为品类角色矩阵。从零售商的角度区分品类角色操作流程如下：

（1）以门店为单位，将所有商品品类的毛利率和销售额列到一张表上，以平均毛利率为中间线，高于平均毛利率的是上一档，低于平均毛利率的是下一档。

（2）对品类进行销量排行，并计算出每个品类在门店的销售占比，从高到低排序，完成销售占比50%的品类为一档，往下的30%为一档，最下面的20%为最后一档。

（3）把划分好的商品填入图2-15，则可得其品类类型。

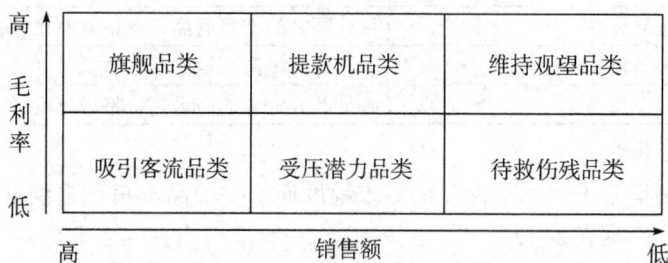

高	旗舰品类	提款机品类	维持观望品类
毛利率			
低	吸引客流品类	受压潜力品类	待救伤残品类

高　　　　　销售额　　　　　低

图2-15　零售商导向品类角色矩阵

零售商导向品类角色特征见表2-10。

表2-10　　　　　　　零售商导向品类角色特征

品类角色	表现特征
旗舰品类	销量大、高毛利的商品
吸引客流品类	低毛利的敏感品牌商品
提款机品类	高毛利的销量一般的商品，对吸引客流商品予以毛利上的补偿
受压潜力品类	毛利率与销量一般的商品
维持观望品类	高毛利、销量低的商品
待救伤残品类	销售额和毛利率低，做补充或可淘汰的品类或者小商品

3）顾客导向品类角色

顾客导向区分品类角色有比例/矩阵法和跨品类分析法。

（1）比例/矩阵法。

比例/矩阵法的参考指标为商品的普及程度比例和购买频率。利用这两个指标作为矩阵的两个维度衡量品类商品，并作出划分（如图2-16所示）。商品的普及程度比例是指在一年内购买某商品的消费者占比，可看作该商品的覆盖度；商品购买频率是指某商品每年被购买的平均次数，可从销售笔数来考察；利用比例和频率的平均值将商品分为四种角色：主要商品、差异商品、必备商品和补充商品。

四类商品的特点见表2-11。

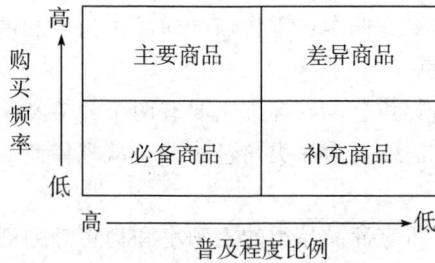

图 2-16　比例/矩阵法品类角色矩阵

表 2-11　　　　　　　　　　　　比例/矩阵法品类商品特点

品类角色	角色特征
主要商品	关键的品类，价格敏感度高
差异商品	目标顾客的重要商品，价格具有敏感性
必备商品	普及程度很高，但购买频率低
补充商品	满足部分顾客的需求，价格敏感度低

（2）跨品类分析法。

跨品类分析法是基于顾客对商品的需求程度而产生的品类角色定位方法。跨品类分析法对品类角色的分类见表 2-12。

表 2-12　　　　　　　　　　　　跨品类分析法品类角色定位

品类角色	定位	举例
普遍性品类	消费者于日常生活中或因习惯使然而会购买的商品。通常这类产品每家商店都有售卖，因此消费者并不会非得到特定的商店购买本类商品不可，只是经常购买该类商品而已	如便利店和书报亭的报纸、各商店的饮料等
特殊性品类	具有吸引消费者消费的特性，而且该品类是该商店与众不同的卖点，消费者会为了购买这项商品而专程前来	如家乐福的红酒、大润发的猪肉、老同盛的南北货等
偶发性品类	该品类商品主要是满足消费者在偶发状况下所引发的需求	便利店提供的雨具
季节性品类	为适应特定节日或活动所准备的商品	情人节的巧克力、各种精美礼品，春节的中国结、年货等
便利性品类	具有增进消费者从事某项活动之便利性的品类	便利商店会提供影印、传真、代收停车费、代收货款服务等

2.5.3　品类评估

品类评估是通过对以品类商品为核心，与品类商品相关的供应商、消费者等一系列情况的调查评估，确定品类经营状况。品类评估是决定以后品类策略与战术的前提，也是对现有品类策略与战术的反省。品类评估能够让经营者明确品类经营目标与当前经营状况之间的差异，从而影响零售商对品类商品的态度及经营政策。

根据通行的观点，品类评估主要包括品类发展趋势评估、零售商销售表现评估、市场/竞争对手表现评估和供应商评估（如图 2-17 所示）。

1）品类发展趋势

品类发展趋势对于经营者把握市场、制定品类策略非常关键。以电子类产品移动硬盘

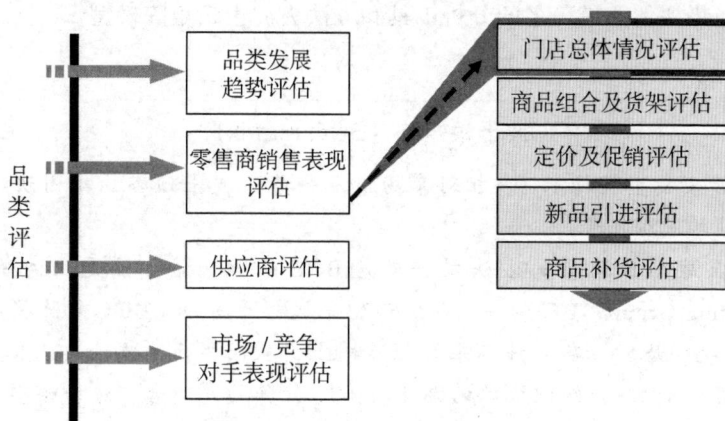

图2-17 品类评估主要内容

为例，在适应市场方面存在很多优点，如相对于笔记本电脑来说非常轻便，相对于更轻便的U盘来说则储存量更大，对于希望有个大容量储存设备，同时又方便携带的顾客来说，应该是最好的选择，事实上移动硬盘在一定时期内也确实占据了很大的移动储存市场。如果不进行细致的品类评估，仅就表象来说，大力推广移动硬盘是一个很好的策略。但通过对所有移动储存类商品进行细致分析可以发现，移动储存类商品的发展趋势是外形轻便化、容量扩大化，根据电子类产品的发展规律，U盘的储存量必然会越来越大，最终在这方面将成为移动硬盘的替代品，而移动硬盘受限于体积与重量因素，无法与U盘争夺市场。由此可见，品类评估中对品类发展趋势的评估相当重要。具体内容见表2-13。

表2-13 **品类发展趋势评估内容**

评估方面	内容细分
品类增长潜力	当前市场规模 潜在市场规模 以往销售的增长数据 相关品类销售的增长数据
品类成长动力	品类项下次类与小品类对品类的增长贡献 价格增长对盈利的影响 数量增长对品类成长的影响
消费者消费趋势	消费者如何使用该类商品 对品类商品的满意度 对品类商品的新需求
购买者行为	购买时间 购买频率 每次购买量 购买过程 选择标准（质量、包装、品牌等） 购买决策过程是否需要样品？是否需要品类教育宣导

对于发展趋势评估，最著名的分析工具和方法为波士顿矩阵模型。

@ **相关链接2-8**

波士顿矩阵（BCG Matrix）

波士顿矩阵又称市场增长率-相对市场份额矩阵、波士顿咨询集团法、四象限分析法、产品系列结构管理法等。

制定公司层战略最流行的方法之一就是BCG矩阵。该方法是由波士顿咨询集团（Boston Consulting Group，BCG）在20世纪70年代初开发的。BCG矩阵将组织的每一个战略事业单位（SBUS）标在一种二维的矩阵图上，从而显示出哪个SBUS提供高额的潜在收益，以及哪个SBUS是组织资源的漏斗。BCG矩阵的发明者、波士顿咨询公司的创立者布鲁斯认为"公司若要取得成功，就必须拥有增长率和市场份额各不相同的产品组合。组合的构成取决于现金流量的平衡"。如此看来，BCG的实质是为了通过业务的优化组合实现企业的现金流量平衡。

BCG矩阵区分出了4种业务组合。

（1）问题型业务（Question Marks，指高增长、低市场份额）。

处在这个领域中的是一些投机性产品，具有较大的风险。这些产品可能利润率很高，但占有的市场份额很小。这往往是一个公司的新业务，为发展问题业务，公司必须建立工厂，增加设备和人员，以便跟上迅速发展的市场，并超过竞争对手，这些意味着大量的资金投入。"问题"非常贴切地描述了公司对待这类业务的态度，因为这时公司必须慎重回答"是否继续投资发展该业务"这个问题。只有那些符合企业发展长远目标、具有资源优势、能够增强企业核心竞争力的业务才得到肯定的回答。得到肯定回答的问题型业务适合于采用战略框架中提到的增长战略，目的是扩大SBUS的市场份额，甚至不惜放弃近期收入来达到这一目标，因为问题型业务要发展成为明星型业务，其市场份额必须有较大的增长。得到否定回答的问题型业务则适合采用收缩战略。

如何选择问题型业务是用BCG矩阵制定战略的重中之重，也是难点，这关乎企业未来的发展。对于增长战略中以各种业务增长方案来确定优先次序，BCG也提供了一种简单的方法。通过图2-18权衡选择投资回报率（Return on Investment，ROI）相对高且需要投入的资源占的宽度不太多的方案。

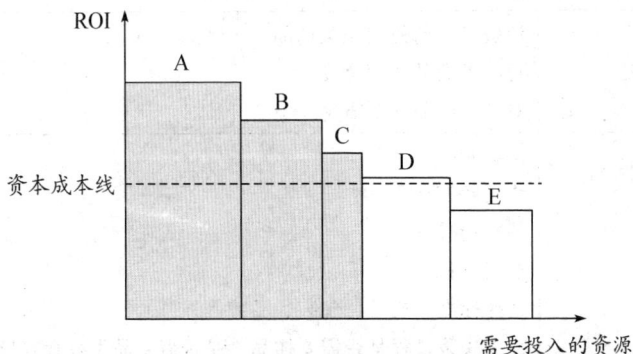

图2-18　资本成本与需要投入的资源关系图

（2）明星型业务（Stars，指高增长、高市场份额）。

这个领域中的产品处于快速增长的势头并且占有支配地位的市场份额，但也许会或也许不会产生正现金流量，这取决于新工厂、设备和产品开发对投资的需要量。明星型业务是由问题型业务继续投资发展起来的，可以视为高速成长市场中的领导者，它将成为公司未来的金牛型业务，但这并不意味着明星型业务一定可以给企业带来源源不断的现金流，因为市场还在高速成长，企业必须继续投资，以保持与市场同步增长，并击退竞争对手。企业如果没有明星业务，就失去了希望，但群星闪烁也可能会"闪花"企业高层管理者的眼睛，导致做出错误的决策。这时必须具备识别"行星"和"恒星"的能力，将企业有限的资源投入在能够发展成为金牛型业务的恒星上。同样的，明星型业务要发展成为金牛型业务，适合采用增长战略。

（3）金牛型业务（Cash Cows，指低增长、高市场份额）。

处在这个领域中的产品会产生大量的现金，但未来的增长前景是有限的。这是成熟市场中的领导者，是企业现金的来源。由于市场已经成熟，企业不必大量投资来扩展市场规模，同时作为市场中的领导者，该业务享有规模经济和高边际利润的优势，因而会给企业带来大量现金流。企业往往用金牛型业务来支付账款并支持其他三种需要大量现金的业务。金牛型业务适合采用战略框架中提到的稳定战略，目的是保持SBUS的市场份额。

（4）瘦狗型业务（Dogs，指低增长、低市场份额）

这个剩下的领域中的产品既不能产生大量的现金，也不需要投入大量现金，这些产品没有希望改进其绩效。一般情况下，这类业务常常是微利甚至是亏损的。瘦狗型业务存在的原因更多的是由于感情上的因素，虽然一直微利经营，但像人养了多年的狗一样恋恋不舍而不忍放弃。其实，瘦狗型业务通常要占用很多资源，如资金、管理部门的时间等，多数时候是得不偿失的。瘦狗型业务适合采用战略框架中提到的收缩战略，目的在于出售或清算业务，以便把资源转移到更有利的领域。

BCG矩阵的精髓在于把战略规划和资本预算紧密结合了起来，把一个复杂的企业行为用两个重要的衡量指标分为四种类型，用四个相对简单的分析来应对复杂的战略问题。该矩阵能帮助多种经营的公司确定哪些产品宜于投资，宜于操纵哪些产品以获取利润，宜于从业务组合中剔除哪些产品，从而使业务组合达到最佳经营成效。

2）零售商表现评估

零售商表现评估集中在受评估品类的销售数据方面。一般认为零售商表现评估集中在以下几个方面：零售商的总体表现、零售商可比门店表现、零售商单店表现。细分的话，具体评估内容见表2-14。

3）供应商评估

供应商不仅是品类商品的性质的创造者和维护者，也是品类的推广者，品类商品的促销等推广行为都要供应商参与，同时它也是品类商品后勤的保障者。对供应商的评估是品类管理的一个重要方面，供应商评估主要包括表2-15所示的几个方面。

表2-14 零售商表现评估内容及指标

评估内容	具体指标
门店总体情况	客单价 品类购买力 购买频率 销售额 毛利 纯利 平均毛利率
商品组合及货架评估	商品脱销率 品类规格数量 品类 ABC 分析 货架绩效 占品类货架空间比分析 货架商品库存周转 品类销售额/利润
定价及促销评估	有促销的规格数 销售预测 有价格变动的规格数 销售额增长百分比 利润增长占促销成本百分比 品类平均毛利率 增长销售额
新品引进评估	上架速度（天数） 新品成功率 新品每规格平均销售额与已有规格对比 新品销售额 品类销售额增长量
商品补货评估	脱销率（店内/配送中心） 店内库存天数 补货成本占销售额百分比

表2-15   供应商评估内容

评估内容	具体标准
供应商所供应商品的评估	商品质量： 质量符合有关国家标准 满足消费者需求 质量等级与门店形象相符 商品价格： 进货价格合理 销售价格消费者能接受
货源可靠程度评估	交货速度： 按订单要求供应 货源供应周期： 按采购品种、批量定期供应 对客户需求的快速反应程度： 迅速响应客户的需求
交货评估	送货： 在规定时间内交货 在规定地点交货 按规定的频率交货 退货： 按规定时间、地点退货 按规定的方式、数量退货 按规定分摊费用
交易条件评估	付款条件： 按规定期限付款结算 按规定方式付款结算 价格及价格折扣优惠 按规定给予价格折扣 按规定给予单次订货数量折扣 按规定给予累计进货数量折扣 售后服务保证： 保换、保退、保修、安装 提供供货服务和质量保证服务
供应商信誉评估	外界评价： 按交易记录
供应商品类能力评估	品牌的知名度 商场覆盖率 供应商属性： 省级总代理、区域代理、一般代理、厂家直销 CI形象： 企业视觉形象 所提供商品： 价格、款式、风格等

4）市场和竞争对手表现评估

对市场和竞争对手的评估能够使经营者把握品类发展的趋势及方向，了解竞争对手的品类策略与战术，以及竞争对手的核心竞争力所在，从而调整自身的品类战略，提高自身的竞争能力。

对市场和竞争对手的评估主要包括以下几个方面：

（1）所关注的品类在市场和竞争对手中的增长率，是否与自身保持一致。

（2）在同品类经营方面查找自身与市场及竞争对手的差异。

（3）市场和竞争对手的产品组合、价格带、包装大小与零售商的差异。

（4）竞争对手的品类经营策略是否对自身有借鉴作用。

5）品类评估作业流程

如图 2-19 所示，品类评估作业流程包括三个步骤：数据收集、数据分析和总结结果。

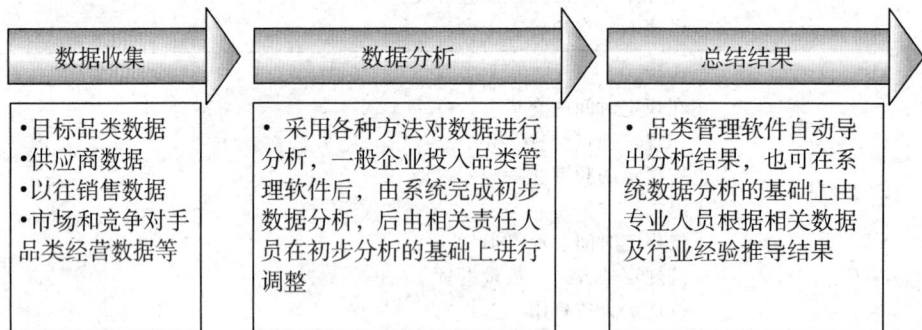

数据收集	数据分析	总结结果
•目标品类数据 •供应商数据 •以往销售数据 •市场和竞争对手品类经营数据等	• 采用各种方法对数据进行分析，一般企业投入品类管理软件后，由系统完成初步数据分析，后由相关责任人员在初步分析的基础上进行调整	• 品类管理软件自动导出分析结果，也可在系统数据分析的基础上由专业人员根据相关数据及行业经验推导结果

图 2-19　品类评估作业流程

2.5.4　品类评分表

品类评分表配合品类评估，能对经营者的品类经营进行全面评价。各零售商的品类评分表设计各不相同，应根据自身品类特点、品类策略、品类管理目标来设计。品类评分表的设计格式、设计内容应从企业实际情况出发，常见内容见表 2-16。

2.5.5　品类策略

1）品类策略概述

品类策略是基于明确的品类角色定位之上的，品类角色定位要求品类商品达到零售商所期望的目标，品类策略即零售商根据品类角色定位，利用商品组合、促销、定价等方面的策略性手段达到门店对品类角色的预期目标。

对应品类角色所要达到的目标，品类策略内容见表 2-17。

2）品类策略制定流程

品类策略制定流程包括品类状况分析、品类角色及品类目标确认、品类评分表回顾及确定品类策略。

如图 2-20 第一步所示，对品类现状进行分析时，可以采用现状分析的常用方法——SWOT 分析法。

表2-16   **品类评分表涵盖内容举例**

评分内容	指标	
品类本身评估指标	安全性指标（通过财务结构反映）	流动比率、速动比率、负债比率、固定比率、自由资本等
	收益性指标	1.营业额达成率 这是指品类商品的实际营业额与目标营业额的比率。其计算公式如下： 营业额达成率=实际营业额÷目标营业额×100% 营业额达成率的参考指标是100%~110% 2.毛利率 这是指品类商品毛利额与营业额的比率，反映的是超级市场的基本获利能力。其计算公式如下： 毛利率=毛利额÷营业额×100% 毛利率的参考标准是16%以上 3.营业费用率 这是指品类商品营业费用与营业额的比率。它反映的是每一元营业额所包含的营业费用支出。其计算公式如下： 营业费用率=营业费用÷营业额×100% 该项指标越低，说明营业过程中的费用支出越小，超级市场的管理越好，获利水平越高 营业费用率的参考标准是15%~18%
	发展性指标	营业额增长率 这是指品类商品的本期营业额同上期相比的变化情况。它反映的是超级市场的营业发展水平。其计算公式如下： 营业额增长率=（本期营业额÷上期营业额-1）×100% 一般来说，营业额增长率应高于经济增长率，理想的参考标准是经济增长率的两倍以上
	效率性指标	1.来客数及客单价 来客数是指某段时间进入品类销售区域购物的人数；客单价是指超级市场的每日平均销售额与每日平均来客数的比率。其计算公式如下： 客单价=（每日平均销售额÷每日平均来客数）×100% 由上面的公式可以看出销售额等于来客数与客单价的乘积。因此来客数与客单价的高低会影响到超级市场的营业额 通常用以下公式来核算品类区域的客单价： 客单价=每日销售额÷交易次数 2.盈亏平衡点 这是指品类销售的营业额为多少时，其盈亏才能达到平衡。其计算公式如下： 盈亏平衡点的营业额=固定费用÷（毛利率-变动费用率） 由上面的公式可以看出，毛利率越高，营业费用越低，则盈亏平衡点的营业额越低。一般情况下盈亏平衡点的营业额越低，超级市场盈利就越高 3.商品周转率 这是指品类商品的销售额与平均库存的比率。其计算公式如下： 商品周转率=销售额÷平均库存 商品周转率越高，表明超级市场的商品销售情况越好，该项指标的参考标准为30次/年以上 周转天数=平均库存÷日均销售额 平均库存=（期初库存+期末库存）÷2 期末库存=期初库存+本期购进-本期销售-本期退货-本期丢损 周转天数越少，表明商品的销售情况越好

评分内容	指标	

品类本身评估指标		4.交叉比率
		    这是指品类商品的毛利率与周转率的乘积。它反映的是超级市场在一定时间内的获利水平。其计算公式如下：
		    交叉比率=毛利率×周转率
		    商品除了要有合理的毛利率外，还要有较高的周转率。如果毛利率高而周转率低，则获利水平有限。因此，该项指标越高，获利能力越强
		    5.顺加率
		    售价=供货价格×（1+加价率）（自营商品）
		    倒扣率主要指联营厂家以售价与厂家核算，在销售额的基础上扣除的比率作为超市的收入
		    上述两种情况下毛利率=顺加率=倒扣率
		    顺加率与倒扣率的公式换算：
		    ［顺加率值÷（顺加率值+100）］×100%=倒扣率
		    ［倒扣率值÷（100-倒扣率值）］×100%=顺加率
		    6.每平方米销售额
		    这是指品类商品的销售额与品类销售区域面积的比率。它反映的是卖场的有效利用程度。其计算公式为：
		    每平方米销售额=销售额÷卖场面积
		    每一类商品所占的面积、销售单价、周转率不同，其每平方米的销售额也不同
		    一般来说，烟酒、畜产品、水产品的周转率较高、单价高、所占的面积小，因此每平方米销售额也高；而一般食品的每平方米的销售额则较低
		    7.人均劳效
		    这是指品类销售区域的销售额与员工人数的比值。它反映的是品类商品的劳动效率。其计算公式如下：
		    人均劳效=销售额÷员工人数
		    由上面的公式可以看出，品类销售区域的人数越少，销售额越高，则人均劳效也越高，劳动效率也越高
		    8.同比与环比
		    ①同比：是指与去年同期对比的指标状况
		    ②环比：是指与本年度上期同一时间段的指标对比状况

供应商评估指标	客户服务水平 库存天数 库存周转 库存金额 退换货条件 退换货周期 账期 推广支持	
消费者评估指标	客单价 购物频率 客户满意度	
自有品牌	参考品类本身评估指标	

表2-17 典型品类策略

策略选择	手段与内容
提高客流量	通过促销活动等手段,增加品类的购物人数
提高客单价	通过货架陈列、促销活动等方式,增加顾客每次的购买量
提高利润	通过货架陈列、商品组合等方式引导顾客购买高利润商品
产品教育宣传指导	通过展示屏、现场讲解等方式向消费者教育宣传技术含量高、操作复杂的产品
促进购买	通过特殊陈列、卖场情绪渲染等方式,刺激消费者购买商品
维护企业形象	通过品类的价格、服务、商品组合、销售氛围等营造与企业定位相适应的形象
品类自我保护	通过定价、促销宣传等方式保护和强化品类的市场地位
新品引导	通过试体验等方式,对新品做初次推广
维护顾客忠诚度	通过良好的服务、有竞争力的定价等方式维护顾客的忠诚度
增加现金流量	通过加快品类周转速度,延长账期等方式增加现金流量
价格策略	不同业态适用不同价格策略,如连锁卖场适用低价策略,而某些走高端路线的百货商场则相反
良好的库存管理	能够降低库存资金的积压,减少库存成本

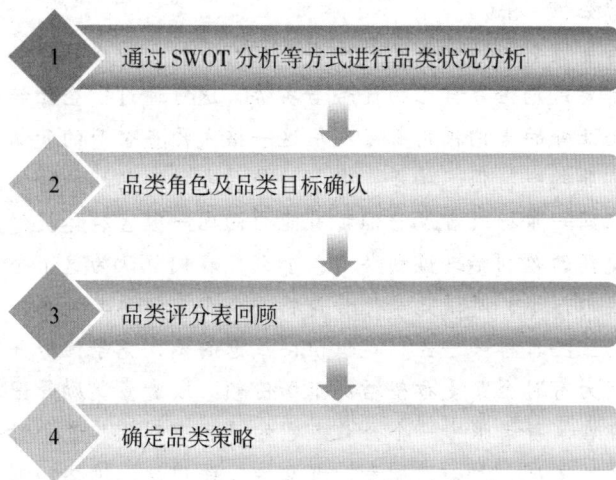

1 通过SWOT分析等方式进行品类状况分析

2 品类角色及品类目标确认

3 品类评分表回顾

4 确定品类策略

图2-20 品类策略制定流程

SWOT分析模型简介

在现在的战略规划报告里，SWOT分析算是一个众所周知的工具了，同样，SWOT也来自McKinsey咨询公司。SWOT分析代表分析企业优势（Strength）、劣势（Weakness）、机会（Opportunity）和威胁（Threats）。因此，SWOT分析实际上是对企业内外部条件各方面内容进行综合和概括，进而分析组织的优劣势、面临的机会和威胁的一种方法。

这个模型也可以通过分析帮助企业把资源和行动集中在自己的强项和有最多机会的地方。

模型含义介绍

优劣势分析主要着眼于企业自身的实力及其与竞争对手的比较，而机会和威胁分析将注意力放在外部环境的变化及对企业的可能的影响上。在分析时，应把所有的内部因素（即优劣势）集中在一起，然后用外部的力量来对这些因素进行评估。

（1）机会与威胁分析（OT）。

随着经济、社会、科技等诸多方面的迅速发展，特别是世界经济全球化、一体化进程的加快，全球信息网络的建立和消费需求的多样化，企业所处的环境更为开放和动荡。这种变化几乎对所有企业都产生了深刻的影响。正因为如此，环境分析成为一种日益重要的企业职能。

环境发展趋势分为两大类：一类表示环境威胁，另一类表示环境机会。环境威胁指的是环境中一种不利的发展趋势所形成的挑战，如果不采取果断的战略行为，这种不利趋势将导致公司的竞争地位受到削弱。环境机会就是对公司行为富有吸引力的领域，在这一领域中，该公司将拥有竞争优势。

对环境的分析也可以有不同的角度。比如，一种简明扼要的方法就是PEST分析，另外一种比较常见的方法就是波特的五力分析。

（2）优势与劣势分析（SW）。

识别环境中是否有吸引力的机会是一回事，拥有在机会中成功所必需的竞争能力是另一回事。每个企业都要定期检查自己的优势与劣势，这可通过"企业经营管理检核表"的方式进行。企业或企业外的咨询机构都可利用这一格式检查企业的营销、财务、制造和组织能力。每一要素都要按照特强、稍强、中等、稍弱或特别弱划分等级。

当两个企业处在同一市场或者说它们都有能力向同一顾客群体提供产品和服务时，如果其中一个企业有更高的盈利率或盈利潜力，那么，我们就认为这个企业比另外一个企业更具有竞争优势。换句话说，所谓竞争优势是指一个企业超越其竞争对手的能力，这种能力有助于实现企业的主要目标——盈利。但值得注意的是，竞争优势并不一定完全体现在较高的盈利率上，因为有时企业更希望增加市场份额，或者多奖励管理人员和雇员。

竞争优势可以指在消费者眼中一个企业或它的产品有别于其竞争对手的任何优越的东西，它可以是产品线的宽度、大小、质量、可靠性、适用性、风格和形象以及服务的及时性、态度的热情度等。虽然竞争优势实际上指的是一个企业比其竞争对手有较强的综合优势，但是明确企业究竟在哪一个方面具有优势更有意义，因为只有这样，才可以扬长避短、以实击虚。

由于企业是一个整体，并且由于竞争优势来源的广泛性，所以，在做优劣势分析时必须从整个价值链的每个环节上，将企业与竞争对手做详细的对比，如产品是否新颖、制造工艺是否复杂、销售渠道是否畅通、价格是否具有竞争性等。如果一个企业在某一方面或几个方面的优势正是该企业应具备的关键成功要素，那么，该企业的综合竞争优势也许就强一些。需要指出的是，衡量一个企业及其产品是否具有竞争优势，只能站在现有潜在用户角度上，而不是站在企业的角度上。

企业在维持竞争优势的过程中，必须深刻认识到自身的资源和能力，采取适当的措施。因为一个企业一旦在某一方面具有了竞争优势，势必会吸引到竞争对手的注意。一般地说，企业经过一段时期的努力，建立起某种竞争优势；然后就会处于维持这种竞争优势的态势，竞争对手开始逐渐做出反应；而后，如果竞争对手直接进攻企业的优势所在，或采取其他更为有力的策略，就会使这种优势受到削弱。

影响企业竞争优势的持续时间，主要有三个关键因素：①建立这种优势要多长时间？②能够获得的优势有多大？③竞争对手做出有力反应需要多长时间？如果企业分析清楚了这三个因素，就会明确自己在建立和维持竞争优势中的地位了。

显然，公司不应去纠正它的所有劣势，也不是对其优势不加利用。主要的问题是公司应研究它究竟是只局限在已拥有优势的机会中，还是去获取和发展一些优势以找到更好的机会。有时，企业发展慢并非因为其各部门缺乏优势，而是因为它们不能很好地协调配合。例如，有一家大型电子公司，工程师们轻视销售员，视其为"不懂技术的工程师"；而推销人员则瞧不起服务部门的人员，视其为"不会做生意的推销员"。因此，评估内部各部门的工作关系作为一项内部审计工作是非常重要的。

波士顿咨询公司提出，能获胜的公司是能取得公司内部优势的企业，而不仅仅是只抓住公司核心能力的企业。每一家公司都必须管好某些基本程序，如新产品开发、原材料采购、对订单的销售引导、对客户订单的现金实现、顾客问题的解决时间等。每一个程序都创造价值和需要内部部门协同工作。虽然每个部门都可以拥有一个核心能力，但如何对这些优势能力进行开发仍是一个挑战。

对持矩阵（Confrontation Matrix）是能够将SWOT分析中各因素结合起来进行深入分析的管理工具，具体内容见表2-18。

表2-18　　　　　　　　　　　**对持矩阵分析**

	机会	威胁
优势	进攻 竭尽全力而为之	调整 恢复优势力量
劣势	防御 密切注视竞争对手的一举一动	生存 战略转移

在现实操作中，SWOT的两个纵栏也往往处在针锋相对的位置，战略家们仍然要努力从中发现战略策应的机会。这项工作看起来自相矛盾，却是SWOT分析的挑战所在。这可以通过结合运用自外而内的战略（如市场驱动战略）或自内而外战略（资源驱动战

略）来实现。

SWOT分析步骤

（1）确认当前的战略。

（2）确认企业外部环境的变化（波特五力或者PEST）。

（3）根据企业资源组合情况（见表2-19），确认企业的关键能力和关键限制。

表2-19　　　　　　　　　　　企业资源组合情况

潜在资源力量	潜在资源弱点	公司潜在机会	外部潜在威胁
·有力的战略	·没有明确的战略导向	·服务独特的客户群体	·弱势竞争者的进入
·有利的金融环境	·陈旧的设备	·新的地理区域的扩张	·替代品引起的销售下降
·有利的品牌形象和美誉	·超额负债与恐怖的资产负债表	·产品组合的扩张	·市场增长的减缓
·被广泛认可的市场领导地位	·超越竞争对手的高额成本	·核心技能向产品组合的转化	·交换律和贸易政策的不利转换
·专利技术	·缺少关键技能和资格能力	·垂直整合的战略形势	·由新规则引起的成本增加
·成本优势	·利润的损失部分	·分享竞争对手的市场资源	·商业周期的影响
·强势广告	·内在的运作困境	·竞争对手的支持	·客户和供应商的杠杆作用的加强
·产品创新技能	·落后的R&D能力	·战略联盟与并购带来的超额覆盖	·消费者购买需求的下降
·优质客户服务	·过分狭窄的产品组合	·品牌形象拓展的通路	·人口与环境的变化
·优质产品质量	·市场规划能力的缺乏		
·战略联盟与并购			

（4）按照通用矩阵或类似的方式打分评价。

把识别出的所有优势分成两组，分的时候以两个原则为基础：它们是与行业中潜在的机会有关，还是与潜在的威胁有关。用同样的办法把所有的劣势分成两组，一组与机会有关，另一组与威胁有关。

（5）将结果在SWOT分析图上定位，如图2-21（a）所示，或者将刚才的优势和劣势按机会和威胁分别填入图2-21（b）。

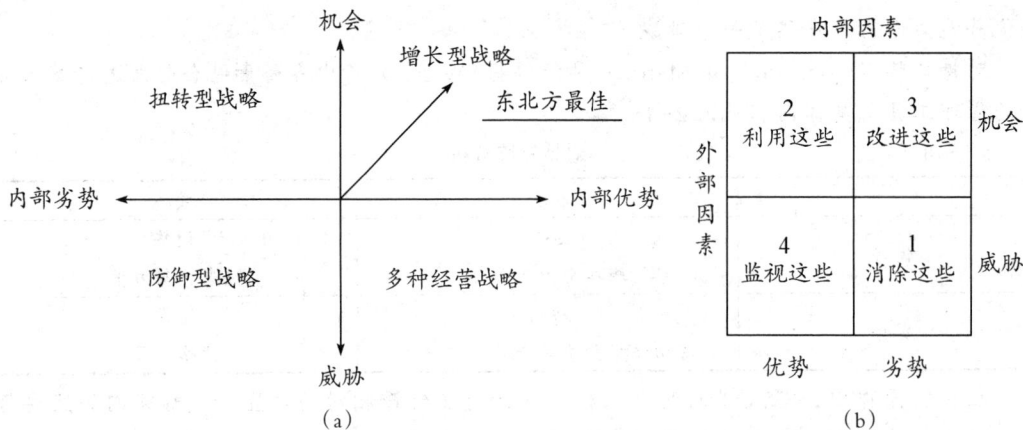

（a）　　　　　　　　　　　　　　　　　　（b）

图2-21　SWOT分析表

（6）战略分析。

举一个科尔尼SWOT分析得出战略的例子，见表2-20。

表2-20 　　　　　　　　　　　**科尔尼SWOT分析战略实例**

	优势（Strength）	劣势（Weakness）
内部能力 外部因素	·作为国家机关，拥有公众的信任 ·顾客对邮政服务的高度亲近感与信任感 ·拥有全国范围的物流网（几万家邮政局） ·具有众多的人力资源 ·具有创造邮政金融的可能性	·上门取件相关人力及车辆不足 ·市场及物流专家不足 ·组织、预算、费用等方面的灵活性不足 ·包裹破损的可能性很大 ·追踪查询服务不够完善
机会（Opportunities）	SO	WO
·随着电子商务的普及，对寄件需求的增加（年平均增加38%） ·能够确保应对市场开放的事业自由度 ·物流及IT等关键技术的飞跃性的发展	·以邮政网络为基础，积极进入宅送市场 ·进入Shopping Mall配送市场 ·EPOST活性化 ·开发灵活运用关键技术的多样化的邮政服务	·构成邮寄包裹专门组织 ·通过实物与信息的统一化进行实时的追踪（Track & Trace）及物流控制（Command & Control） ·对增值服务及一般服务差别化的价格体系的制定及服务内容的再整理
风险（Threats）	ST	WT
·通信技术发展后，对邮政的需求可能减少 ·现有宅送企业的设备投资及代理增多 ·WTO邮政服务市场开放的压力 ·国外宅送企业进入国内市场	·灵活运用范围宽广的邮政物流网络，树立积极的市场战略 ·与全球性的物流企业进行战略联盟 ·提高国外邮件的收益性及服务 ·为维持企业顾客，树立积极的市场战略	·根据服务的特性，对包裹详情单与包裹运送网分别运营 ·提高对已经确定的邮政物流运营效率（BPR），由此提高市场竞争力

SWOT模型的局限性

和很多其他的战略模型一样，SWOT模型也是由麦肯锡提出很久了，带有时代的局限性。以前的企业可能比较关注成本、质量，现在的企业可能更强调组织流程。例如，以前的电动打字机被印表机取代，该怎么转型？是应该做印表机还是做其他与机电有关的产品？从SWOT分析来看，电动打字机厂商的优势在机电，但是发展印表机又显得比较有机会。结果有的朝印表机发展，死得很惨；有的朝剃须刀生产发展方向很成功。这就要看，你要的是以机会为主的成长策略，还是以能力为主的成长策略。SWOT模型没有考虑到企业改变现状的主动性，企业可以通过寻找新的资源来创造企业所需要的优势，从而达到过去无法达成的战略目标。

2.5.6 品类战术

如果说品类角色隐含了对品类所应承担任务的要求，即品类销售所要达到的目标，则品类策略把这种目标具体化，并细化。品类战术则是实现品类策略目标的手段，零售企业所实施的一个品类战术可能满足多个品类策略的目标，如在情人节进行巧克力促销活动，不仅能够吸引客流量，提高客单价，也能够提高利润，树立企业形象。

品类战术包含的内容，不同学者的观点略有差异，有学者认为应包含商品组合、价格、供应链、促销、商品陈列；也有观点认为，应包括高效产品组合、高效新品引进、高效定价、高效产品陈列、高效促销、高效补货。本书认为，品类战术的内容应为开放式的，即品类经营的手段应有助于实现品类策略的目标，帮助品类角色实现其价值。目前品类战术应包括以下几个方面的内容：商品组合、定价、促销、新品管理和滞销品管理（如图2-22所示）。由于品类战术的品类管理执行的核心内容关系到品类管理的成败，故本书对各品类战术在后续章节进行专章描述。

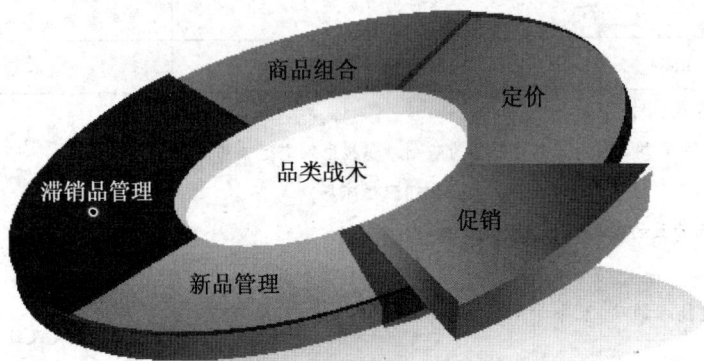

图2-22 品类战术

2.6 品类管理实施推广

2.6.1 品类管理实施存在的障碍

品类实施推广处于品类管理的执行阶段，是对品类管理前期准备工作的总结体现。品类管理理念将在这一阶段被运用到实践中加以检验。品类实施推广涉及的范围包括两个方面：一为连锁企业外部，主要体现为与供应商合作实施供应商库存管理或供应商货架管理；二为连锁企业内部所选择品类策略与战术的具体执行，包括在门店的推广、相关人员的培训等。

作为涉及企业整体营运的品类管理战略调整，必然会涉及从经营管理体制到人事制度安排等方方面面的调整，产生各种经营上的不协调和利益冲突，形成品类管理实施的障碍，主要表现在以下几个方面：

1）现有稳定经营秩序与盈利模式形成的障碍

在一个成熟的企业推选品类管理，必然触及对现有经营模式的改造，并对已存在的盈利模式形成冲击。已有的盈利点是现实可见的，而实施品类管理带来的利益则只存在预期中，同时品类管理的实施也存在实施成本问题，从而形成短期现存利益与长期预期利益的冲突。

2）理念与知识储备障碍

任何新生政策的提出与实施都伴随理念上的转变。品类管理作为先进管理技术，根植于先进的生产技术之上，伴随观念上的改变，旧有的观念是品类管理实施的障碍之一，甚至会影响到对品类管理的战略选择。企业在理顺品类管理理念之后，在实施过程中还存在知识储备上的障碍，品类管理需要企业全体人员的理解与参与，也需要所有相关人员有相应的知识储备，解决这一问题必须通过人员培训等方式解决。

3）供应商与零售商博弈形成障碍

在实施品类管理，特别是实施供应商品类管理时，理论上需要供应商与零售商紧密合作，供应商要以最利于在零售商经营系统实施品类管理的方式行事。但作为独立于零售商，有着自身经济利益的供应商而言，第一本位出发点是自身的利益。作为零售商的品类领队（Category Captain）时，对零售商货架上同类商品的所有供应商货品进行管理，自身的经济利益与零售商品类管理的需求会有冲突，从而形成潜在的品类管理障碍。

4）企业实施品类管理的决心

同样决定实施品类管理，但不同企业可能存在重视程度不同的问题。如果企业高层对品类管理实施重视程度不够，对整个营运体系培训、宣传指导不足，则品类管理无法深入有效地推行，此时的品类管理只能成为扰乱现有经营体系的不良变革，不但不能为企业带来效益，反而会产生不利影响。

5）品类管理政策统一推行与商品管理须因地制宜产生的矛盾

品类管理的实施需要企业在理念上高度统一，并存在实施的共同意识，在零售企业整个营运范围内统一实施。同时也要认识到，品类管理是基于对消费者偏好和需求的详细研究和个性化认识之上的，只有与商圈内消费者需求紧密结合才能制胜，因此每个门店实施的品类管理存在个性化。如此，在品类管理实施过程中，在企业层面上，全局一盘棋的需要与门店面对消费者个性化的需要之间的矛盾增加了管理上的困难。

2.6.2　人员培训

连锁企业人员培训是品类管理实施与推广的关键步骤，品类管理在决策过程中更多存在于理念范畴，当作为战略决策确定后，才进入实施阶段。但从理念到实践存在知识储备不足的问题，即便是企业的管理层，接受品类管理理念并不意味着具有品类管理实践知识与能力，只能说其对品类管理有更好的理解，对品类管理为企业带来影响的预期更清晰。而对企业中下层管理人员及基础员工来说，无论品类管理理念还是实践知识都为空白。只有通过对全部人员进行培训，才能为品类管理实施推广提供保障。

为实施品类管理开展人员培训，可以从以下两个角度考虑（见表2-21）：

1）员工结构

（1）高层管理人员。

（2）中层管理人员。

（3）基层管理人员。

（4）基层工作人员。

表2-21　　　　　　　　　　　　　**品类管理培训结构分布表**

	品类管理理念	品类管理执行过程	品类管理部分实施细节
高层管理人员	重点	重点	一般
中层管理人员	重点	重点	一般
基层管理人员	一般	重点	重点
基层工作人员	一般	一般	重点

2）培训内容

（1）品类管理理念。

（2）品类管理执行过程。

（3）品类管理部分实施细节。

2.6.3　门店及门店巡店机制调整

基于品类管理的门店调整首先发生在制度建设上，虽然品类管理战术的改变不要求连锁企业在基础制度上作出大规模的调整，但为配合一系列诸如定价、促销、商品陈列、新品管理和滞销品管理等方面的变革，一些具体操作制度上的调整还是必要的。

其次是具体作业流程和作业内容、人员职责的变动，主要变动内容与定价、促销、商品陈列、新品管理和滞销品管理等品类管理战术内容相关。以商品陈列为例，品类管理指导下的商品陈列要求按消费者需求与消费心理对品类商品陈列，从而降低库存、提高销量、增强品类商品间的关联性，陈列指导原则与陈列方式必然产生变化，加入更多创新性的管理理念与新技术含量，与传统陈列方式区别较大。同时理货人员的职能也会因此产生相应变动，要求理货人员能够阅读相关软件界面和应品类管理软件而产生的种类陈列相关的图表文件。

基于品类管理的门店管理变革，导致门店巡店机制也产生相应变革，巡店人员的职责增加了对品类管理内容的巡查。

2.6.4　品类调整实施效果评价

通过品类管理，对品类调整后的效果进行评价，是检验品类管理成果、发现品类管理问题、开展下阶段品类管理工作的必要程序。

品类调整实施效果评价与品类评分既相关，又有区别。品类评分为品类管理早期阶段，在门店具体实施之前，对现有品类商品进行评估，确定品类角色，为实施品类管理做准备。品类调整实施效果评价处于品类管理实施中后期，对已经执行的品类管理实施效果进行评价，包括对现有品类商品的评估和实施品类管理前后经营效果的评估。

品类调整实施效果的评价应包括以下几个方面：

（1）企业实施品类管理前后总体经营业绩的评价（包括毛利率、盈利能力、单店销售能力、单位面积盈利能力、客单价等）。

（2）品类商品实施品类管理前后销售及盈利状况评价。

（3）与供应商关系评价。

（4）消费者表现评价。

```
案例窗
```

品类规划：宝洁持续增长的秘密

宝洁在一个竞争激烈的单一市场里取得70%占有率的法宝在于品类规划。与通常的市场细分不同，宝洁更强调对产品品牌的规划管理，这能为我们提供更广阔的视野。

1989年，第一批海飞丝洗发水从广州肥皂厂用简易的三轮车送到了广州市场上，从那时开始，宝洁——一个拥有160年历史的日化品公司开始了在中国建立洗发水王国的历程。

8年之后，宝洁在中国已经拥有四大洗发水品牌，销售额也超过80亿元，占有70%以上的市场份额。从1989年的不到2 000万元到1998年的80亿元，160倍的增长。这种持续稳定增长的法宝之一就是宝洁所独创的品类规划。

● *持续增长的困惑*

早在20世纪70年代，许多国际公司都出现了一种共同的市场困惑：当产品在某一领域上市并增长到一定程度后，销售就面临增长的瓶颈，虽然占有率有时会有小幅度的增长，但是突破性的增长却明显不可能，而且随着竞争的加剧，成本大幅增加，利润逐步降低，最初盈利的产品变成了亏损产品。

几十年前的宝洁也面临同样的问题，在困惑面前，宝洁展开了一系列的研究。大量的行业数据显示，单一品牌在激烈的市场竞争的环境下，市场占有率很难超过30%，而跨行业的多元化，成功的几率也不到5%。

一种新的思路诞生了，如果单一品牌无法取得长久的增长，无法占据垄断地位，那么，运用多品牌的方式是否可行呢？经过论证，一种系统的市场理论生成了，它就是品类规划。

● *1+1>2*

多品牌的首要问题是：如果针对一类商品推出多个不同的品牌，如何避免品牌间的相互竞争？飘柔如果与海飞丝进行直接竞争会不会导致1+1<2的情况呢？经过研究发现，这个问题是可以解决的。如果多品牌分别针对不同的细分市场，它们之间就可避免相互竞争，同时，对于细分市场边缘的市场还可以进行联合攻击。例如，一个消费者希望寻找一种针对染色后的长发的洗发水，她或许会选择人参飘柔，或许会选择沙宣莹彩，或者干脆两种都购买。多品牌针对不同的相互独立的细分市场，采取分疆而治的方法，从理论上可实现1+1>2。这是一个令人振奋的理论。宝洁很快将它付诸实践。以中国为例，在对市场进行研究之后，宝洁绘制出了市场的结构图，如图2-23所示。

针对以上细分市场，宝洁分别通过建立与并购推出了多个品牌，飘柔代表美观，海飞丝针对清洁，潘婷注重营养，沙宣专注护理，润妍面向黑发。市场的实践证明，这种理论是正确的，多品牌组合突破了单一品牌占有率的瓶颈，一举实现了垄断性的占有率。垄断的地位带来的不仅仅是销售的持续增长，规模效应同时大幅降低了成本，提高了产品的利润。多品牌分疆而治的方式同时使各品牌可以坚定各自的定位，面对竞争对手的攻击，采取各自的防御策略。至此，一种新的市场理论，多品牌组合占有市场大份额的方法渐渐成

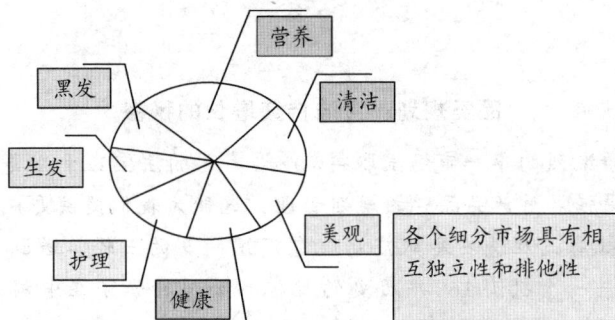

图2-23　宝洁中国市场的结构图

（各个细分市场具有相互独立性和排他性）

型。在多年的努力下，这种理论被进一步总结形成一套具体可操作的工作方法，并被称为品类规划。

●宝洁品类规划的工作方法

细分市场，找到相对独立的市场区间是品类规划的关键。

用什么来细分市场呢？行为学中给出的方法指出，细分市场的标准主要是消费者的需求与动机，可以运用高级统计学给出的因子分析与聚类方法。而需求主要是消费者对于一类商品的第三层需求，即场景化需求。宝洁经过总结与实践，形成了以下工作步骤和方法：

此步骤工作是品类规划的整体结果呈现阶段。根据对细分市场的评估，提出品类未来3年至10年的发展目标，描述品类发展路径以及对实现目标所需资源作出预估。最终形成品类发展总图（含细分市场进入时间、细分市场品牌定位、预期销量及其增长、资本投入预估、人力资源需求等）。

宝洁为了广泛地推广这种先进的管理方法，以书面形式总结归纳形成了一本详尽的工作手册，并进一步在全球各个国家、多个不同的日化品类中加以运用。在中国，香皂品类中，舒肤佳——杀菌，玉兰油——美白，飘柔——柔滑，激爽——清爽，四个品牌又进一步实现了垄断。

品类规划的方法总的说来并不是一种复杂的方法，但它要得以实现，在实际运用过程中却给企业管理提出了更高的要求。

●品类规划实现的条件

宝洁的经验表明，品类规划虽说是一种市场技术，但是它通常需要3年至10年才能实现。多品牌需要按顺序依次进入市场，较长的时间使品类规划从一种战术演变成一种战略性的工作方法，进而发展成为目前世界范围内最为量化的战略规划制定方法。

战略考虑的问题不仅仅限于工作的方法，还更加注重目标与道路的分析，以及条件的准备与创造。当品类规划成为一种战略时，对组织架构、人力资源、营销技术、产品技术的管理提出了更高的要求。

1.组织架构：品类规划要求公司逐步建立品牌经理制，取代原有的产品经理制。与传统的产品经理制不同的是，在品类规划的架构下，品牌经理被赋予了更多的权限和职责，他将作为整个品牌运营的"总司令"，从通盘的角度全面规划和监督执行与品牌发展密切相关的一切活动。

2.人力资源：要求公司培养一批合格的品牌经理和若干品类经理。在品牌经理制的组织架构下，品牌经理肩负着更多的责任和使命，同时也需要更高的素质和专业化水平。合格的品牌经理的培养和储备，是公司能够真正贯彻品类规划成果的基础。

3.营销技术：新产品上市技术是品类规划应用成功的关键。在品类规划中，我们将根据消费者需求的量化研究结果，以重要而未被满足的需求为基础，规划公司未来新产品的上市步骤和时间。而能否真正地贯彻实施上述规划，与营销技术，尤其是新产品上市技术的把握密切相关。新产品上市的组织与管理，是一套标准的工作流程和系统方法，它需要项目团队的紧密配合，按照专业化的操作步骤逐项予以实施，这样才能保证新产品上市成功的几率。

4.产品技术：各细分市场的消费需求需要不同的科技，科技的提早准备是产品成功的关键。此项技术实力的储备，直接关系到产品实体的生成，它对于贯彻落实企业整体的品类规划至关重要。

从以上的要求可以看出，虽然品类规划可以很快制定，但是，真正的操作难点是综合管理水平的提高。

●实践中的问题

宝洁所创立的品类规划的思想理论已经渐渐为许多国际化大公司所接受，它们做了一些尝试，但是，实践中却遇到了许多问题。

大多数中国企业的思想还停留在年复一年通过降价促销、牺牲利润的方法来追求销售的增长。如果所有的企业都这样，行业将渐渐进入无利可图的时代，波士顿矩阵理论就应验了。

宝洁公司所创立的这种先进的思想理论，虽然在实施上有许多技术与管理的难点与要求，但是为了自己企业的基业"常青"，适当加以学习还是值得的。

年轻的中国企业，正如充满朝气的儿童，要想长大成人，学习先进的百年企业的工作方法是必不可少的。无论一个儿童如何聪明，他都无法拥有一个成人的智慧与经验。品类规划正是商业领域的成人智慧，对年轻的中国企业来说实在是一种宝贵的财富。

资料来源 根据零售网有关内容整理得来。

[**职业指南**]

选择品类管理的几个障碍

目前品类管理仍停留在"货架管理"阶段，尚未有更进一步的发展。

实施后效益缺乏有力数据，无法说服决策主管全面执行品类管理。

零售商对于自身资料的分享仍持观望态度。

零售商仅专注于公司内部的业绩成长。

产业整体环境成熟度不够。

各企业对品类管理的重视程度与方向不一。

企业主对品类管理的认知不明确，无法说服企业主引进品类管理。

业务单位与采购单位之间往往无明确的沟通，致使采购单位无法了解业务单位的实际需求。

不同单位或公司之间的互信程度仍有待考验。

执行部门定位不明确，哪个部门适合运作品类管理尚无定论。

🐟 本章小结

品类管理的作业流程并不一定是标准式的、教科书式的，只要围绕着品类的三个特性展开对品类商品的经营，以达到迎合消费者需求、扩大销售、增强零售企业核心竞争力的目标的作业流程安排，都可视为品类管理流程。

品类管理执行要有良好的组织机构保障，建立适合品类管理的组织机构前，先要对企业现状进行确认，搭建人员架构，进行品类管理政策宣导，确立组织机构内部良好的沟通方式和工具，确定组织内部数据来源和标准。

市场分析是根据已获得的市场调查资料，运用统计学原理，分析市场及其销售变化。从市场营销的角度看，它是市场调查的组成部分和必然结果，又是市场预测的前提和准备过程。零售企业日常经营活动经常涉及市场分析，品类管理则完全建立在市场分析的基础之上，以消费者对品类商品的实际感知为驱动力。

品类结构分析对品类管理非常重要，主要包括商品价格带分析、商品品牌结构分析、商品销售积极与消极因素分析及评估。

品类定义是商品销售者或开发者根据自身经营的实际需要，以消费者的需求为指导对商品进行分类，以满足市场的需求。品类角色是零售商从自身市场定位出发，确定品类在其经营结构中的角色，以追求不同的销售目标。品类角色的确定及其对零售商营业的贡献，体现了零售商核心业务上的核心竞争能力。品类角色与品类定义不同，品类定义更多地体现零售商主动地对现有经营商品的结构性分类，品类角色则从品类对零售商的意义出发讨论某品类商品给零售商带来何种利益。品类评估是通过对以品类商品为核心，与品类商品相关的供应商、消费者等一系列情况的调查评估，确定品类经营状况。品类评估是决定以后品类策略与战术的前提，也是对现有品类策略与战术的反省。品类评分表配合品类评估，可以对经营者的品类经营进行全面评价。零售商的品类评分表各不相同，应根据自身品类特点、品类策略、品类管理目标来设计。品类策略设计基于明确的品类角色定位，品类角色定位要求品类商品达到零售商所期望的目标；品类策略即零售商根据品类角色定位，利用商品组合、促销、定价等方面的策略性手段达到门店对品类角色的预期目标。

品类实施推广处于品类管理的执行阶段，是对品类管理前期准备工作的总结体现。品类管理理念将在这一阶段被运用到实践中加以检验。品类实施推广涉及的范围包括两个方面：一为连锁企业外部，主要体现为与供应商合作实施供应商库存管理或供应商货架管理；二为连锁企业内部所选择的品类策略与战术的具体执行，包括在门店的推广、相关人员的培训等。

🐟 主要概念

品类作业流程　政策宣导　市场分析　目标品类　价格带　品类结构　品牌结构　品类模板　品类定义　品类角色　品类评估　品类评分表　品类策略　实施推广

基础训练

一、选择题

1.品类管理宣导的内容包括（　　　）。

A.编制品类管理宣传资料，在企业内部组织学习

B.展开品类管理知识及后续品类管理工作的培训

C.在样板门店展开品类管理实践，使组织系统内部能够看到品类管理的实施效果

D.选取样板分类进行品类管理实践，让品类管理执行人员对其有感性认识

2.商业领域中的数据挖掘分析方法有（　　　）。

A.关联分析　　　　　B.序列分析　　　　C.分类与预测　　　　D.聚类分析

3.品牌结构类型包括（　　　）。

A.共享式品牌结构　　　　　　　　B.独立式品牌结构

C.母子式品牌结构　　　　　　　　D.主副式品牌结构

二、判断题

1.品类管理的作业流程并不一定是标准式的、教科书式的，只要围绕着品类的三个特性展开对品类商品的经营，以达到迎合消费者需求、扩大销售、增强零售企业核心竞争力的目标的作业流程安排都可视为品类管理流程。　　　　　　　　　　　　　（　　　）

2.实施品类管理需要连锁企业各部门的支持。　　　　　　　　　　　　（　　　）

3.价格带是指同品类商品中的最低价格和最高价格之间的差距。　　　　（　　　）

三、简答题

1.实施品类管理前，企业内部状况评估包括哪些内容？

2.描述品类定义的特征。

3.品类发展趋势评估内容有哪些？

实践训练

【实训项目一】

大卖场服装价格带分析。

【实训场景设计】

学生按教师指导选择达到一定规模的、方便到达的大卖场，对大卖场服装销售区域进行考察。

【实训任务】

学生应对卖场服装鞋帽类销售区域的商品进行大致分类，考查其价格构成，记录最高价、最低价，根据高低价差之间的实际情况划分合理的价格等级，计算每一等级商品占所有商品的比率。最终根据大卖场服饰类商品的价格构成与分布情况将其与市场上所有服饰类商品（可选择几个典型的销售渠道的服饰）进行比较，分析大卖场服饰类商品的价格带，说明其形成原因及对卖场销售的影响，最终形成报告。

【实训提示】

与卖场服饰销售在价格上相比较的销售渠道主要有服装店、服装连锁专卖店、百货商

场等。

【实训效果评价】

实训效果评价见表 2-22。

表 2-22　　　　　　　　　　　　　实训效果评价

评价指标	具体评价	得分
报告内容		
语言		
逻辑思路		
实践性		
对专业的理解		
合计		

教师对每位同学实训的各项指标进行评价打分，每项指标分值最高为 20 分，最低为 0 分，最后合计为本次实训成绩。

【实训项目二】

材料分析

慎重看待、使用品类管理

如今，大家都在使用品类管理，许多企业还在进行全面的、系统的品类管理系统的建立。

品类管理的具体内容我就不在这里过多地介绍了，相信大家也都非常清楚了。

根据我们经营总结的定义：品类管理就是通过进行品类定义划分，将每个品类看成一个市场或一个细分市场，然后根据对历史数据的挖掘和分析，整理和规划顾客的需求，最后根据顾客的需求采取相应的品类策略。但是，大家可能忽略了两个最为重要的问题：

1.品类管理的发明者是什么角色？

2.顾客的需求是什么？

我们先来回答第一个问题：

品类管理的发明者是生产者，也就是产业链的起点，它的很大的或者说最为核心的目的就是通过品类管理来达到如下效果：

1.终端经营面积的控制=货架控制原则。

2.竞争对手的排挤=控制排面就排挤了对手。

3.零售终端销售数据的获得=多少企业想要。

4.自身生产的市场定量化=根据市场预测销量进行生产。

5.生产周转资金的最优化=库存与周转。

通过以上的分析，我们看到了品类管理发明者的核心目的，也就是他们的用心之处，那么，我们零售终端企业还能严格按照生产厂家给予的品类管理来进行自身的改造吗？

我们继续回答第二个问题：

顾客的需求是什么？品类管理强调通过数据分析、品类分析来获得顾客的需求，然后开展品类行销去满足顾客的需求。但是，这里他们忽略了最为重要的两个方面：

1.顾客的需求是动态变化的。根据马斯洛的需求理论，顾客的需求是随着其收入、文化观、价值观的不同而不断变化的。

例如：当一个顾客每个月只挣2 000元的时候，他可能只能对飘柔产生兴趣，因为那个他买得起，但他内心也很想去买伊卡璐，这个时候，如果他每个月工资涨到了6 000元，他就可以实现他内心对伊卡璐的需求了。可如果我们按照品类管理的分析手段去分析，我们首先不能看到这个顾客对伊卡璐的需求，而只是看到了他对飘柔的需求，针对伊卡璐的需求，我们只能等到这个顾客涨了工资后，特别是买了伊卡璐后，才能发现并进行相应的结构调整。也就是说，如果我们采用品类管理的分析方法，我们只能在事后得知顾客的变动需求，还不能准确掌握。

2.顾客的不确定性需求。根据需求价值理论，顾客内心的需求无法进行最为准确的预测和分析断定。也就是说，顾客的需求是需要去启发的，否则，我们也不用去做什么促销了。

然而，品类管理的分析却是根据既往顾客购买后的数据进行的，也就是说，该分析方法是以既往数据分析顾客已经成熟的需求，它最大的危害就是忽略了市场推广、市场拉动顾客需求这个最为重要的营销手段。如果按照这个方法去做市场，我们会发现市场范围越做越小，受供应商的控制越来越强。例如，我们零售企业很重视关联销售、冲动消费，这些其实都是拉动需求的方法，如果只使用品类管理，我们就可以不用去做关联销售了，也不用去做冲动消费了，更不用去引进什么新品做动态商品循环了。

综合以上分析结论，真诚希望大家慎重看待品类管理，慎重使用品类管理，不要全面照搬，特别是不要让厂家帮你做品类管理。

那么，品类管理是否就无用了呢？当然不是，聪明的零售企业会吸收品类管理这个理论中好的观念，用在经营上。

资料来源 根据联商网相关资料整理得来。

请学生思考，该文作者的观点是否正确？是否符合你对品类管理的理解？无论你是否同意该观点，请以小论文的形式说明理由。

【实训效果评价】

实训效果评价见表2-23。

表2-23 **实训效果评价**

评价指标	具体评价	得分
报告内容		
语言		
逻辑思路		
实践性		
对专业的理解		
合计		

教师对每位同学实训的各项指标进行评价打分，每项指标分值最高为20分，最低为0分，最后合计为本次实训成绩。

第3章

学习目标

通过本章的学习，了解和掌握商品组合的基本概念；了解商品分类的方法；熟悉商品组合的主要方法；掌握品牌的组合管理策略。

【引例】   **产品组合提升利润**

对连锁店而言，酒类产品一般分为两类：一类是毛利低的畅销产品，另一类是高毛利的非畅销产品。大多数烟酒店或连锁店卖得动的都是畅销产品，非畅销产品卖不动。所以虽然有销量，但不能赚钱，盈利还是要靠团购；也有一些连锁店主要卖非畅销产品，虽然毛利高，但消费者不认，而且缺少畅销产品还会让消费者觉得这个店不正规。

怎么让消费者更多地购买高毛利产品？秘诀就在于产品组合。

畅销品牌产品要多而全

消费者买酒很多是冲着品牌去的。但普通的消费者只记得这个品牌的广告产品、畅销产品，对其他产品并不了解。这时就需要通过产品和价格的组合来增加消费者购买高毛利产品的概率。

比如某地品牌的"原浆"系列是畅销品牌的广告产品，售价388元。但旁边放着一款同品牌不同系列的"至尊"产品，包装看上去更精美，名字感觉更高档，价格也高一些，要399元。

不过，如果你是会员，"至尊"可以打八五折，而"原浆"只能打九五折。消费者掐指一算，"至尊"看上去更高档，而打折下来比"原浆"还便宜30元钱，还是买"至尊"划算啊！

你猜对了，"至尊"就是高毛利率的产品。

如果只有"原浆"，没有"至尊"，门店会有销量但利润小；如果只有"至尊"没有"原浆"，消费者就会觉得，我认识的产品你都没有，你这个店不正规！所以必须两个都有，而且让消费者自己选择，让他觉得占了便宜，买那款你想卖给他的产品。

非畅销品牌产品少而精

外区的区域性品牌，可能在当地不畅销，但在全国也有一定的知名度，也会有人买。消费者购买非畅销品牌一定有特定的原因，要么是他与该品牌有特定的关系（比如是他家乡的酒），要么他要和与这个品牌有特定关系的人吃饭或者送礼。

但非畅销品牌的总体销量是比较固定的，不会因为店内的产品丰富而增加销量，所以非畅销品牌的产品要少而精，以减少库存成本。

少而精的原则有三：一是不同的价格档位只要一款产品，不需要给消费者太多的选择；二是广告产品必须要有，否则消费者会觉得你不正规；三是用高毛利产品填补广告产品以外的价格档位。

　　比如在安徽，江西的四特酒算是非畅销品牌。其广告产品是四特东方韵系列，所以东方韵弘韵、雅韵一定要有；其他价位，则由四特的其他产品来补充。"光是这一招，就使我的毛利率增加 5 个百分点。"经营者称。

　　资料来源　刘鹏. 酒类连锁：下一个品类杀手? [J]. 销售与市场，2013（6）.

3.1 商品组合概述

3.1.1　商品组合的含义

　　所谓商品组合是指一个商场经营的全部商品的结构，即各种商品线、商品项目和库存量的有机组成方式。

　　若从三维空间上考虑，商品组合有三度，即宽度、深度和高度。

　　所谓宽度，具体地说就是指各种类型的商品的配制。每一类商品都是一条商品线，如男装店里可能有西装、衬衫、领带和袜子等几条商品线。

　　所谓深度，是指商品线中款式的多寡，如不同的颜色、尺寸、面料等便构成深度。

　　所谓高度，是指陈列商品的库存量。

　　我们比较一下超市和家具专卖店的商品组合就可以说明商品组合的概念。一家超市备有多种不同系列的商品，包括各种椅子，但却没有太多的样式和颜色，这家超市的品种广度很广，品种深度却不够。如果你想购买一把椅子，超市可能只提供一种或两种规格，每种规格的存货可能只有一把或两把。一个家具专卖店不会备有多种商品种类——因为它只经营家具。但是，它会有很多种椅子供顾客选择。这些椅子会有多种样式，而且，每种式样都会有数件存货。

　　简言之，企业经营的商品的集合，即商品组合。商品组合一般由若干个商品系列组成。

　　所谓商品系列是指密切相关的一组商品。此组商品能形成系列，有其一定的规定性。有的商品系列，是由于其中的商品均能满足消费者某种同类需求而组成的，如替代性商品（牛肉和羊肉）；有的是其中的商品必须配套在一起使用或售给同类顾客，如互补性商品（手电筒与电池）；有的可能同属一定价格范围之内的商品，如特价商品。商品系列又由若干个产品项目组成，商品项目是指企业商品销售目录上的具体品名和型号。

拓展词条：商品组合

3.1.2　商品组合的目的

　　零售业极度变革之下，为改善商品管理方法，所导入的计算机系统解决的是相当重要的管理工作。将商品分门别类予以归纳，在电脑系统里利用编号原则，有秩序、有系统地加以整理组合，以利于各种销售数据资料的分析与决策，这便是商品组合分类的真正用意。商品组合分类是针对公司的营业方针所采取的商品策略。根据此策略，再依据商品群的固有特性组合为大分类与小分类。依据大小分类的销售资料，分析解读公司营运状况，达到管理的目的。

3.1.3 商品组合的原则

做商品组合时应遵循的六个原则：正确的产品、正确的数量、正确的时间、正确的质量保证、正确的状态以及正确的价格。以下我们分别对这六个原则作详细的说明。

1）正确的产品

正确的产品是指商品组合是否合理，是否可以完全满足顾客的正常需求。正确的产品首先是指在整个计划中商品组合是否合理，产品的广度和深度的结合是否可以完全满足顾客的需求；其次是选择的商品是否在国家法律、法规所允许销售的商品范围内；最后是这些商品是否符合本企业的价值观、企业形象及企业政策，这点对于企业品牌会有很大的影响，所以一般著名的企业都会把不符合企业政策的产品拒之门外，即使那是一个畅销商品。在沃尔玛发生的一件事就是很好的例子，当时有一张很畅销的碟片，但由于带有明显的不雅及暴力成分被拒绝进店，因为这与公司的价值观相悖，直接影响整个企业在公众心中的良好形象。

2）正确的数量

正确的数量是指所提供的商品数量是否合理，商品的广度和深度的结合是否平衡，在满足顾客选择性需求的同时，又不会造成品种过多和重复。首先，对于顾客来说，品种过多或重复都会使顾客无法有效地进行购买决策，或花费太多时间作决策而没有足够的时间购买其他商品，两者都使企业损失销售额。其次，门店的销售空间和人力资源是有限的，过多或重复的 SKU（Stock Keeping Unit，即单品或库存量单位，以下简称 SKU）会造成资源浪费和增加运营费用。最后，SKU 过多或重复的结果是使某些商品滞销，造成库存过多。所以，商品的数量一定要根据顾客的实际需要及门店的实际面积来决定，并分解到具体的小分类中，保证整体的数量及各小分类的数量分配都是最优化和平衡的。

3）正确的时间

商品组合计划必须正确掌握时间性，应符合三个方面的要求：

首先是季节性，整个商品组合必须有明确的季节性，商品本身向顾客传递着强烈的季节性信息。例如，在夏天来临的时候，是否有充足的沙滩用品和消暑产品，这种季节性的气氛能有效地引起顾客购买的冲动。

其次是对市场趋势和市场变化的捕捉，商品组合是否符合市场的潮流趋势，顾客的喜好变化等，并且对一些突发事件是否有及时和积极的应对。例如，在 SARS 爆发的时候，是不是第一时间增加口罩、消毒水等相关产品。另外，对一些特别的事件有充分的准备，例如，在奥运会前，配合奥运主题的商品是不是全部准备好了。

最后是要在合适的产品生命周期引进新商品。不是任何新产品都适合马上引进的，而是要视零售企业的目标顾客对新产品的认知及接受程度决定，否则会由于没有有效的需求造成新产品滞销，库存积压。例如，对于一些技术含量较高的电器产品，在刚投入市场的时候，大型超市就不适合马上引进。由于此时只有少量非常关注新技术、追求新体验的消费者会购买这类新商品，而通常大型超市的目标顾客并不是这类消费者，而且大型超市在人员及环境两方面可能都不具备进行介绍和推广这类新产品的条件，所以大型超市应在产品的成长期引进，此时产品已被普遍认知，目标顾客开始产生需求并且不需要太多的介绍即可进行选择和决策。

4）正确的质量保证

这里所说的质量包括了产品的安全性、可靠性及质量等级三方面。

首先，零售企业销售的任何商品都必须保证对消费者的生命和财产不存在安全隐患，所以在选择商品的时候必须要对产品的安全性进行评估，要求供应商提供相关的证明文件、安全认证等。例如，电器产品就必须要有国家的3C认证。有时企业还可以对产品安全提出更高的要求以保障顾客及企业的利益。随着食品安全事件的不断发生，消费者对食品卫生关注程度越来越高，零售企业在选择食品的时候更应该保持严格的标准，避免出现类似的事件，这对顾客和企业本身都是一种负责任的做法。

其次，产品使用功能及可靠性也需要进行评估，如果产品本身存在缺陷，无法在合理的时间内提供其所宣称的功能，作为负责任的零售商，就不应该让这类商品进入自己的门店，损害消费者的利益和企业的形象。

最后，对于产品的质量等级的选择，采购经常会陷入一种误区，认为质量等级越高越好，其实选择什么质量等级，还应考虑产品的性价比，以及消费者的需求。沃尔玛在刚进入大连市场的时候，采购认为，袋装酱油虽然符合产品的质量要求，但其相对级别太低，顾客不会购买，所以没有把袋装酱油引进店内，但是顾客实际是接受和需要这种品质的产品的。最后在顾客强烈要求下，还是引进了这个产品，结果发现这个产品不但满足顾客的需求，而且也有不错的销售表现。所以，对产品等级的选择必须要针对目标消费者的需求，而非采购单方面的意愿。

5）正确的状态

这里的状态是指产品的自然状态或物理状态。很多产品由于本身的特点，对贮存和售卖环境、销售人员有特殊的要求，那么采购在选择商品的时候需考虑门店的环境、设备、人员、安全、陈列、空间等各方面是否有能力销售该商品。例如，店内是否有足够的冷藏柜存放冷冻的食品；产品的包装是否适合店内的陈列要求；是否能有效地预防偷盗的发生；是否会影响门店的营运效率等。另外，产品的包装及标签等都应该符合相关的法规，并且能够保证产品质量在正常情况下保持稳定。

6）正确的价格

整个商品组合的定价应该从顾客、竞争对手、供应商价格政策以及企业自身的定价策略四个方面考虑。相信每个人都很清楚商品定价的一些基本原则，这里就不再长篇赘述了。只是有两点要特别注意：第一点是定价的时候要考虑顾客对该商品的价格敏感度以及该商品的需求的价格弹性（价格变化对销售的影响程度）；第二点是不但要考虑单个商品，而且要考虑整个类别的整体价格形象和综合利润率，对不同角色的商品应有不同的定价机制，在保证良好价格形象的同时保持合理的利润水平。

以上六个"正确"是相互联系、缺一不可的，是商品管理人员在做商品组合计划及日常管理过程中应该遵循的基本原则。而顾客需求是这些原则产生的基础，所以采购人员无论任何时候都要保持顾客导向的大原则。

3.2 商品分类的方式

3.2.1 商品群分类法

商品群是指依照商品观念集合成的商品群体，它也是商场商品分类的重要依据。

1）主力商品

主力商品是指所完成销售量或销售金额在商场销售业绩中占举足轻重地位的商品。

百货商店主力商品的增加或减少，经营业绩的好坏直接影响商店经济效益的高低，决定着商店的命运。它的选择体现了商场在市场中的定位以及整个商场在人们心目中的定位。主力商品的构成一般可以考虑以下几类：

（1）感觉的商品。在商品的设计上、格调上都要与商场形象相吻合并且要予以重视。

（2）季节的商品。配合季节的需要，能够多销的商品。

（3）选购性商品。与竞争者相比较，易被选择的商品。

2）辅助商品

它是与主力商品具有相关性的商品，其特点是在销售方面表现比较好。

其重点为：

（1）价廉物美的商品。在商品的设计上、格调上不需要太重视，但对于顾客而言，其在价格上需较为便宜，而且实用性高。

（2）常备的商品。对于季节性方面可能不太敏感，但在业态或业种上，必须是与主力商品具有关联性而且容易被顾客接受的商品。

（3）日用品。不需要特地到各处去挑选，而是随处都可以买到的一般目的性的商品。

3）附属品

它是辅助商品的一部分，对顾客而言，也是易于购买的目的性商品。

其重点为：

（1）易接受的商品。展现在卖场中，只要顾客看到，就很容易接受而且立即想买的商品。

（2）安定性商品。具有实用性，但在设计、格调、流行性上无直接关系的商品，即使卖不出去也不会成为不良的滞销品。

（3）常用的商品。日常所使用的商品，在顾客需要时可以立即指名购买的商品。

4）刺激性商品

为了刺激顾客的购买欲望，可以针对上述三类商品群，选出重点商品，必要时可挑出某些单品来，以主题系列的方式，在卖场显眼的地方大量地陈列出来，借以带动整体销售效果。

其重点为：

（1）战略性商品。配合战略需要，用来吸引顾客，在短时间内以一定的目标数量来销售的商品。

（2）开发的商品。为了考虑今后的大量销售，商店积极地加以开发，并与厂商配合选出的重点商品。

（3）特选的商品。对其应利用陈列的表现加以特别组合，使其有强诉求力且易于被冲动购买。

3.2.2　根据消费者的消费习惯归类

不同行业有不同的分类方法。在零售业，最好按照消费者的消费习惯归类，把消费者可能购买的关联性产品放在一起。

1）大分类的分类方法

在超级市场里，大分类的划分最好不要超过十个，比较容易管理。不过，这仍需视经营者的经营理念而定，业者若想把事业范围扩展到很广的领域，可能就要使用比较多的大分类。大分类的原则通常依商品的特性来划分，如生产来源、生产方式、处理方式、保存方式等，类似的一大群商品集合起来作为一个大分类。例如，水产品就是一个大分类，保存方式及处理方式也皆相近，因此可以归成一大类。

2）中分类的分类方法

（1）依商品的功能、用途划分。

依商品在消费者使用时的功能或用途来分类，比如说在糖果饼干这个大分类中，划分出一个"早餐关联"的中分类。早餐关联是一种功能及用途的概念，提供这些商品在于解决消费者有一顿"丰富的早餐"的问题，因此，在分类里就可以集合土司、面包、果酱、花生酱、麦片等商品来构成这个中分类。

（2）依商品的制造方法划分。

有时某些商品的用途并非完全相同，若硬要以用途、功能来划分略显困难，此时我们可以就商品制造的方法近似来加以网罗划分。例如，在畜产品的大分类中，有一个称为"加工肉"的中分类，这个中分类网罗了火腿、香肠、热狗、炸鸡块、熏肉、腊肉等商品，它们的功能和用途不尽相同，但在制造上却近似，因此"经过加工再制的肉品"就成了一个中分类。

（3）依商品的产地来划分。

在经营策略中，有时候会希望将某些商品的特性加以突出，又必须特别加以管理，因而发展出以商品的产地来源作为分类的依据。例如，有的商店很重视商圈内的外国顾客，因而特别注重进口商品的经营，而列出了"进口饼干"这个中分类，把属于从国外进口来的饼干皆收集在这个中分类中，便于进货或销售的统计，也有利于卖场的管理。

3）小分类的分类方法

（1）依功能用途分类。

此种分类与中分类原理相同，也是以功能用途来做更细的分类。

（2）依规格、包装形态分类。

分类时，规格、包装形态可作为分类的依据。例如，铝箔包饮料、碗装速食面、6公斤米，都是这种分类规则下的产物。

（3）以商品的成分分类。

有些商品也可以商品的成分来归类。例如，100%的果汁，"凡成分100%的果汁"都归类在这个分类。

（4）以商品的口味分类。

以口味来做商品的分类。例如，"牛肉面"也可以作为一个小分类，凡牛肉口味的面，就归到这一分类来。

@ **小资料3-1**

2016年中国连锁百强出炉

2016年，我国连锁百强销售规模2.1万亿元，同比增长3.5%。门店总数11.4万余个，同比增长5.9%。百强企业销售规模占社会消费品零售总额的6.4%。百强企业共经营超市和大型超市1.1万余个，便利店7.1万余个，百货店及购物中心1 200余个，专业店和专卖店2.2万余个，餐饮等其他门店9 000余个。

中国连锁经营协会"2016年行业基本情况及连锁百强调查"日前结束，"2016年中国连锁百强"名单于2017年5月16日发布。

2016年中国连锁百强呈现以下几个特点：

1.销售增幅持续下降，小型店铺销售、门店双增长，国有企业面临较大压力。

2.通过关闭低效门店，减员增效，改进商品经营，创新服务，百强企业运营质量逐步改善。

3.继续开展网络营销，为顾客提供全渠道服务。

4.政策利好显现，企业利润改善。

（了解2016年中国连锁百强名单请扫描二维码）

2016年中国
连锁百强

3.3 商品组合的方法

对于经营商品项目众多的零售店，最佳商品组合决策是一个十分复杂的问题。许多零售店在实践中创造了不少有效方法。目前，由于系统分析方法和电子计算机的应用，为解决商品组合优化问题提供了良好的前景。下面介绍几种经过实践证明是行之有效的方法。

3.3.1　商品组合的基本方法

一般可采用的商品组合方法有：

1）按消费季节的组合法

例如，在夏季可组合灭蚊蝇的商品群，辟出一个区域设立专柜销售。在冬季可组合滋补品商品群、火锅料商品群。在旅游季节，可推出旅游食品和用品的商品群等。

（1）按节庆日的组合法。

例如，在中秋节组合各式月饼系列的商品群，在重阳节推出老年人补品和用品的商品群，也可以根据每个节庆日的特点，组合适用于送礼的礼品商品群等。

（2）按消费的便利性的组合法。

根据城市居民生活节奏加快、追求便利性的特点，可推出微波炉食品系列、组合菜系列、熟肉制品系列等商品群，并可设立专柜供应。

2）按商品的用途的组合法

在家庭生活中，许多用品在超市中可能分属于不同的部门和类别，但在使用中往往就没有这种区分，如厨房系列用品、卫生间系列用品等，都可以用新的组合方法推出新的商品群。

3.3.2 商品组合的优化方法

1）商品环境分析法

商品环境分析法是把零售店的商品分为六个层次，然后分析研究每一种商品在未来的市场环境中，它们的销售潜力和发展前景，其具体内容有：

（1）目前零售店的主要商品，根据市场环境的分析，是否继续发展。

（2）零售店未来的主要商品，一般是指投入市场后能打开市场销路的新商品。

（3）在市场竞争中，能使零售店获得较大利润的商品。

（4）过去是主要商品，而现在销路已日趋萎缩的商品，零售店应决定采取改进，还是缩小或淘汰的决策。

（5）对于尚未完全失去销路的商品，零售店可以采取维持或保留的商品决策。

（6）对于完全失去销路的商品，或者经营失败的新商品一般应进行淘汰或转产。

2）商品系列平衡法

商品系列平衡法是国外比较流行的一种商品组合优化的方法。它是把零售店的经营活动作为一个整体，围绕零售店目标，从零售店实力（竞争性）和市场引力（发展性）两个方面，对零售店的商品进行综合平衡，从而作出最佳的商品决策。

商品系列平衡法可分四个步骤进行：

（1）评定商品的市场引力（包括市场容量、利润率、增长率等）。

（2）评定零售店实力（包括综合生产能力、技术能力、销售能力、市场占有率等）。

（3）做商品系列平衡象限图。

（4）分析与决策。

3）四象限评价法（波士顿矩阵法）

这是一种根据商品市场占有率和销售增长率来对商品进行评价的方法，是由美国波士顿咨询公司提供的一种评价方法。

根据市场占有率和销售增长率这两个指标以及它们的组合，会产生四种组合方式，形成四类商品。用图形表示，就构成四象限图，如图3-1所示。

第1类商品，即明星类商品，是市场占有率高，销售增长率高的商品，很有发展前途，一般处于生命周期的成长期。它是零售店的名牌或明星商品，对这类商品，零售店要在人、物、财诸方面给予支持和巩固，保证其现有的地位及将来的发展。

第2类商品，即问题金牛类商品，是市场占有率高，销售增长率低的商品，能带来很大的利润，是零售店目前的主要收入来源；一般处在生命周期的成熟期，它是零售店的厚利商品。对这类商品应采取努力改造、维持现状和提高盈利的对策。

第3类商品，即问题类商品，是市场占有率低，销售增长率高的商品。这类商品在市场中处在成长期，很有发展前途，但零售店尚未形成优势，带有一定的经营风险，因此叫风险或问题商品。对这类商品应该集中力量，消除问题，扩大优势，创立名牌。

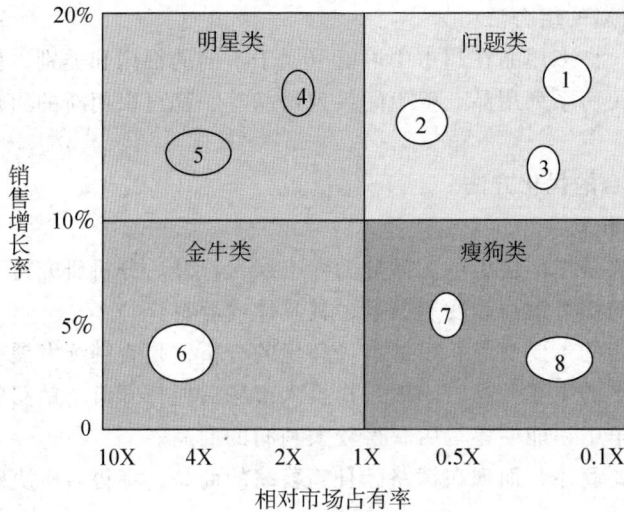

图 3-1　波士顿矩阵图

第4类商品，即瘦狗类商品，它的市场占有率和销售增长率都低，说明该商品无利或微利，处于衰退期，是零售店的衰退或失败商品，应果断地有计划地淘汰，并做战略上的转移。

4）资金利润率法

这是以商品的资金利润率为标准对商品进行评价的一种方法。

资金利润率是一个表示商品经济效益的综合性指标；它既是一个表示盈利能力的指标，又是一个表示投资回收能力的指标。它把生产一个商品的劳动耗费、劳动占用和零售店的经营管理成果结合在一起，是零售店生产和经营两个方面经济效益的综合反映。

应用这种方法，把商品资金利润率分别与银行贷款利率、行业的资金利润率水平、同行业先进零售店商品的资金利润率，或零售店的经营目标及利润目标相比较，达不到目标水平的，说明盈利能力不高。还可以把零售店各种商品的资金利润率资料按零售店经营目标及标准进行分类，结合商品的市场发展情况，预测资金利润率的发展趋势，从而作出商品决策。

3.4 品牌组合管理

3.4.1 什么是品牌组合

1）品牌组合的概念

所谓品牌组合，是指企业销售或经营品牌的构成。品牌组合可以根据企业的业务结构或市场结构来进行，如花旗银行是根据其业务结构来进行品牌组合的。

企业在进行品牌组合时主要考虑：品牌组合中的品牌是否存在重叠或不足；是否能够在不影响利润和增长的情况下剔除一个品牌；是否有一个优势品牌能够带动某一市场的开发；是否有一品牌可以作为其他品牌的后盾（防御品牌）；是否有一个区域品牌和全球品

牌的最佳组合等。总的来说，涉及品牌组合的数量和质量（构成或关系）问题。

2）品牌组合管理的概念

品牌组合管理是指对企业销售或经营的品牌组合进行优化整合的过程，从而实现品牌资源的最优配置和企业竞争力的提升。品牌组合的管理是一种动态的管理艺术，它集中体现在对品牌组合中的品牌的数量和质量（品牌间关系）的管理上。

3）品牌组合管理的战略意义

（1）整合企业内外部资源，达到"1+1>2"的系统效应。企业的品牌组合形式是多种多样的，不同的品牌组合实际上代表着不同的市场组合和企业内外部资源的组合。品牌组合管理就是要先评估品牌在市场上的影响力，筛选品牌，重建品牌组合，然后再有针对性地进行企业内外部资源配置，使得企业资源得到最好的利用，使企业的资源利用达到"1+1>2"的效果。

（2）优势互补，提升市场竞争力。企业品牌组合中的品牌各自拥有不同的地位，对企业整体市场的表现所起作用各不相同，如有的品牌作为形象品牌起到建立声誉的作用，有的品牌是用于抵御竞争品牌的，有的品牌是用于进入新市场的，有的品牌是用于盈利的等，它们按照一定的关系组合起来共同起作用。企业的品牌组合管理就是要取长补短，共同发挥各种品牌的作用，提升其在整体市场的竞争力。

3.4.2　品牌组合中量的管理

品牌组合实质上是市场的组合，一个企业需要多少个品牌首先取决于它要满足多少个市场，以及这些市场的差异性大小。品牌组合既是一个资源组合，拥有品牌数量的多少取决于企业资源的丰富程度；品牌组合也是一个盈利组合，它的数量多寡取决于这些品牌在市场上的表现和盈利能力。所以需要对其进行管理，使品牌在数量上的组合能够适应企业的资源状况，能够实现企业预期的市场目标。品牌组合在量上的管理主要包括以下几个方面：

1）品牌组合的增量管理

品牌组合的增量管理是指企业为了区别新市场或进入新市场，通过一定的途径增加品牌数量，使之提高品牌组合的效益和效率的过程。其途径包括：

（1）自创新品牌。

为不同类型的产品在不同市场启用新的品牌名，塑造新的品牌形象，用于区别不同市场的个性和偏好。例如，华龙集团自创"今麦郎"品牌进入方便面的高端市场以区别"华龙"品牌的中端市场。

（2）购并品牌。

企业为了迅速进入某个市场，从而购并这个市场中已有的品牌。例如，宝洁公司收购"吉列"品牌进入剃须刀市场。

（3）联盟品牌。

企业为了利用他人的资源打开某个市场，通过合资或合作的形式，共同建立一个混合品牌或联盟品牌。

不同增量途径的选择。无论是自创品牌、购并品牌还是联盟品牌，在速度、控制和投资上都各有优势和劣势。企业品牌组合增量的理想方式应是快速地进入和占领市场，严格的控制（确保品牌形象不受损害）和最低的投资。

企业应该根据这三种方式的不同特点，再结合自身在品牌组合管理方面的经济能力、金融方面的实力、产品和市场特点以及企业要达到的目标，选择不同的增量途径。

2）品牌组合的减量管理

当一个品牌组合中的品牌成员已经多到影响企业资源利用、绩效产出，超出其管理能力时，适当的减量管理势在必行。例如，1999年联合利华的"品牌瘦身战略"的实施就是因为它发现公司75%的销售来自2 000个品牌中的400个，这400个品牌的年增长率约为4.6%，有很高的利润，如果集中精力发展这400个品牌，必然对公司业务的增长有很大的益处。品牌组合的减量管理途径有以下两种：

（1）波士顿品牌矩阵分析法。借鉴波士顿矩阵的二维变量分析法，计算品牌的市场增长率和相对市场占有率（市场增长率大于10%的为高市场增长率，相对市场占有率大于X的为高相对占有率，X为市场最大竞争者的市场份额），然后将品牌组合中的品牌分成四类，分别是问题品牌、明星品牌、金牛品牌和瘦狗品牌。

从静态上讲，瘦狗品牌应该从品牌组合中被剔除；从动态上讲，发展势头不好的金牛品牌和没有得到很好发展的问题品牌也将沦为瘦狗品牌被剔除，这样才能保证品牌组合的健康发展和资源的有效利用。例如，伊丽莎白·雅顿是联合利华20世纪80年代购买的品牌，当时联合利华希望进入高级香水市场，在最近的5年中，雅顿虽然有6%的业务增长，但是雅顿的继续发展存在一些困难，所以雅顿的发展必须重组或转让。

（2）联合利华的多因素组合分析法。除了考虑品牌的市场增长率和相对市场占有率等量化指标以外，联合利华还考虑了品牌的规模、品牌的吸引力、品牌与消费者的情感联系，即品牌对消费者的影响力等因素。例如，联合利华在我国销售的牙膏品牌包括自有品牌"洁诺""皓清"以及租用品牌"中华"，由于"中华"牙膏在市场上的突出表现和对中国消费者的影响力，使联合利华重"中华"轻"洁诺"。自2001年起，联合利华开始投巨资建设中华牙膏品牌。2003年，中华牙膏在国内市场占有率排名第二，市场占有率达到15%左右。

总之，品牌组合的增量管理着眼于企业如何利用市场机会的问题，而减量管理则着眼于如何提高盈利效率和资源利用效率的问题。无论是增还是减都着眼于企业整体资源的利用和竞争能力的提高上。

3.4.3 品牌组合中质的管理

1）母子品牌的管理

母品牌也称主品牌，一般是公司品牌或族品牌（品牌系列），代表公司形象和企业产品的总体形象，具有很高的声誉，在市场上的号召力比较强；而子品牌也称副品牌，一般是公司的产品品牌，代表的是某种产品的个性和形象。母品牌和子品牌的搭配，既可借助母品牌的声誉和实力，又可拥有特色，防止"一荣俱荣，一损俱损"的后果。对其管理要注意建立和维护母品牌的形象，防止母品牌被滥用，具体办法为：要建立母品牌的优势形象；母品牌不应使用在性质差别很大的产品类别当中；不应使用在市场前景不好的市场中；要使子品牌真正反映产品的特点，在市场上建立相应的个性和形象，做到"名实相符"。

2）多品牌的管理

多品牌指的是在同一产品类别上引入多个品牌。例如，宝洁公司在一种洗衣粉上使用了9个品牌。多品牌组合可以满足人们对同一产品的不同需求或不同利益的追求，在同一品类的不同市场形成竞争和合作的态势，既提高品牌的活力又有效地防止了竞争对手在销售渠道和细分市场的攻击。对多品牌的管理要注意两点：

（1）注意合理定位。品牌的合理定位是将不同子市场组合成一个统一的品类市场的重要工具。它使多个品牌之间既有竞争，又有互补，还有不同档次、不同品牌。例如，对于手表而言，瑞士 SMH 集团的宝珀、欧米茄价格在 10 万瑞士法郎以上，罗西尼、雷达在 1 000 法郎以上，斯沃琪在 100 法郎以上；反面的例子是联合利华的夏士莲和力士因定位不清晰、不能互补，导致竞争力被削弱。

（2）对品牌的边界进行严格管理。在价格区间、目标人群、品牌定位、产品设计、产品品质、风格特色、销售渠道、服务等方面要对品牌进行尽可能的差异化管理。

3）外来品牌和自有品牌的管理

在企业的品牌组合中，有的是自创品牌，有的是购并的、租用的或联盟的品牌，企业对这些品牌在感情上可能存在不同的反应，但在实际的应用中应摒弃感情因素，而从实用的角度去管理这两种品牌。首先，要明确外来品牌的作用：是为了进入新的市场，还是作为防御品牌；是为了利用外部资源，还是为了消除竞争。其次，要明白外来品牌和自有品牌之间是互补关系还是竞争关系或是二者皆有。若是互补关系则应充分利用相互的资源，挖掘品牌的潜力；若是竞争关系则要进行评估，然后进行选择性的发展；若是既有竞争关系又有互补关系则参照多品牌管理方法进行。

4）受托品牌和托权品牌的管理

在品牌组合中还有一些品牌组合是"受托品牌"（Endorsed Brand）+"托权品牌"（Endorser-Brand）。受托品牌是经托权品牌认可的独立品牌；托权品牌一般是公司品牌或族品牌。在表达中，受托品牌在前，托权品牌在后，知名品牌的托权给受托品牌带来信誉和支持，如"佳洁士—宝洁""金六福—五粮液"等。对其管理主要是要把它和母子品牌关系区别开来，在母子关系品牌中，母品牌是消费者购买的主要"驱动因素"，但在"受托品牌和托权品牌"结构中，受托品牌是主要的购买驱动因素，而托权品牌主要起保证和提示的作用。因此，要求企业对受托品牌进行重点突出，加大宣传力度和发展力度。

5）全球品牌和区域品牌的管理

全球品牌是企业在全球范围内营销，对全球市场有一定影响力的品牌；而区域品牌是在区域范围内营销，对区域市场有一定影响力的品牌。显然全球品牌的市场规模和影响力都比区域品牌要大，但二者是有紧密联系的，可以说全球品牌是在优势区域品牌基础上发展而来的。企业在处理品牌的地理影响范围时，要注意全球品牌和区域品牌的搭配，因为全球品牌一旦面临市场萎缩也可成为区域品牌，区域品牌一旦发展良好也可成为全球品牌，二者的相互搭配可以弥补品牌组合中品牌的市场覆盖范围和影响力范围，提高企业的品牌资源配置效率和效益。

品牌组合的管理是动态的艺术，必须随着环境的变化而不断调整，但成功的品牌组合管理一定是在品牌组合的量与质上取得平衡的管理，一定是提高品牌组合效益和企业市场竞争能力的管理。

一般而言，品牌组合战略包括两大项工作内容：一项是品牌组合健康度审查；另一项是品牌组合要素规划。

3.4.4　品牌组合健康度审查

品牌组合健康度审查是对当前品牌组合的系统性、批判性和建设性进行审查，旨在评价品牌组合是否满足品牌战略的要求。如果不能满足的话，要分析存在哪些具体的问题，以及这些问题需要采取哪些相应的解决措施。品牌组合健康度审查应该针对协同效应、杠杆作用、相关性、品牌力和清晰度这五个方面展开。

1）协同效应审查

协同效应是品牌组合作为相互关联的有机整体所必须具有的根本属性，指的是对一个产品品牌施加影响能够使得另外的产品品牌发生改变，包括正面协同和负面协同两种类型。正面协同能够提高品牌的显著性、强化品牌联想并带来成本效益，而负面协同则可能使品牌形象在跨环境和跨品牌的情况下造成混乱扭曲、削弱消极。

协同效应审查的关键内容应包括：品牌组合是否过于庞大以至于分散了原本不足的资源（问题可能是过多的品牌/产品衍生）；品牌资源分配是否仅仅依据品牌的利润贡献以至于不能支持整体的品牌战略（问题可能是组合角色不明导致战略品牌和任务品牌无法得到足够的资源）；组合中的品牌是否因互相重叠而彼此竞争以至于相互侵蚀、相互削弱（问题可能是品牌逻辑不够清楚，使得品牌不能相互支持和提升）；关键品牌是否任务不明确从而导致战略执行的瘫痪（问题可能是跨品牌和跨环境不能协调一致）。

2）杠杆作用审查

杠杆作用指的是充分利用品牌价值以提高品牌组合在不同的类别环境中的影响力，杠杆作用和前面提到过的品牌杠杆极其相似，因为品牌杠杆最终会形成或扩大品牌组合，只不过杠杆作用将焦点置于品牌延伸上而不是其他三种品牌杠杆。强大的杠杆效应能够帮助品牌组合更加有能力去引领未来，同时扩充现有的品牌资产，通过建立一些有很大发展潜力的主品牌去匹配未来发展的机会，不仅通过战术性品牌延伸将品牌横向延伸到其他的机会领域，以及将品牌纵向延伸到更有吸引力的细分市场，而且通过战略性品牌延伸去建立广域品牌平台，为整体战略（无论是经营战略还是品牌战略）提供连贯性的框架结构。

杠杆作用审查的关键内容应包括：是否正面临着市场停滞、新事业成长乏力等不能满意的发展状况（问题可能是有潜力的品牌资产没有得到充分利用，而被闲置的品牌资产又由于不能运用于好的环境因而逐渐贬值）；是否没有参与当核心市场不利时出现的新市场以及盈利性子市场或经济性子市场（问题可能是没能通过横向和纵向延伸以扩大品牌范围去提高对核心市场的影响力，同时抓住新机会）；是否品牌延伸经常会造成失败（问题可能是没能提供相应的结构和程序以创造延伸机会并评估延伸风险，同时调整品牌组合）；品牌延伸是否过于考虑现实的业务情况而不够有战略性（问题可能是忽视了广域品牌平台在未来发挥较大延伸潜力的价值）。

3）相关性审查

相关性指的是品牌组合在不断变化的市场上与顾客需求保持关联的能力，相关性能够赋予品牌组合动态的力量，使品牌与时俱进，并与重要的趋势保持一致，通过改变以适应背景和环境因素的变化，并且在适当的时候以有效的方式来产生。

相关性审查的关键内容应包括：当前的品牌组合和哪些产品市场相关？品牌组合是否正在失去相关性（问题可能是品牌组合过于静态不能响应重要子市场和关键成功因素的变化）；品牌组合是否有调整现有品牌的能力以对新的产品市场提供支持（问题可能是缺乏对市场动态变化做出反应的能力、资源以及品牌力量）；是否存在创造新品类或子品类的机会（问题可能是不能与重大的市场潮流建立关联）。

4）品牌力审查

创建强势品牌显然是品牌组合战略的最低目标，如果不能拥有更多的强势品牌或者使得品牌更加强势，那么品牌组合战略还不如单体品牌战略来得有效，所谓品牌组合的相互连贯、相互支持则是毫无意义的，品牌组合的庇护效应也成了动听的空话。

优秀的品牌组合战略能够更好地帮助创建相互关联、与众不同和充满活力的强势品牌，其价值主张能够与目标顾客产生共鸣、能够与竞争者形成差异、能够形成持续顽强的生命力，从而在品牌组合涉及的重要领域建立起强有力的价值地位。

品牌力审查的关键内容应包括：

（1）是否既不能利用现有的品牌资产也不能创造新的品牌资产来保障企业战略的达成（问题可能是当前没有支持企业战略的强势品牌以及相应的创建计划）。

（2）品牌是否不够强势以至于不能履行在产品角色和组合角色上的职责（问题可能是品牌没有被赋予其胜任的角色同时也没有集中资源服务最有前途的品牌）。

（3）投入大量资源的品牌是否反而对市场没有什么太大的吸引力（问题可能是品牌缺乏鲜明和持续的差异点）。

（4）是否品牌虽然给人以过时、过气之感（问题可能是品牌平淡老化，需要注入活力以改变形象）。

5）清晰度审查

清晰度指的是品牌组合结构的逻辑性、秩序性和可辨认性，品牌组合应该具备连贯一致的清晰度，让顾客/利益关系者明确知道每个品牌所扮演的角色，这样才能鼓励他们帮助实现品牌的目标。

缺乏清晰度恰恰是品牌组合最容易出现的问题，由于品牌组合通常拥有多种（有时是完全不同的）产品、顾客、渠道和识别，再加上过分的品牌/产品衍生，结果势必会造成像万花筒一样纷繁复杂、支离破碎、混乱冲突的品牌组合，这样不仅让顾客感到迷惑和沮丧（不知道该如何购买），也会让股东、管理层、员工、合作伙伴等利益相关者感觉到含混不清和不能取信（不知道该如何进行参与运作）。

清晰度审查的关键内容应包括：

（1）品牌组合是否令利益相关群体有混乱的感觉（问题可能是界面不够清晰，没能适时分离品牌、避免重叠品牌相互侵蚀等）。

（2）品牌是否过多以至于失去核心（问题可能是没有充分利用公司品牌或保护伞品牌

在提高组合清晰度上的潜力）。

（3）是否品牌范围过大而失去焦点（问题可能是缺乏对品牌衍生的审核机制）。

（4）是否采用了不当的品牌逻辑而形成混乱（问题可能是品牌之间没有建立合理的等级结构）。

3.4.5　品牌组合要素规划

品牌组合要素规划是规划品牌组合战略的具体方案，通常品牌组合要素规划不会把所有的品牌都包括进去，而是集中于那些对组合价值有重要影响或对未来成功有决定作用的关键品牌；另外，品牌组合要素规划也不是要穷尽所有的组合战略方案，而是辨别对主要组合决策有影响的关键问题。品牌组合要素规划应该针对组合品牌、产品角色、组合角色、品牌范围、组合逻辑、视觉组合这六个方面展开。

1）组合品牌

组合品牌就是组合中的品牌，是组织所管理的具有资产价值和运作潜力的全部品牌。组合品牌包括：主品牌（在驱动顾客需求中扮演主要角色的品牌）、描述性品牌（界定类别的术语品牌）、副品牌（在特定的产品市场环境中用于增加或改善的品牌）、背书品牌（提供信誉担保的品牌）、公司品牌（代表整个组织的品牌）、联合品牌（结合在一起但来自不同公司或业务单位的品牌）、品牌网络要素（组成品牌网络的各品牌，也称作品牌化的差异点/活力点）。

组合品牌数量过多或数量过少都不利于品牌组合的健康：组合品牌数量过多会导致品牌建设资源和管理力量的分散（边缘品牌争夺相关的投入会损害战略品牌的价值和市场地位），以及关键环节注意力的分散（品牌过多的组合将制造大量的问题和冲突使得管理人员沦陷于就事论事的"救火"中）；相反，组合品牌数量过少也会导致品牌资产的驱动力不足（品牌没有能力为各个产品类别提供必要的可信度和相关性），以及丧失创造新品牌平台的机会（新的品牌能够以独特明确的价值定位与顾客需求相联系）。

2）产品角色

产品角色就是品牌在定义产品时扮演的角色（也称作品牌架构），产品角色可以分为主要驱动角色、辅助驱动角色和联合驱动角色这三种类型，如果产品角色定义不当就无法顺利地驱动顾客购买。

"广义品牌关系谱"能够帮助产品角色更为精确地定位（定义产品品牌的基本模块和模式）：

第一个基本关系定位是单一品牌（包括相同识别和不同识别这两个次级关系），亦即产品品牌由主品牌加描述语来定义，维珍的产品角色是单一品牌架构的典型，维珍作为主品牌覆盖了所有的经营领域，从唱片到传媒、从化妆品到饮料、从服饰到铁路、从航空到财经、从婚纱到电信、从博彩到火箭，甚至还有避孕套。

第二个基本关系定位是主副品牌（包括主品牌驱动和强势副品牌这两个次级关系），亦即产品品牌由主品牌加副品牌来定义，索尼的产品角色就是主副品牌架构的典型，SONY拥有Walkman、Handycam、Vaio、PSP等一系列强大的副品牌，这样的架构能够把主品牌的影响力和副品牌的针对性很好地结合在一起。

第三个基本关系定位是联合品牌（包括合作主品牌和要素联合这两个次级关系），亦即产品品牌由两个以上扮演联合驱动角色的品牌来定义，索爱的产品角色就是联合品牌架构的典型，由于结合了爱立信在通信技术方面的声誉和索尼在创新和个性上的追求，索爱曾经不仅创造了极强的品牌资产优势而且打造了延伸性的品牌平台。

第四个基本关系定位是背书品牌（包括强势背书、关联名称和象征背书这三个次级关系），亦即产品品牌由主品牌加背书品牌来定义，万豪的产品角色就是背书品牌架构的典型。

第五个基本关系定位是独立品牌（包括影子关联和互不关联这两个次级关系），亦即产品品牌由新的品牌来定义，宝洁的产品角色就是独立品牌架构的典型，宝洁成功地经营了300多个彼此之间相互独立的品牌，各自针对不同的细分市场并有自己的一套核心价值和功能利益定位，这些品牌和宝洁的公司品牌之间联系也很少。

3）组合角色

组合角色就是品牌在品牌组合内部所扮演的角色，每个品牌都应该在组合中找到自己的地位和意义，否则就会被贴上"边缘品牌"的标签，其未来是值得怀疑的。组合角色包括战略品牌、银弹品牌、侧翼品牌、金牛品牌、机会品牌五种类型。

战略品牌是对组织战略具有重要意义的品牌，是必须取得或保持成功的品牌，为此应得到所需的任何资源和政策保证，如G3就是中移动的战略品牌，帮助其开发新一代的无线通信市场。

银弹品牌是能够支持、改变目标品牌形象的品牌，所以对银弹品牌的投资不应仅考虑其本身的回收能力，更要考虑其对品牌组合的正面影响。比如，尽管 ThinkPad 只占 IBM 销售中微不足道的部分，但仍大为提高了 IBM 的品牌形象。

侧翼品牌是从竞争品牌定位切入压制其势头以保护目标品牌不会被迫改变核心识别的品牌，如柯达曾经为应对富士的攻势推出低价的"柯达快乐一刻"就是典型的侧翼品牌。

金牛品牌是未来已无发展机会，但现在已经确立巩固地位而不需要太多支持的品牌。金牛品牌的作用是创造富余资源以投入到其他的组合角色品牌中以履行战略使命，如微软的 Office 就是典型。

机会品牌是针对那些风险和前景不可预测的业务而试探性推出的品牌，如多年以前摩托罗拉失败的"铱星"。

前瞻而成功的品牌组合需要有多样的、相互合作以支持整体发展的组合角色（从而能够更加高效合理地配置品牌建设和管理资源）：战略品牌代表品牌组合的核心，银弹品牌提升品牌组合的形象，侧翼品牌保护品牌组合的核心资产，金牛品牌向品牌组合提供资金支持，机会品牌为品牌组合提供发展探索。

4）组合逻辑

组合逻辑就是组合品牌之间的相互关系（也称为品牌组合结构）。品牌组合的逻辑关系如果复杂混乱就会导致品牌组合缺乏秩序性和目标感，不仅顾客/利益关系者无法对品牌产生清楚的认识，无法驱动他们在品牌建设中协调一致，而且品牌间也会无法产生区隔保持差异，很难避免相互重叠、相互挤压和相互侵蚀的不利局面。

理顺组合逻辑主要有品牌分组、品牌树和品牌网三种方法：品牌分组是根据有意义的品牌共有特征进行逻辑分组，可沿用市场营销中的一些市场细分标准，如万豪根据市场不同区分了 Courtyard Inn（商务旅客）和 Fairfield Inn（休闲旅客），根据产品不同区分了 Marriott Residence（长期居留）和 Marriott（单晚住宿），根据品质不同区分了 Ritz-carlton（超豪华酒店）和 Marriott（高级酒店）。品牌树是为每个组合品牌画出等级树，横向的树冠代表品牌所涉及的品类（不管是作为主品牌、联合品牌还是背书品牌的架构），纵向的树干则代表在某个产品类别上品牌组合的纵深。品牌网是用一张网来显示组合品牌如何互相影响，直接产生影响的品牌之间用线条相连，影响程度的大小用线条的粗细来代表，品牌网与品牌分组、品牌树相比优点在于能够包括产品品牌之外的组合品牌（如品牌网络），同时也能够揭示那些非直接的品牌关系，在实践中品牌网还有些变体形式存在（像分子模型和太空模型）。

5）品牌范围

品牌范围就是品牌在产品和市场上的跨度，如 GE 品牌不仅横跨仪器设备、飞机引擎和金融服务等多个产品大类，而且就仪器设备这个类别而言也囊括消费者市场和专业市场等细分市场，品牌范围和品牌杠杆中的品牌延伸有着密切的关系，品牌延伸能够扩大品牌的范围，不过品牌范围还需要处理品牌收缩的问题。每个组合品牌都有其范围跨度（当然真正值得关注的还是驱动性品牌），无论是已经跨越产品类别和细分市场还是有这么做的潜力，基本的问题是到底应将品牌范围扩展到什么程度。品牌在产品和市场上的跨度无论是过窄还是过宽都会损害资产价值：品牌范围如果过于狭窄的话，就会在适宜的环境中缺席，资产价值就不会得到充分的利用，就会丧失创造更有影响、更强有力的品牌的机会。这个时候就需要通过品牌延伸去推动更强力更高效的品牌建设；品牌范围如果过于宽广的话，品牌则可能会丧失差别化优势、可信度以及相关性，可能会削弱甚至伤害到品牌价值，这个时候就需要通过品牌收缩来实现核心价值聚焦。

6）视觉组合

视觉组合就是在跨品牌和跨环境情况下的品牌视觉展示形式，其实就是品牌组合战略在视觉系统方面的实施，视觉组合与品牌识别中的组合符号有很多相似之处，只不过前者是品牌组合的视角，而后者是单体品牌的视角。视觉组合的目标是在跨环境和跨品牌的情况下，既要能形成合力同时又要能彼此区分，否则就无法支持品牌组合的协同效应和清晰度的要求。在跨品牌的情况下，视觉组合反映品牌之间的相对重要性以及驱动者角色。

> **案例窗**

婴幼儿用品店打"品牌组合拳"

专营婴幼儿用品的"苴苴暖房"积极策划出征全国各大一线城市。上海苴苴暖房妇幼用品有限公司总经理表示："苴苴暖房"的经营模式是婴幼儿用品专营店，与一般的专卖店不同的是，该店是一个跨行业、多品牌组合的婴幼儿用品专门店。

目前，"苴苴暖房"产品覆盖婴幼儿所需的衣、食、住、行等各方面，比如奶粉、护肤品、纸尿裤等，并且全部是婴幼儿用品市场上的知名品牌。据悉，"苴苴暖房"成立以来，在上海地区的加盟店、直营店已达 50 多家。"苴苴暖房"在供货方面很挑剔，目的就是要把好的品牌组合起来，让顾客愿意到店里来。在服务方面，店主都会有一定的培训。

比如，组织人员去一些奶粉、奶瓶厂家接受培训，或者让供货方的当地业务员详细解说，以保证店家熟知每样产品的价格、性能、适用范围等。

该公司经理表示，之所以打造成这种婴幼儿用品连锁卖场的形式，是因为有市场需要。

据其介绍，上海的婴幼儿用品市场开发较港台地区晚了很多，所以市场潜力很大，而且现在婴幼儿市场越来越规范，父母的品牌消费观念也正在形成中。

他分析说，专门店的优势在于：与一般的超市相比，"茛茛暖房"更专业、更有针对性，又能弥补单一品牌的局限性。同时，婴儿用品市场是一个朝阳产业，而且现在的小孩都是独生子女，父母不可能有足够的育儿经验，所以"茛茛暖房"在选择的基础上打造"好品牌组合"，成为一个值得信任的消费平台。

@ **相关链接 3-1**

超市对商品类型的选择和商品组合

面对众多的商品，超市必须确定出售何种商品，将要销售的商品的类型、商品组合和质量等。

一、商品类型

首先应该确定将要出售的商品类型。商品可以分为四大类——常用商品、时尚商品、季节性商品和便利商品。

1. 常用商品

一些商品被称为常用商品，它们是不断被消费者需要的商品。厨房里用到的许多商品都属于这一类。牛奶、糖、面粉和面包是大多数消费者常用的商品。因居住地和家庭组成的不同，常用商品还可能包括婴儿食品、酱类、鸡蛋或大米。在家里的其他地方也可以发现常用商品。观察一下你的衣橱，你会发现牛仔裤和运动鞋也是常用商品。其他壁橱还存放有清洁用品和毯子。个人卫生用品包括香皂、洗发露和牙膏，它们都是常用商品。

消费者以稳定的速度使用这些常用物品，使用时消费者还会不断加以补充。例如，在洗发露用完之前消费者通常会提前补充一瓶。这就让超市很容易预测常用商品的购买频率，从而估算出存货中应该准备的商品数量。

2. 时尚商品

时尚商品是不断变化的商品。时尚是在某一特定时间内流行的风格。虽然时尚通常与女性服装联系在一起，但实际上它的影响力远大于此。大多数商品——包括你使用的器皿、居住的房子以及驾驶的汽车都受时尚的影响。

时尚遵循周期性的变化。与众不同的个人创造新的时尚，新的时尚周期又从此开始。选择销售时尚商品的超市必须了解时尚的周期。

3. 季节性商品

消费者在一年之中的某一特定的时期需要购买的商品称为季节性商品。例如，到了夏天，人们就会购买蚊帐、蚊香、凉席、凉鞋、拖鞋、电风扇、空调等商品。再比如一个特别的季节或假日，常年出售的商品会突然变得流行起来。鲜花常年以一个相当稳定的频率销售，但在二月的情人节和五月的母亲节期间，鲜花的销售量会大幅增长。夏末和秋天通常是人们购买下一学年用品和衣服的时间。

4.便利商品

消费者经常性购买的商品，这些商品包括小的廉价物品，如针线、调味品、方便食品等。

二、商品组合

超市选择经营的商品类型之后，必须决定各种类型的商品的种类。商品组合是指一家超市提供商品的品种以及品种的深度和广度。超市的商品组合由超市本身决定，但也取决于消费者的喜好和需要、商品可利用的空间和超市资金的限制。

1.品种广度

品种广度是指超市备有的商品系列的数量。从床上用品到各种袜子；从各种快速食品到各种生鲜等。

2.品种深度

尽管大型超市备有种类广泛的商品，但是，它通常不会为某一类商品准备大量的备货。品种深度是指某一类商品中不同颜色、尺寸、风格和价格的商品数量等。

上面的经验告诉我们，超市行业的经营者，必须要在商品类型的选择和商品的组合上下工夫，只有在这些方面多做努力，公司的发展潜力才将会是巨大而无可限量的。

职业指南

商品组合的分析与评价

分析评价店铺商品组合优劣程度的标志有很多。归纳起来，一个理想的商品组合必须达到以下三个要求：一是理想的盈利能力，理想的投资收益水平是企业营销活动所追求的核心目标，也是商品组合合理与否的最终体现。二是明显的发展能力，这是指在店铺现有的商品组合中至少要有一种商品或商品项目处在生命周期的成长阶段或成熟期，具有良好的市场前景，评价发展能力的指标主要是销售增长率。三是较强的竞争能力，评价商品在同类商品中竞争能力的重要指标是市场份额，即一家店铺在同一时期内，某种商品的销售量在市场同类商品中所占的比例，店铺市场份额高是竞争能力增强的结果，也是评价现有商品组合优劣的重要标志。

1.波士顿矩阵分析法

波士顿矩阵分析法由波士顿咨询公司首创。它根据店铺商品组合中品种在特定时期的市场额和销售增长率的不同，将商品分为四类，即问题类商品、明星类商品、金牛类商品、瘦狗类商品将以市场份额为横坐标，以销售增长率为纵坐标，将坐标从低到高分成两部分，形成四个象限，每个象限中可放入不同商品线，然后加以分类评价。

波士顿矩阵分析法是通过分类评价来确定商品组合是否合理。如果问题类和瘦狗类商品较多，而明星类和金牛类商品较少，则应当对不合理的组合进行调整。那些很有发展前途的问题类商品应予以发展，努力提高其市场份额，增强其竞争力，使其尽快成为明星类商品。金牛类商品要尽量维持市场份额，以继续提供大量的资金收入。经营者应尽量缩减处境不佳、竞争力小的金牛类商品和一些问题类、瘦狗类商品，以减小投资，争取在短期获得较多的收益。为了把资金转到更有利的商品上，经营者应把没有发展前途又不能盈利的那些瘦狗类和问题类商品放弃，并进行清理、淘汰。经营者的理想措施是保持商品组合的平衡。其中应该包括足够数量的金牛类商品，它们可以产生资金，将这些资金投资于今天的"明星商品"和明天的"问题商品"。组合中的"瘦狗商品"要尽量少。如果店铺的瘦狗类商品过多，明星类商品和金牛类商品却少得可怜，那么店铺也就无前途可言了。店铺应当培养和树立自己的明星类商品，这样才能增强市场竞争力。

2.贡献分析法

店铺中每种商品对总销售额和利润所做的贡献是不同的。例如，某商品组合中有5个商品品种，其中第1个商品品种的销售额和利润分别占商品组合总销售额和利润的50%和30%，第2个商品品种的销售额和利润均占总销售额和利润的30%，两者共占总销售额的80%和总利润的60%。在这种情况下，一旦这两个品种遇到强有力的竞争对手，整个商品组合的销售额和利润将会受到重大影响。这种销售额和利润来源高度集中于少数品种的商品组合，往往具有很大的风险性。因此，店铺经营者必须考虑巩固第1个、第2个商品品种的市场营销。另外，第5个商品品种的销售额和利润只占整条商品线的5%，其发展前途渺茫，经营者应予以清除，以转移资金进行新商品的销售。

3.利润分析法

利润分析法主要用于分析店铺的预期利润目标能否实现。例如，假设某店铺经营A、B、C三条商品线。预计下一年度A商品线的利润占店铺总利润的60%，B商品线的利润占30%，C商品线的利润只占10%。另据预测，未来的发展趋势是：A商品线的利润将逐年下降，B商品线的利润呈先长后降的趋势，而C商品线的利润将逐年增长。到第6年，C商品线将为店铺赢得更多的利润，B商品线次之，A商品线最少，而且，届时A、B、C三条商品线的利润缺口将扩大。经营者通过利润分析法就可以掌握以上情况，适时地对商品组合进行科学的调整，弥补利润缺口，保证商品组合的合理性。

4.三维分析图法

三维分析图法出现于20世纪70年代末。三维分析图法是在三维空间坐标上，以X、Y、Z三个坐标轴分别表示市场份额、销售增长率及销售利润率，每一个坐标又有高低两段，这样就有8种可能的位置。

因为任何一个商品的利润率、成长率和份额都有一个由低到高又转向低的变化过程，不能要求所有的商品项目同时达到最佳状态，即使同时达到也是不能持久的。因此，店铺所能要求的最佳商品组合，是指在市场环境和店铺资源可以预测到的变化范围内，始终能使店铺获得最大利润的商品组合。最佳商品组合应包括以下几种情况：目前虽不能获利，但有良好发展前途，预计为未来的主要商品的新商品；目前已达到高利润率、高成长率和高占有率的主要商品；目前虽仍有较高的利润率但销售成长率已经降低的维持性商品；目前正逐步收缩其投资以减少店铺损失的衰退商品。

本章小结

商品组合是指一个商场经营的全部商品的结构，即各种商品线、商品项目和库存量的有机组成方式。商品组合要设计合理的组合原则，达到良好的组合效果。

商品组合之前要做好商品的分类工作，商品分类要采用合理的分类方法，既要坚持商品群分类法，也要兼顾根据消费者的消费习惯归类的方法。

对于经营商品项目众多的零售店，最佳商品组合决策是一个十分复杂的问题，应采取有效的方法。目前，比较常用的方法有：

1. 按消费季节的组合法。
2. 按商品用途的组合法。
3. 商品环境分析法。
4. 商品系列平衡法。
5. 四象限评价法（波士顿矩阵法）。
6. 资金利润率法。

商品组合的关键要点是商品品牌组合。所谓品牌组合，是指企业销售或经营品牌的构成。品牌组合可以根据企业的业务结构或市场结构来进行，如花旗银行是根据其业务结构来进行品牌组合的，同时对品牌组合要进行科学的管理和评估。

主要概念

商品组合 商品群分类法 品牌组合

基础训练

一、选择题

1. 一般而言，品牌组合战略包括两项工作内容：一项是品牌组合健康度审查，另一项是（   ）。

A. 品牌组合数量规划　　　　　　　　B. 品牌组合种类规划

C. 品牌组合要素规划　　　　　　　　D. 品牌组合方式规划

2. 对一个产品品牌施加影响能够使得另外的产品品牌发生改变，这是品牌的（   ）。

A. 协同效应　　　　　　　　　　　　B. 杠杆效应

C. 相关性效应　　　　　　　　　　　D. 品牌力效应

3. 品牌组合在不断变化的市场上与顾客需求保持相关联的能力，这是品牌的（   ）。

A. 协同效应　　　　　　　　　　　　B. 杠杆效应

C. 相关性效应　　　　　　　　　　　D. 品牌力效应

二、判断题

1. 商品组合时应遵循的原则：正确的产品，正确的数量，正确的时间，正确的质量，正确的状态以及正确的价格。　　　　　　　　　　　　　　　　　　（   ）

2.所谓商品组合的宽度，具体地说就是指各种类型的商品的配置。一类商品就是一条商品线，如男装店里可能有西装、衬衫、领带和袜子等几条商品线。   （   ）

3.所谓商品组合的深度就是指陈列商品的库存量。   （   ）

三、简答题

1.商品组合的原则有哪些？

2.品牌组合在量上的管理如何进行？

3.如何进行品牌组合的要素规划？

实践训练

【实训项目】

学校附近的便利店商品组合。

【实训场景设计】

学校附近便利店。

【实训任务】

了解学校附近的便利店商品组合的特点和方法。

【实训提示】

了解商品组合的原则、方法等。

【实训效果评价】

实训效果评价见表3-1。

表3-1   实训效果评价

评价指标	具体评价	得分
报告内容		
语言		
逻辑思路		
实践性		
对专业的理解		
合计		

教师对每位同学实训各项指标进行评价打分，每项指标分值最高为20分，最低为0分，最后合计为本次实训成绩。

第4章

商品陈列

学习目标

通过本章的学习，了解和掌握商品陈列的基本概念；了解商品陈列的基本要求和原则；熟悉商品陈列的基本类型、表现手法和商品陈列的位置设计；掌握商品陈列的基本方法和主要技术。

【引例】 **品类管理的陈列方案**

在2012年上海网建会上，国家有关局领导指出，建设国际一流网络要体现在终端建设的突破上。通过高效的陈列方式以及终端建设中的陈列指导，对消费者进行影响，有利于品牌的培育和发展。

一、现行陈列分析

现行陈列有两大优点，也存在一些不足的地方。

1.现行陈列的两大优点：一是陈列方式突出重点，兼顾美观，对柜台空间合理细分。集团贸易中心推出了焦点区域和售点区域概念，并通过焦点区域，更加全面地运用陈列来进行品牌的宣传，突出对核心牌号的重点推广（如图4-1所示）。二是统一发布，定期更新。贸易中心会定期下发陈列方案，使得门店陈列规范统一，也便于各区县公司开展陈列管理，起到了较好的品牌宣传效果。

图4-1　焦点区域和售点区域

2.现行陈列不足的地方：

一是品牌规格众多，陈列重点不够突出（如图4-2所示）。

图4-2　陈列重点不突出

　　同一品牌系列按价格从高到低排列，虽然操作便利，但是对焦点区域没有很好地利用，造成焦点区域陈列非重点品牌现象（如图4-3所示）。

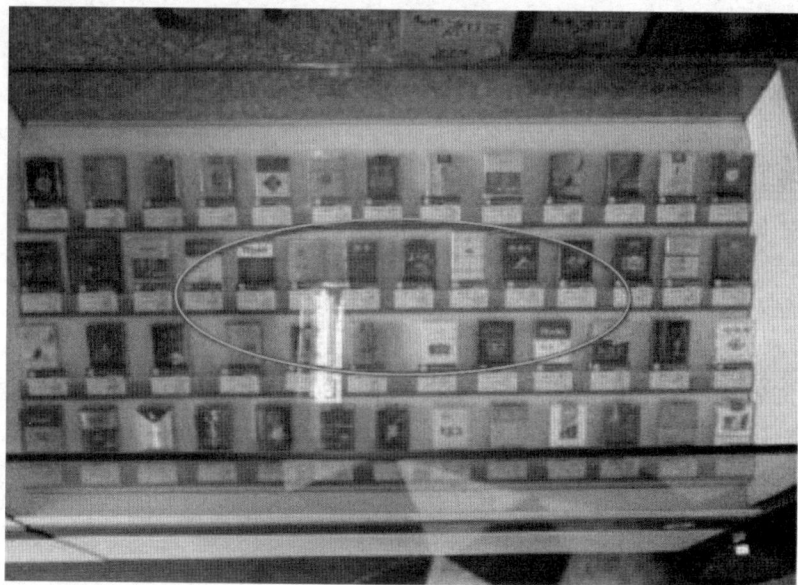

图4-3　焦点区域陈列非重点品牌

　　二是陈列变化随意性较大。这在省外烟的陈列上尤其明显，陈列较乱且没有一定的规律可循，消费者很难在第一时间找到需要的品牌。

　　三是忽视了消费者的需求。由于受到户外广告限制的原因，我们在做陈列设计时往往过多地关注厂商品牌的展示需要，而忽视了消费者购买的需求和习惯，从而减少了某些需要培育品牌的销售机会。

　　四是品牌陈列面平均。现行的陈列很少关注卷烟销量的贡献度，而采取一视同仁的原则。有些卷烟销量占比很大，但其陈列位置和陈列面都不够重要和不够显著；有些卷烟货源供应明显不足却占据较大的陈列空间（如图4-4所示）。

图4-4　品牌陈列面

二、品类陈列方案的设计思路

设计卷烟品类陈列时需要考虑的因素：

1.品类角色

卷烟大致分为目标性品类、常规性品类、偶然性品类。目标性品类代表着零售客户的形象，起着吸引客流的作用。所以，目标性品类相关品牌应放在柜台最主要的位置，占据最优空间，博取最多眼球，如中华系列。常规性品类应放在柜台次主要位置，占据较高、较次空间的地方，如红双喜系列、上海牌等。偶然性品类处于最低空间位置、柜台剩余位置上，如绿红双喜、孟菲斯等。

2.品类关联性

将目标消费者一致的品牌或品类摆放在一起或相邻陈列，很容易刺激冲动性购买和连带销售。而在卷烟陈列的关联性运用中，我们就需要合理利用重点品牌焦点区域陈列的辐射作用，进行相邻陈列，达到带动其他卷烟的销售目的。特别是当某个品牌卷烟缺货时，那么其同档次的毗邻卷烟品牌就有销售机会了。

3.消费者的购买过程

消费者在购买卷烟时考虑因素的次序是品牌、价格、口味、焦油含量等。而在替代性选择上，往往比较重视价格的替代，所以我们在陈列设计时就需要以价位安排为主要的设计思路，这也符合我们以零售价类来划分卷烟规格的做法。

4.公平的原则

所谓公平原则，即根据卷烟销量的表现来安排商品的陈列位置。根据卷烟销售、货源情况来分配陈列面积，使其所占空间尽量与销售量成正比。如对主销牌号进行特定的陈列区域设置、对重点骨干品牌进行专柜的陈列。

5.品类的发展趋势

当消费者对关联性品牌或品类的需求趋势越来越明显时，就应考虑是否需要设立新的品类，将这种情况固定下来。例如中华5000、新品红双喜等新品陈列区。通过集中的陈列，能够最大化地吸引消费者的目光，达到宣传推介的作用。

三、全新陈列方案

在方案探讨中，主要是针对知名专店和安装第三代形象柜的终端进行设计，这类门店至少有2组柜台，所以，分别有核心产品专柜、普通产品专柜、品牌宣传柜和背柜的陈列方案。

1.核心产品专柜

该柜台用于陈列上海烟草集团公司产品，正面俯视，柜台第二、第三排的红色区域为"焦点区域"（如图4-5所示）。

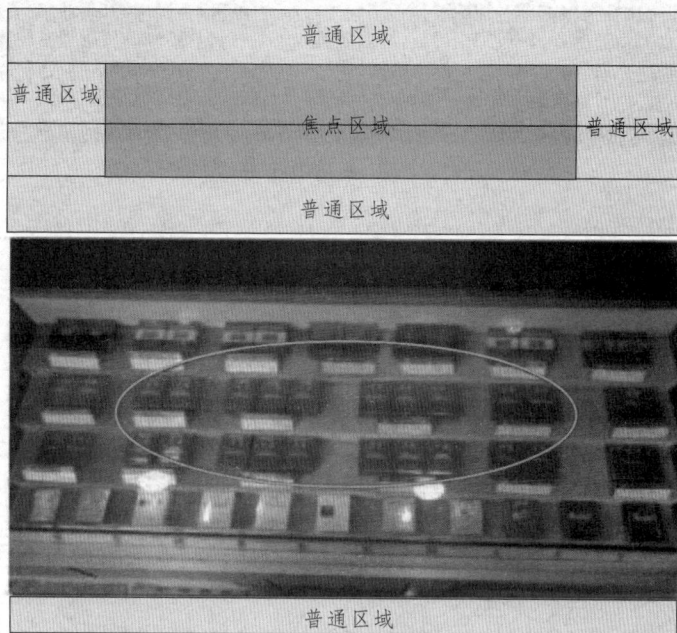

图4-5　区域划分

陈列主要原则：明确品类角色、体现公平货架、突出焦点区域第三代形象柜的终端。

在陈列设计中，对焦点区域集中进行中华系列的陈列，以中轴形成一定的对称陈列，通过多包、双层陈列方式展示中华系列各个规格。第一排作为柜台的次主要位置主要展示红双喜系列，同时在陈列时兼顾到销量贡献、品牌培育的重点。而作为柜台最次位置的第四排，主要进行上海烟草集团公司其他产品的展示，按照一定的品类、价格顺序排列，同时考虑到色调的搭配。

在集团产品展示柜中，突出利用焦点区域的概念，重点展示的是公司的中华品牌（如图4-6所示）。按照公平货架原则，把卷烟贡献度借鉴到陈列中，作为公司贡献度最大的品牌中华系列，理应享受焦点区域陈列的权利；同时通过焦点区域两排陈列的方法，形成陈列面。中间两列陈列的中华组成了以中华红为基调的色彩面，两者相结合形成了强烈的视觉冲击力，吸引消费者眼球，更加能突出展示效果。

图4-6　突出利用焦点区域

在这个陈列设计中，按照焦点区域的作用，把熊猫和中华5000放在第二、三排陈列展示，达到较好的吸引眼球的目的。在焦点区域，软、硬中华三包双层的陈列方式，以求在色彩与布局上形成一种面的效果，同时借助品类关联性的作用进行中华5000与熊猫的展示。如果对中华5000和熊猫需要作特殊陈列时，可用软中华、硬中华位置替代。

2.普通产品专柜

陈列原则：体现公平、突出焦点。

该柜台用于省外烟、进口烟和雪茄烟的陈列。主要还是贯彻按价格从高到低，按柜台从左至右、从上到下的陈列方法；同时进行一个焦点区域的重点贡献品牌陈列，突出消费者需求，充分考虑品类贡献，体现公平货架的原则。

重点贡献品牌是指某个价类中销量集中度排名前三的省外烟。陈列的目的：一是为了通过焦点区域展示，最大化吸引消费者眼球；二是为了让消费者购买到所需品牌。通过焦点区域陈列，让消费者在购买决策中优先选择该品牌，同时因为重点品牌的供应量比较大，能最好的实现零售客户的利润最大化。

在这个陈列设计中，不对卷烟进行品牌系列、产地的划分，是因为考虑到消费者在进行购买决策的过程中，较多的会考虑价格因素的比较。比如消费者不会因为自己买不到5元的某个卷烟而去转而购买此品牌的另外价位卷烟，更多的是购买同类价位的其他品牌。

如果省外烟需要进行新品培育或者重点培育，可以优先考虑在符合其价位的焦点区域进行展示，最大化的达到培育效果。

3.品牌宣传柜

陈列原则：规模陈列。主要用于新品或重点培育牌号卷烟陈列，突出"陈列面"，集中展示1~2个规格或某一系列卷烟，利用足够大的展示空间，设计陈列造型，以求陈列效果最大化。

宣传柜台的选择，比较倾向于大空间、大面积的集中陈列。应该注意到消费者对卷烟陈列往往比较注重简洁大方，这也符合品牌理念，所以，应该采用"面"的设计思路。

4.背柜陈列

陈列原则：突出品类。背柜的最佳视角一般为人体眼睛平视斜上方，所以一般背柜的中架、上架是进行品牌展示的最佳位置。通过突出品类的规模陈列达到品牌培育的目的，也是向外界传递形象的一种媒介。

在进行背柜陈列时，针对硬中华——核心品牌，熊猫、中华5000、百顺红双喜、晶派红双喜——重点培育品牌进行陈列，强调对沪产烟的陈列效果。

背柜陈列中应该注意使用陈列架灯光的使用，暖色调的黄色灯光更加能够给人以一种温馨、高贵的感觉，对陈列有较好的突出作用，而白炽灯光对陈列有一定的刺眼、反光效果。

5.方案优点与不足

方案设计的优点与不足也是有的。权衡利弊，优点更加突出一些。

方案的优点：一是公平货架，使陈列更加具有科学性与依据性。二是突出焦点区域运用，使得陈列更具集中性与实效性。三是突出品类规模陈列，使得陈列更具有鲜明性与生动性。

方案的不足：一是零售客户水平参差不齐，对陈列管理的要求较高。二是各品牌贡献度不同，省外烟陈列焦点区域不一致。

资料来源　谢韶军，邵伟春.品类管理的陈列方案［J］.上海商业，2013（7）.

4.1 商品陈列基础

4.1.1 商品陈列的定义

所谓商品陈列，是指通过运用一定的技术和方法摆放商品，展示商品，创造合理的购物空间，从而达到吸引顾客进店和激发购买欲望的一项工作。

顾客的购买动机、购买目的等是随着商品陈列而变化的。所以，不同的陈列手法、不同的陈列侧重点，对商品的整体销售以及不同产品销售的主次等都会有着较大的影响。

4.1.2 商品陈列的意义

商场做好商品陈列对企业和市场有着非常重要的意义：

（1）好的商品陈列能让消费者在最短的时间内找到它，从而选购自己喜欢的商品。

（2）好的商品陈列能够吸引消费者的注意，从而让消费者产生购买欲。

（3）好的商品陈列能提高企业整体形象，提升品牌知名度。

（4）好的商品陈列不但能提高产品的销售额，还能吸引客流。

（5）好的商品陈列可以给消费者一个良好的印象，即使这次不购买，也能让其留下深刻印象。

（6）好的商品陈列可以减少商场的库存成本，即商品陈列井然有序，可以减少过多的库存，减少不必要的补货，从而降低库存成本。

4.1.3　商品陈列的目的

（1）增加销售量：一个有创意的陈列可以让消费者产生购买冲动，从而提高销售量。

（2）改善商品的库存量：通过对商品陈列空间的调整，改善商品库存量。

（3）争取最大陈列面：争取最大最好的陈列面，让商品有更多的展示机会。

（4）方便消费者拿取：有组织、有系统地陈列，进而鼓励消费者最大程度的购买。

（5）保护商品品质：先进先出的原则，避免过期，保持其外观的可看性。

4.2　商品陈列的基本要求和原则

4.2.1　商品陈列的基本要求

（1）商品分类要明确。相同类别的商品陈列在一起，方便顾客一次性购买。

（2）充分利用有效陈列范围。顾客在自然站立时，伸手可及的范围，从地板开始60厘米到180厘米的范围，这个空间就是有效陈列范围。因此，在此空间陈列重点商品是增加销售额的秘诀。反之，60厘米以下、180厘米以上，是顾客难以接触的空间，大多进行非重点商品的陈列。

（3）要有合理的陈列位置：小规模商店，端架是最佳的陈列；大型超市，中央通道，通道前后端与临近冰箱的陈列架是最好动线。

（4）把互有影响的商品分开设置。例如，将异味商品、食品，需试音或试像的商品单独隔离成相对封闭的售货单元。

4.2.2　商品陈列的基本原则

1）"先进先出"的陈列原则

当货架上陈列在前排的商品被顾客拿空后，补货人员应该先将后排的商品推到前排，然后将生产日期新鲜的新品补充到后排空处；当商品第一次在货架上陈列后，随着时间的推移，商品就不断地被销售出去。这时就需要进行商品的补充陈列。补充陈列就是要遵循先进先出的原则来进行。

首先，要将原先的陈列商品取下来，用干净的抹布把货架擦干净。然后，将新补充的商品放在货架的后排，原先的商品放在前排面。因为商品的销售是从前排开始的，为了保证商品生产的有效期，补充新商品必须是从后排开始。其次，当某一商品即将销售完毕，暂未补充新商品时，这时必须将后面的商品移至前排陈列（销售），绝不允许出现前排空缺的现象，就是要做到前进陈列的原则。如果不按照先进先出陈列的原则，那么后排的商品将会永远卖不出去。食品是有保质期的，因此，采用先进先出的方法来进行商品补充陈列，可以在一定程度上保证顾客购买商品的新鲜度，这也是保护消费者利益的一个重要方面。

2）可获利原则

陈列必须确实有助于增加店面的销售。努力争取将店铺最好的陈列位置用于主推产品的销售。要注意记录能增加销量的特定的陈列方式和陈列物。不停地提醒门店商品陈列对获利的帮助。

3）陈列点原则

好的陈列点是迎着主人流方向墙面与视线等高的货架位置（以及以此视点为中心的辐射两侧各65度角所覆盖的陈列面）、主通道的展台、收银台旁的展台等。

促销陈列点：迎门的展台、长墙面陈列的尾部区域、两个主通道之间的展台等。

不好的陈列点：仓库（或工作间）出入口、照明不好的角落、深型店铺的底部死角、间隔太多的深部小间隔等。

4）吸引力原则

充分将现有商品集中摆放以凸显气势。陈列时将本品牌产品的风格和利益点充分展示出来。配合空间陈列，充分利用广告宣传品吸引顾客的注意。对特惠推广品可以运用不规则的陈列法，可以加强特价优待的意味。

5）商品搭配原则

商品陈列在于帮助销售，所以陈列时要充分考虑商品之间的搭配。

在做搭配时应充分运用关联销售，注意商品的组合优化。相关商品陈列在一起，既能方便顾客购买，又能刺激顾客的购买欲望。很多商品在顾客心目中是有关联性的，当顾客购买某一样商品时也会需要与之相关的商品来配套，或者经过卖场人员的精心安排他会发现买了甲商品再加一件乙商品会是个不错的搭配，这样关联的商品陈列就显得很有必要（如牙膏与牙刷、茶具与茶叶、垃圾篓与垃圾袋等）。

要注意相关性商品应陈列在同一通道、同一方向、同一侧的不同货架上，而不应陈列在同一组双面货架的两侧。比如服装连锁门店在商品陈列时可以考虑衬衣与领带的组合陈列，裤子与鞋的组合陈列等；电脑专卖连锁门店在商品陈列时可以考虑电脑与摄像头、手写板的组合陈列等。

为了配合顾客追求新意的习惯，在搭配设计时要制造出让顾客常看常新的效果，也就是说应当定期对组合陈列做出适当的调整，体现新意。

6）易见易取的陈列原则

首先，商品陈列要"显而易见"。这里所谓的"显而易见"指的是"标签朝正面，且不被其他商品挡住"，陈列的商品要使顾客容易看见，遵循前低后高的原则。由商品自身来向顾客最充分地展示、促销自己。商品陈列是最直接的销售手段，要做到让商品在货架上达到最佳的销售形式。要使商品陈列让顾客显而易见，必须做到以下几点：

（1）商品要正面或稍微倾斜地面向顾客，使顾客能看清楚。商品品名和贴有价格标签的商品正面要面向顾客，陈列器具、装饰品以及商品POP不要影响店内购物顾客的视线，也不要影响店内照明光线。

（2）商品陈列位置符合顾客的购买习惯，对推销区和特价区的商品陈列要显著、醒目，使顾客明白商品所表达的意思。

（3）商品不应摆在棚架里，而应向前整齐陈列着，并且中段以上商品采用直摆方式，下段商品则采用横摆、标签向上的方式。

（4）商品价目牌应与商品相对应，位置正确。

实践证明，商品价格标签位置对顾客挑选商品会产生积极的影响。因此，规范打贴价格标签的位置，就显得十分重要。同时，价格标签位置的规范化为收银员提高收银速度创造了条件。具体到打贴价格标签的位置时，应注意以下几点：

①商品价格标签的打贴位置应在商品正面的右上角，如遇右上角有商品说明文字，可打贴在右下角。

②罐头商品价格标签打贴在右上角，绝不允许打贴在罐盖上方，因为罐盖上方容易积灰尘，不便于理货员整理清洁商品，尤其是不畅销的商品（罐装、盒装商品）。

③瓶装商品价格标签打贴在商品正面的右上角，如酱油、酒等。

④商品因季节、时令价格调整时，必须将原价格标签撕掉，重新打贴价格标签，绝不允许同一种商品出现两种价格，以减少不必要的麻烦，减少收银员的操作差错。

另外，商品陈列要方便顾客取放。顾客购物时都会先确认商品后再购买，因此容易取和容易买一样重要。所以必须特别留意提醒身高较高的男性员工，不要将商品陈列过高，以致大半女性都拿不到商品；还有不能将带有盖子的箱子陈列在货架上，要考虑陈列的高度，以方便顾客随手可取。

7）商品陈列的卫生、整洁原则

卫生整洁是顾客对商品陈列乃至整个卖场环境的一个基本要求。卖场人员在陈列商品的同时要及时清理商品及货架或堆码位置的卫生，将商品上的灰尘及时擦拭干净，体现商品的新鲜度。

8）商品陈列的放满原则

商品应做到放满陈列，可以给顾客一个商品丰富、品种齐全的直观印象。同时，也可以提高货架的销售能力和储存功能，还相应地减少了超市的库存量，加速商品周转速度。琳琅满目的商品陈列对销售的促进作用无须质疑。有资料表明，放满陈列可平均提高25%的销售额。

商品放满陈列要做到以下几点：

（1）货架每一格至少陈列三个品种（目前，国内货架长度一般是1.0米至1.2米）。畅销商品的陈列可少于三个品种，保证其量感；一般商品可多于三个品种，保证品种数量。

（2）按每平方米计算，平均要达到11~12个品种的陈列量。

4.2.3 商品陈列的AIDCA原则

合理地陈列商品可以起到展示商品、刺激销售、方便购买、节约空间、美化购物环境的作用。据统计，店面如能正确运用商品的配置和陈列技术，销售额可以在原有基础上提高10%。所谓商品陈列的AIDCA原则是由5项原则组合而成的：A，引起注意；I，产生兴趣；D，使其产生欲望；C，使其确信；A，使其下定决心购买。
AIDCA原则的具体重点如图4-7所示。

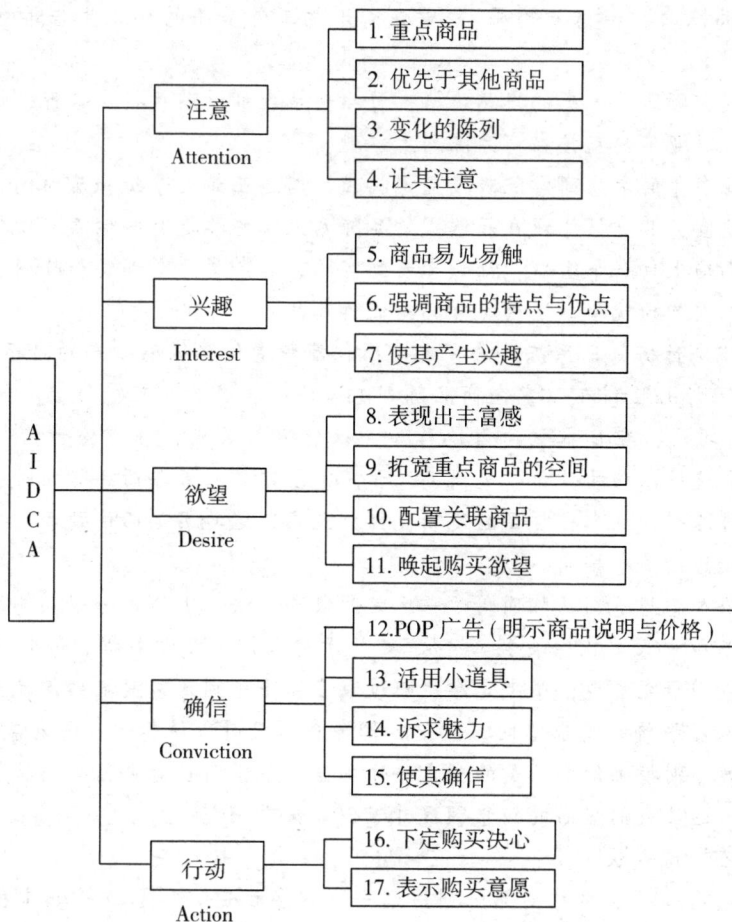

图4-7　AIDCA原则的具体重点

@ 相关链接4-1

商品陈列背后的经济学：购买暗示

　　走进不同的超市、商场，消费者会发现有些货架上的商品摆放色彩艳丽，有温暖舒适之感，容易激发起消费者的购买欲望，有些则不然。还有些商场会将看上去很不搭配的两种货品放在同一个陈列区，比如尿布和啤酒，但销量却出奇的好。

　　这些其实都是商家经过深度研究和论证后得出的商品陈列学。不过，千万不要小看商品陈列，科学的陈列能大大增加销量，加快商品周转率，反之则会导致单价低下，货品周转率低，甚至导致货品滞销。但是，要做到合理的商品陈列并不容易，个中的秘密和学问非普通消费者能够参透。

　　陈列的购买暗示

　　"所有的商品陈列最基本的一条是丰富感，或者叫展示溢出感，比如有一些堆头型的陈列必须将货品满满地呈现出来，让顾客一眼望去就觉得这家店铺的商品繁多、货量大、货物新鲜。假如货架上空空如也，或一些堆满、一些空置，顾客则会认为这家店铺周转率差，货品陈旧，不愿意购买。"曾在家乐福工作多年的季先生告诉《第一财经日报》记者。

除了丰富度，顾客最敏感的当属价格，虽然超市内可贴满打折广告牌，但这种令人视觉疲劳的做法有时还不如直接在商品陈列上体现。

研究零售业多年的上海商学院教授周勇指出，以迪亚天天等折扣店为例，折扣店顾名思义就是价格便宜，其直接体现在箱包式货品陈列上，尤其是有些啤酒、饮料等，并不拆箱，仅是在样品箱上切一个小口，让顾客看到实物，其余货品全部整箱陈列。这种简单且节省人力的箱包式陈列就暗示了这类货品是低价商品。

另有一种"松竹梅"日系陈列法，也是抓住消费者价格敏感心态的暗示消费陈列法。日本营销学专家新山胜利在《完全商品陈列115例》中指出，在行为经济学中，有一种"边缘回避性"理论，在日本被通俗地称为"松竹梅"效应，即"松竹梅"代表三档价位，大多数人会选择中档的"竹"类商品。于是很多零售业者在商品陈列时会将三档价位的同类商品并排陈列，且中档货品的货物会摆放最多，这其实是抓住顾客"松竹梅"中档消费心态，以销售更多中档商品。

还有一种令人意想不到的陈列暗示——时间段陈列法。小李是一家服饰店业主，其店内模特身上的衣服一天之内会更换3~4次。"基于对人们的参考数据，模特身上的衣服是卖得最快的，我们研究发现，早上是学生路过最多，下午则是家庭主妇，晚上散步的老人很多，这三类人对服饰的需求不同，于是我们会在白天时段展示更多青春款和时尚女装，而到了傍晚开始，则换上价廉物美的中老年休闲装，不少消费者会根据模特身上的服饰陈列暗示来购买，这让我们店内的销售额提升了30%多。"小李说。

"啤酒+尿布"陈列法

在零售业内有一项著名的商品陈列法则——"啤酒+尿布"，这听起来匪夷所思，但当这两个看似风马牛不相及的东西撞到一起时，居然引发了高销量的化学反应。

"通常，商品陈列会将同类货品放置在一起，但很多你认为根本没有关系的商品其实是有密切联系的，我们需要经过长期研究、数据支持和经验人士的意见等综合观察后，将这些看似不相关但其实有消费关联度的货品摆放在一起。'啤酒+尿布'就是一个经典案例。我们经过长期研究和分析大量数据后发现，购买婴儿尿布的大部分人群并不是妈妈，而是爸爸，爸爸们在购买完尿布后通常还会买啤酒，假如啤酒货架距离婴童用品太远，那么有些爸爸就懒得去购买啤酒了。而当我们将啤酒直接陈列在尿布货架边上时，明显发现啤酒销量大增。"季先生兴奋地告诉记者。

来自法国的VICTORIA WICKER和WEBER ALEXANDRE刚加盟了华润系麾下高端超市OLE，他们的工作关键点就是告诉中国高端超市业者，海外消费者的消费习惯究竟如何，哪些商品之间有关联度，在陈列时必须一起摆放以提高销售量。

"在中国市场，可能奶酪会陈列在乳制品货架上，饼干则在食品区，火腿会放置在干货区。但在欧洲，火腿并不是单独作为菜品食用，其必须配上奶酪，有时还会搭配饼干，所以在定位高端且有诸多海外顾客的OLE超市内，我们会将进口火腿、奶酪和饼干陈列在一起，而我本人还是这个区域的负责人，会给顾客讲解各种搭配食用方法。"WEBER ALEXANDRE自豪地说，通过讲解和关联陈列，其所管辖的火腿、奶酪和饼干类商品的销售量明显提升，且顾客回头率很高。

还有一种关联陈列则是同类商品的不同品牌陈列。比如目前家乐福、屈臣氏、万宁等都有自有品牌商品，可根据中国消费者的习惯，自有品牌不如众所周知的大牌来得响亮，因此假如单独设置自有品牌区则销量不会很高。于是很多商家便将低成本、低价格的自有品牌商品与同类货品的大牌们关联陈列，以提升销量。比如万宁研发的自有品牌沐浴乳经常会陈列在宝洁系产品边上，而欧尚的自有品牌茶包、奶茶等则直接挨着立顿、香飘飘等品牌商品陈列。

据业内不完全统计，这种采用交叉关联模式的商品陈列法则会让相关商品的销售量普遍提升20%~30%。

陈列辅助手段

除了消费暗示和关联陈列，商品的陈列还有很多辅助手段，而这也能提升商品销量。

"色彩是非常主要的辅助陈列手段，来超市购物的大部分是女性客户，她们对色彩敏感度非常高，有时候女性消费者会纯粹为了一个喜欢的颜色而购买商品。于是，我们做了一期粉色主题的陈列，将一些食品、日用品等只要是涉及粉红色系和相关品牌的货品陈列在一个货架上，让女性消费者一经路过便会多看几眼，增加消费可能。"最令法国姑娘VICTORIA WICKER自豪的还不是这个粉红系列，而是其为一家新开业的OLE门店所做的蔬菜陈列。

VICTORIA WICKER向记者展示了一个木制格子型的大货架，这个货架看似很像更衣室的摆放柜，但在每个格子内放着一种不同的蔬菜，包括青椒、红椒、黄椒、黄瓜、番茄等。"原本蔬菜是非常普通的商品，但蔬菜有个特性就是颜色诸多，利用这个色彩理论，我们将红、黄、绿等各类艳丽的蔬菜用时尚的方式呈现出来，激发顾客很大的购买欲望。"VICTORIA WICKER说。

与色彩相应的还有灯光辅助陈列法。有业者指出，屈臣氏对于不同货品的区域灯光是不同的，有些需要光亮度的商品，其会集中打光，让商品看起来十分具有诱惑力，虽然顾客买回家后所看到的效果可能并不一样，但在商店内，其灯光陈列效果已经达到了。而在OLE超市内，红酒区域的灯光则是特意调暗的，为的是显示红酒的高贵感，且红酒本身也不宜强光照射。

还有些货品则需要"裸露"陈列，比如一些果蔬类商品，以往都是包装封起来，但如今顾客更多需要的是新鲜感，所以OLE、联华等商家越来越多地采取"抛售式"开放型"裸露"陈列，去除各种包装后的果蔬直接被放在箩筐或麻袋中陈列，让顾客仿佛置身于农家乐场所，这也表示这些果蔬非常新鲜，值得购买。

此外，专业展示陈列也非常重要。在上海正大广场8层，有一家专卖糖果的小店铺，其实单以糖果而言，其销售量不会太大，那么它如何能承担正大广场这个"黄金商场"的不菲租金呢？诀窍在于，其在商品陈列区做了一个现场制作的玻璃厨房，这引来不少围观者。记者在现场看到，不少人在看了花朵型糖果、彩虹糖果的有趣制作过程后，纷纷掏钱

完整阅读：商品
陈列背后的经济
学：购买暗示

购买。

　　另有一项最被业界推崇的辅助陈列方式则是主题陈列。比如在各个节庆或重大促销活动时，很多商家贴满了促销海报，但这些海报的效果可能并不如主题陈列来得有效。

　　资料来源　乐琰．商品陈列背后的经济学：购买暗示 [N]．第一财经日报，2014-05-27.有删节．

4.3 商品陈列的基本类型

　　商品陈列中常见的是横向陈列和纵向陈列。横向陈列是把同类商品按水平方向陈列，顾客要看清全部商品，需要往返好几次。横向陈列能把消费者诱导到深处，确定式挑选商品时必须沿着陈列左右移动，如图4-8所示。

图4-8　横向陈列

　　纵向陈列是指同类商品从上到下地陈列在一个或一组货架内，顾客一次性就能轻而易举地看清所有的商品，如图4-9所示。

图4-9　纵向陈列

　　同一种商品，作横向陈列或宽度狭小的纵向陈列，都与顾客"易见易选"有密切的关系。

　　横向陈列会诱导顾客入店，能把消费者诱到深处，确定挑选商品时必须沿着陈列左右移动，但此时黄金带（80~120厘米高度）以外的商品销售率会降低。

　　纵向陈列将同一种类商品综合陈列，使顾客只要站立，视线上下移动，便能比较、选择商品。纵向陈列能以静止的状态选择商品，但也有宽度狭小就缺乏丰富感、容易分心等缺点。因此，采用纵向陈列时，要慎重检查同一种商品的陈列宽度，最小的宽度也要确保不低于90厘米。依顾客的视线与商品的距离来决定宽度是其秘诀。

　　纵向陈列能使顾客产生购买冲动并提高购买的方便性。高价位或新推出的产品应放置在上层，以吸引注意力；每类产品至少有两个陈列面，且占有两层的陈列货架。纵向陈列的好处是：

　　第一，同类商品如果要横向陈列，顾客在挑选同类商品的不同品种时会感到不方便，因为人的视线上下垂直移动方便，而横向移动要较前者差。横向陈列会使得陈列系统较乱，而纵向陈列会使同类商品成一个直线式的系列，体现商品的丰富感，会起到很强的促销作用。

　　第二，同类商品垂直陈列，会使得同类商品平均享受到货架上各个不同段位（上段、中段、下段）的销售利益，而不至于产生由于同类商品的横向陈列使商品都处于一个段位，以至产生销售要么很好，要么很差的现象。同时也不会出现由于同类商品的横向陈列所造成的降低其他类别的商品所应享受的货架段位的平均销售利益。

　　系列产品应该呈纵向陈列。如果它们横向陈列，顾客在挑选某个商品时，就会感到非常不便。因为人的视觉规律是上下垂直移动方便，其视线是上下夹角25°。顾客在离货架30厘米至50厘米距离间挑选商品，就能清楚地看到1至5层货架上陈列的商品。而人视觉横向移动时，要比前者差得多，人的视线左右夹角是50°，当顾客在距货架30厘米至50厘米距离挑选商品时，只能看到横向1米左右距离内陈列的商品，这样就会非常不便。实践证明，两种陈列所带来的效果是不一样的。

　　纵向陈列能使系列商品体现出直线式的系列化，使顾客一目了然。系列商品纵向陈列会使20%~80%的商品的销售量提高。另外，纵向陈列还有助于给各个品牌的商品一个公平合理的竞争机会，但产品线很长的品牌应区别对待。如果将这一品牌的商品纵向陈列，虽然从整体上看陈列得非常整齐，但往往会使某些品牌占据卖场货架的主要段位，为了便于进行商品的实际销售能力的考核，现在有些门店会在纵向陈列与产品类别上做一个选择，将一些产品线比较长的产品分成若干个部分，这样就会增强商品之间的竞争，并且便于顾客比较商品的价差，从而提高门店的日常销售。

@小资料4-1

《2017中国便利店发展报告》发布

　　5月10日，在2017中国便利店大会期间，主办方中国连锁经营协会与波士顿咨询公司联合发布了《2017中国便利店发展报告》（以下简称"报告"）。报告指出，中国连锁品牌化便利店门店数接近10万家，销售达1 300亿元。

　　中国连锁经营协会相关负责人介绍，报告通过对全国36个城市便利店发展情况的调研，结合核心便利店品牌样本企业的精准数据提取分析，辅助50多家便利店企业管理者对中国便利店行业的发展情况进行了从数据到特点，从现状到趋势的全面梳理、分析与总结提炼！相信是行业企业对标，与相关机构了解行业最权威的资料。

　　波士顿咨询公司相关负责人表示，双方在报告起草过程中，结合了波士顿公司对全球消费趋势的理解，和国外同行的大量数据与经验作法。从国际的视野分析中国便利店行业的发展。

　　报告指出，中国便利店发展与现状呈现八大特点：

1.2016年便利店行业增速达13%，市场规模超过1 300亿元。开店数量及同店销售双双增长。

2.市场空间大，一二线城市是增长热点。同时，区域格局明显，全国布局尚未出现。

3.营利性提升空间大。单店销售、利润水平虽历年有所改善，但与国际领先企业差距仍然较大。

4.运营成本快速上升。租金、人工成本在2016年均呈现上涨趋势。

5.商品结构亟待提升。生鲜及半加工食品占比低，自有品牌占比低。

6.加盟机制不完善。加盟占比较低，三成企业尚未开展加盟，加盟管理较为松散。

7.数字化初见雏形。半数企业引入网购，网购占比约11%；移动支付技术普及，但使用率低。

8.会员体系有待加强。55%企业建立了会员体系，有会员体系企业会员销售稳步上升。

报告同时分析，未来中国便利店行业发展的六大要素：

完整阅读：2017
中国便利店发展
报告

1.终端模式：贴近目标客群的生活方式，细分商品、店群或子业态。

2.商品组合：紧密围绕自有品牌和鲜食和半成品，建立商品差异性。

3.业务延伸：整合复合业态和增值业务，提供一站式体验。

4.数字化：自建与合作提高新技术应用能力，打造全渠道模式。

5.供应链模式：面对复杂的运营环境，不断提高供应链精益性。

6.拓展模式：建立合理的加盟模式，提高拓展效率。

4.4 商品陈列的方法

商场商品陈列的方法有很多，常见的陈列方法有磁石点陈列法、分类陈列法、主题陈列法、盘式陈列法、岛式陈列法、突出陈列法、黄金段位陈列法、端头陈列法、量感陈列法。

4.4.1 磁石点陈列法

1）顾客动线

所谓顾客动线是指顾客进入商场的流动曲线。商场商品陈列围绕顾客流动曲线布局，可以起到方便顾客选购，延长顾客购物时间，扩大关联产品销售的作用。商场顾客动线的关注点主要是连锁店主通道和副通道的设置，照明带、色彩的渐变、各柜台、专柜间距设置、随机购买商品和大件商品陈列点选择。顾客动线的顾客流动量测算可以采取两种方法：一种方法是数学方法，即根据商场的平面布局和楼层分布，划分各类通道的类别，从而确定不同商品的陈列点，这种方法在门店开业前商品陈列点的选择较为常用。但是，数学测算往往忽视了人们的行为习惯，导致测算误差较大的情况发生。另一种方法是实测法，即详细记录、统计各类通道的时点人流，从而确定商品、赠品陈列点，这种方法在商场日常经营过程中对陈列点的选择最为有效。

2）磁石点

所谓磁石，就是指商场的卖场中最能吸引顾客注意力的地方，磁石点就是顾客的注意点，要创造这种吸引力就必须依靠商品的配置技巧来实现。商品陈列中的磁石理论运用的意义就在于在卖场中最能吸引顾客注意力的地方配置合适的商品以促进销售，并且这种配置能引导顾客走遍整个卖场，最大限度地增加顾客购买率，如图4-10所示。

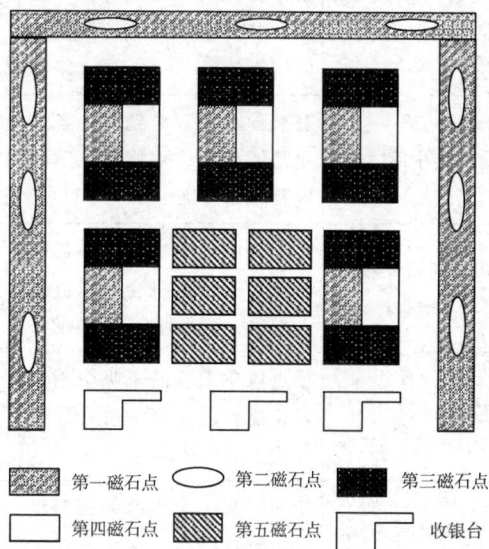

图 4-10 卖场的磁石点

商品陈列布局是否合理，是一个超市最终能否得到消费者认可、企业是否能赢得市场的重要因素。商场的平面往往是一个矩形，最有号召力的商品应放在这个矩形的周边，即商场的三条边线。卖场内必须处处有卖点，以增加消费者在场内的滞留时间，增加商场的销售收入。具有卖点的商品一般购买频率高、时髦、季节性强，或者是主推产品、定制产品、高利润产品、特价产品、清仓换季产品等。超市的磁石点有5个，不同的磁石点应该配置相应的商品，见表4-1。

（1）第一磁石点是位于卖场主通道两侧的地方。

因为它是顾客的必经之地，所以也是商品销售最主要的场所，此处陈列的应是主力商品。在第一磁石点上展示商品不仅会对所销售的商品产生很大影响，而且也将决定顾客对该门店的整体印象和评价。主通道两侧应是卖场管理者苦心布局的"门面"。尽管如此，还是经常可以看到，相当多的超市出于短期的促销目的，在主通道两侧陈列过季、滞销等降价商品以此吸引顾客注意。这种陈列方式从长远看，会造成低价滞销的整体形象，必将有损商店在顾客心目中的地位。第一磁石点的商品应是购买量多、购买频率最高的商品，如蔬菜肉类、日用品等都应放在主通道两侧。

（2）第二磁石点位于主通道顶端，穿插在第一磁石点中间。

第二磁石点陈设的应是能诱导顾客走进卖场各个角落的商品，一般首先应放置日配性的商品，因为消费者总是不断追求新产品，把新的商品布局在第二磁石点，就可以把顾客吸引到卖场最里面；其次可以配置部分季节性商品，利用商品的季节性差价形成对顾客的吸引。另外，由于第二磁石点的商品多为生鲜熟食等商品，所需光亮程度高过其他区域，同时也会因为其高亮度和飘出的香味吸引顾客进入门店的最内部。

表4-1　　　　　　　　　　　　　　　卖场不同磁石点的商品配置

磁石点	店铺位置	配置要点	配置商品
第一磁石点	位于卖场中主通道的两侧，是顾客的必经之地，是商品销售最主要的位置	由于特殊的位置优势，不必刻意装饰体现即可达到很好的销售效果	主力商品；购买频率高的商品；采购力强的商品
第二磁石点	穿插在第一磁石点中间	有引导消费者走到卖场各个角落的任务，需要突出照明度及陈列装饰	流行商品；色泽鲜艳、容易抓住人们眼球的商品；季节性很强的商品
第三磁石点	位于超市中央陈列货架两头的端架位置	是卖场中顾客接触频率最高的位置，营利机会高，应重点配置，商品摆放三面朝外	特价商品；高利润商品；厂家促销商品
第四磁石点	卖场中副通道的两侧	重点以单项商品来吸引消费者，需要在陈列方法和促销方式上刻意体现	热销商品；有意大量陈列的商品；广告宣传商品
第五磁石点	位于收银处前的中间卖场，是非固定卖场	能够引起一定程度的顾客集中，烘托门店气氛，展销主体需要不断变化	用于大型展销、特卖活动或者节日促销商品

（3）第三磁石点位于卖场中央陈列货架两头的端架位置。

商品主要以食品、日常生活用品、休闲类的相关用品为主。一般来说，第三磁石点的商品集中表现为以下特征：特价商品、SB商品（商家开发的品牌商品）、高利润商品、厂家促销商品等。

（4）第四磁石点分布在超市卖场副通道的两侧。

这是个需要让顾客在长长的陈列中引起注意的位置，因此在商品布局上必须突出品种繁多的特点，商品的陈列更加注重变化，可以有意利用平台、货架大量陈列；突出商品位置标牌；在道路两侧设置特价商品 POP 广告。例如，突出陈列、窄缝陈列等，以减少顾客在购物过程中的厌烦心理，有利于引起顾客的注意。对于面积较小、陈列线较短的超市来说，第四磁石点的商品的效果并不明显。在大型超市中，第四磁石点的商品主要是服装、杂货、家庭日用品等。

（5）第五磁石点位于收银处前的中间卖场，是非固定场所。

该磁石点主要用于大型展销、特卖活动，或节假日促销活动，目的是烘托门店气氛，吸引顾客光顾卖场。

超市的磁石原理是基于顾客心理、经过实践检验证明比较行之有效的理论，对商品陈列有很强的现实指导意义。

4.4.2　分类陈列法

凡是陈列在陈列台、展示柜、吊架、平台、橱柜的商品都属于分类陈列，因此在陈列时特别要注意显示商品的丰富感与特殊性。

分类陈列占了连锁商店卖场的最大比例，其主要目的是使商品陈列一目了然，方便顾客选择，不断促进商品销售。

4.4.3　主题陈列法

新闻报道上有大主题、中主题、小主题等让人容易了解的编辑方式。同样，在卖场上也开展主题陈列，也称展示陈列，即在商品陈列时借助商店的展示橱窗或卖场内的特别展示区，运用各种艺术手法、宣传手段以及陈列器具，配备适当的且有效果的照明、色彩或声响，来突出某一重点商品。

主题陈列的种类有大主题陈列、中主题陈列、小主题陈列。

1）大主题陈列

多数展示在店面的橱窗、店内架台或柱子周围。在橱窗内介绍商店的代表商品，架台或柱子周围则陈列各专柜最具魅力的代表商品，作为"在这里，有某某商品"来诱导顾客。在大主题陈列中要特别注重表现技巧。

2）中主题陈列

展示在陈列柜、壁面或推车上，能具体地了解在哪里有某某商品。此外，中主题陈列必须表现出店内的立体感与顾客所期待的气氛。因此，应筹划商店中央的空间或壁面的利用方法，展现出商品的丰富感。

3）小主题陈列

对大主题陈列更感兴趣、受中主题陈列诱导的顾客，很容易了解自己所喜爱的商品的陈列场所，这就是"小主题陈列"的目的。因此，严格来说，小主题陈列必须按照各品目陈列，同时可以利用POP广告进行宣传。

4.4.4　盘式陈列法

盘式陈列法即把非透明包装商品（如整箱的饮料、啤酒、调味品等）的包装箱的上部切除（可用斜切方式），将包装箱的底部切下来作为商品陈列的托盘，以显示商品包装的促销效果。

4.4.5　岛式陈列法

在超级市场的进口处，运用陈列柜、平台、货柜等陈列工具，展示陈列商品。这种陈列能强调季节感、时鲜和丰富感。

在运用岛式陈列法时要注意以下事项：

（1）陈列工具应与商品特征相配合。

（2）陈列工具一般适宜放置在卖场的前部和中部，这样就能向顾客充分展示岛式陈列的商品，如果陈列在后部往往会被货架挡住视线。

（3）陈列工具不宜太高，以免影响顾客的视线。

（4）陈列工具最好装有滑轮和搁板，以便根据需要来调整。

（5）陈列工具要牢固、安全。

4.4.6　突出陈列法

突出陈列法即将商品放在篮子、车子、箱子、存物筐或突出延伸板（货架底部可自由抽动的隔板）内，陈列在相关商品的旁边销售，是超过通常的陈列线，面向通道突出的方法。

在运用突出陈列法时要注意以下事项：

（1）突出陈列的高度要适宜，既要能引起顾客的注意，又不能太高，以免影响货架上商品的销售效果。

（2）突出陈列的商品不宜太少，以免影响顾客正常的路线。

（3）不宜在窄小的通道内做突出陈列，即使比较宽畅的通道，也不要配置占地面积较大的突出陈列商品，以免影响通道顺畅。

4.4.7　黄金段位陈列法

提高门店日常销售最关键的是货架上黄金段位商品的销售能力。实际上目前普遍使用的陈列货架一般高165~180厘米，长90~120厘米，在这种货架上最佳的陈列段位不是上段，而是处于上段和中段之间的段位，这种段位称为陈列的黄金线。以高度为165厘米的货架为例，将商品的陈列段位进行划分：黄金陈列线的高度一般在85~120厘米，它是货架的第二、三层，是眼睛最容易看到、手最容易拿到商品的陈列位置，所以是最佳陈列位置。此位置一般用来陈列高利润商品、自有品牌商品、独家代理或经销的商品。

其他两段位的陈列中，最上层通常陈列需要推荐的商品；下层通常是销售周期进入衰退期的商品。

根据一项调查显示，商品在陈列中的位置进行上、中、下3个位置的调换，商品的销售额会发生如下变化：从下往上挪的销售一律上涨，从上往下挪的一律下跌。当产品从最底层调到倒数第二层，销量可以直接提升30%；当从第二层调到黄金地段，销量可以直接提升60%。可见，商品陈列的高度对销量的影响非常巨大，畅销或推荐商品应陈列于视线平行高度1.6~1.8米处（包括底座），如图4-11所示。

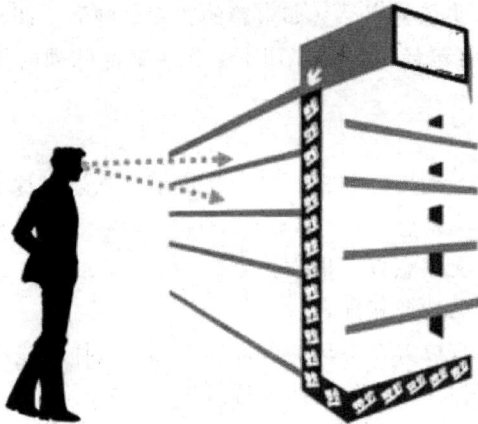

图4-11　畅销或推荐商品陈列位置

4.4.8　端头陈列法

端头即货架两端，这是销售力极强的位置。端头陈列可以是单一品项，也可以是组合品项，后者效果最佳。

端头组合陈列应注意：品项不宜太多，一般以5个为限；品项之间要有关联性，绝对不可将无关联的商品陈列在同一端架内；在几个组合品项中可选择一个品项作为牺牲品，以低廉价格出售，目的是带动其他品项的销售。

4.4.9 量感陈列法

量感陈列一般是指商品陈列数量的多少。目前这种观念正在逐渐发生变化，从只强调商品数量改变为注重陈列的技巧，从而使顾客在视觉上感到商品很多。例如，所要陈列的商品是50件，那么通过量感陈列会让人觉得不止50件。所以，量感陈列一方面是指"实际很少"，另一方面则是指"看起来很多"。量感陈列一般适用于食品杂货，以亲切、丰满、价格低廉、易挑选等来吸引顾客。量感陈列的具体手法有店内吊篮、店内岛、壁面敞开、铺面、平台、售货车及整箱大量陈列等。其中整箱大量陈列是大中型超市常用的一种陈列手法，即在卖场辟出一个空间或拆除端架，将单一商品或2~3个品项的商品作量感陈列，一般在下列情况下使用：低价促销，季节性促销，节庆促销，新产品促销，媒体大力宣传，顾客大量购买等。

4.5 商品的陈列技术

4.5.1 关联商品的陈列

所谓关联商品陈列是指把分类不同但有较强互补作用的商品或是按照目标顾客的购物习惯将商品组合陈列在一起，便于顾客相互比较，促进连带销售，使超市卖场整体的陈列活性化，同时也增加顾客购买商品的卖点数，如牙膏和牙刷、面包及果酱、玩具区悬挂的儿童食品等。

在陈列关联商品时应注意的事项：

（1）陈列的商品必须是互补商品。运用关联陈列时，要打破商品种类间的区别，尽可能体现消费者在生活中的原型，也就是一定要贴近百姓生活，如浴衣属于服装类，但可以与洗澡的用具和用品陈列在一起，因为这正是消费者的日常生活。

（2）要注意相关性商品应陈列在同一通道、同一方向、同一侧的不同货架上，而不应陈列在同一组双面货架的两侧。

（3）在运用商品的关联陈列的同时要结合现代化的管理手段，将原本看似没有关联关系的商品陈列在一起，从而促进门店的日常销售。

（4）商品的关联关系有时还会因为地域的不同或者季节的不同而有所不同，所以对于商品关联陈列的运用一定要恰当。

人是经验性动物，当他们看到某种事物时，会根据自己的经验、知识进行联想。例如，看到皮鞋想到鞋油，看到礼物想到包装纸。如果将这部分用途相关和目标消费者一致的产品或品类摆放在一起或相邻陈列，很容易刺激冲动性购买和连带销售，使顾客在购买商品甲的同时顺便购买商品乙或丙，从而实现附加销售，使几种相关产品的销售量比单独陈列时更高。

哪些商品之间有相关性，需要陈列在一起呢？你只要站在要买的东西附近问问自己：我在这里还想要点什么？就能推测出应该在毗邻的地方放什么。

运动鞋旁边不是需要一双很匹配的运动袜吗？枕头应该放在哪儿？当然是床上，让顾客在购买床单时很方便地选到合适的枕头。摩托车旁可以放置什么？头盔。鞋柜旁边陈列相应的鞋油，浴衣旁边陈列洗浴用具，DVD碟机旁陈列一些影视光碟，剃须刀可与剃须后用水相邻陈列，婴儿纸尿裤和婴儿湿纸巾就近摆放，洗衣粉和柔顺剂陈列在一起。

@ 相关链接4-2

BI与商品关联陈列

什么是BI？这项技术的起源还要追溯到一项著名的商品陈列法则——"啤酒＋尿布"（本章"相关链接4-1"中已提到）。

BI实际就是Business Intelligent的简称，中文的翻译就是商业智能分析系统。

BI是一种运用了数据仓库、在线分析和数据挖掘技术来处理和分析数据的崭新技术。它不仅可以用于商品关联关系的分析上，还能够用于门店的销售分析，顾客的分析，以及供应商和门店员工管理的分析上。

说了如此多的商业BI分析系统，我再谈一下商品的关联陈列。商品的关联陈列是众多商品陈列的方法之一，由于商品的关联陈列能够有效地刺激顾客的随机购买欲望，增强卖场的灵活性而备受商家所推崇。关联陈列的原则就是将不同种类但是有互补作用的商品陈列在一起。运用商品之间的互补性，可以使顾客在购买A商品的同时顺便也会购买旁边的B或C商品。例如，在鸡翅旁边陈列炸鸡调料，在香皂的旁边陈列皂盒或者在剃须刀架旁摆放剃须泡沫等。

运用关联陈列的原则是：陈列的商品必须是互补商品。运用关联陈列时，要打破商品种类间的区别，尽可能体现消费者在生活的原型，也就是一定要贴近百姓生活，如浴衣属于服装类，但可以与洗澡的用具和用品陈列在一起，因为这正是消费者的日常生活。还有就是在运用商品的关联陈列的同时结合现代化的管理手段，将原本看似没有关联关系的商品陈列在一起，从而促进门店的日常销售。如同我们前面的例子，啤酒与尿布看似没有关系，但是经过一系列的数据抽取、清理、聚类、挖掘等分析之后，便会发现这样的生活习惯。

商品的关联关系有时还会因为地域的不同或者季节的不同而有所不同，所以对于商品关联陈列的运用一定要恰当，在中国如果将啤酒和尿布陈列在一起可能不仅影响到两种商品原本的销售，同时还会因为顾客的误会而影响到顾客的购物情绪。故关联商品的陈列是要结合现代的商业BI手段，寻找出商品中真正的关系，才能使其发挥其原有的魅力。

4.5.2 季节性商品的陈列

冬去春来，寒暑更替，一年四季的变化循环往复。随着季节的变化，人们吃穿用的商品也相应变化。商店在出售商品时，也应按季节的变化随时调整商品的陈列。

季节性商品的陈列应在季前开始，商店应了解顾客的潜在需要，根据天气的变化来改变商品的陈列，否则将丧失适时销售的良机。

四季陈列备忘录：

（1）在尚未春暖花开的早春时节，商店应走在季节变换的前头，及时将适合春季销售的商品，如时装、鞋帽等早早摆上柜台，将冬季商品撤换掉。春季商品陈列时，可以以绿色为主调，透出一股春天的气息。

（2）夏季商品陈列时，应注意如下事项：一般提前在4—5月份，将夏季商品摆出来；夏季气候炎热，陈列商品的背景可选用蓝、紫、白等冷色调为主；夏季商品陈列要考虑通风，最好将商品挂起来；夏季是饮料消费的高峰期，要特别注意布置冷饮类商品的陈列；夏季商品陈列的位置可以向外发展，在门厅或门前处较适宜。

（3）秋季商品应该在9月份开始陈列，夏天的时装以及夏凉用品都应撤下，摆上适合秋季消费的商品，这时陈列与售货位置应从室外移向室内。秋天天高气爽，是收获的季节，商品陈列应以秋天的色调、景物作为背景，衬托出商品的用途。

（4）冬天天寒地冻，商店布置要使顾客感到温暖，背景最好以暖色调的红、粉、黄为主，突出应季商品。

4.5.3 相邻商品的陈列

在现代零售业中，商品分类指标通常是站在商品（或者供应商）的角度来划分，给卖场布局带来的影响就是各个区域的分布也是以商品为出发点，如小家电区、果蔬区、纸制品区等。

那么，零售商应如何规划好商品的相邻陈列呢？

1）购物者最重要

其实，对于一件商品，重要的不是零售商认为它属于哪一类商品，而是消费者认为它属于哪一类商品。消费者希望便于比较和选择，考虑问题时，首先看它究竟和哪些商品比较像，潜在的思路是这些商品之间具有直接的替代性（产生选择）。

例如，多半购物者习惯于到酒类区购买啤酒，如果将啤酒排入饮料品类，其表现多半不如可乐、果汁等。在做商品绩效评估时，它们很可能被列入待删除单品名单。

2）同一品类的陈列

其实无论你按照什么来设计陈列，都必须围绕购物者的购物便利来进行。考虑消费者是按照什么样的程序来选择商品的，这才是最重要的。

例如，购物者在购买婴儿纸尿裤时，会根据自己孩子年龄的大小，优先考虑是买大号的、中号的还是小号的，然后才会考虑购买哪一个品牌。所以如果你一开始就按照品牌来陈列，会给消费者选择带来不便，这就需要在不同的品牌区域之间跑来跑去。

在购买产品的过程中，影响购物者做出购物决策有一系列因素。这些因素有优先层次，也就是说购物者的思维过程是有一个序列的。

例如，购买洗发水时，购物者会考虑品牌、功能、价格、发质等因素。但对购物者的调查表明，74%的购物者会优先考虑品牌，后考虑功能；只有26%的购物者会优先考虑功能，后考虑品牌。陈列也应该按这个顺序。

3）品牌的重要性和所属的品类有很大关系

以洗发水和大米为例，购物者对洗发水品牌的偏好影响了对产品的选择，而购物者对大米品牌不如对大米产地和大米品质的层面更关心，大米的品牌重要性就较低。

4.6 商品陈列的表现手法

4.6.1 陈列目的的表现手法

要设法作各种表现，吸引顾客的注意，唤起顾客的购买欲望。以下介绍各种表现技术的特点。

1）表现"廉价"来提升销售的方法

表现"廉价"来提升销售虽然有多种方法，但活用推车作"投入堆积陈列"效果较大。尤其，在拍卖活动期间，在顾客较多的时段，企业采取时段服务，呈现连动有魅力的POP广告效果非常大。再者，把平台从店面移到店内，作为"廉价"的诉求，就有期待诱导顾客入店的效果。

2）表现"高级感"来提升销售的方法

为了表现高级品的感觉，活用比商品格调高的陈列器具，不仅陈列商品，更要设法表现该商品的使用状态。好不容易陈列齐了高级商品，却常有高级感诉求技术不够的情形，要动用色彩效果等来提升效果。

3）表现"丰富感"来提升销售的方法

在卖场上的商品数量不足时，要活用空盒子作表面工夫，设法使陈列量看起来较丰富，并且，在陈列柜上部空间或壁面的空白部分，多活用各种POP广告，表现出热闹的丰富感。

4）表现"稳重气息"来提升销售的方法

表现基本的稳重气息在于整体陈列形成井然的态势。例如，像富士山形，左右对照的陈列，适合形成稳重气息。所以，活用色彩，使用同色系色彩亦是基本。

5）表现"爆炸性"的方法

在表现时，忽视基本的陈列仍是危险的，仍需将井然陈列一部分加以某程度的变形，应设法利用POP广告、模特儿假人、色彩、小道具。

6）表现"快乐性"的方法

这种表现利用色彩、动态等方法最具效果。例如，将商品的色彩配置成彩虹一般，设法活用活动的POP广告。

4.6.2 陈列背景色彩的表现手法

商品的色彩、种类各式各样，因此，背景色彩的选择亦很困难，以下说明陈列背景色彩应有的方式。

1）不要太醒目

背景的色彩若比主角商品醒目，商品就会变得不起眼。因此，背景色彩必须比商品色明度（明亮度）、彩度（鲜艳度）都低才行。

2）不使用补色

背景的颜色与商品的色彩成补色时，双方色彩各有"主张"而成为强烈的刺激，因此不要使用补色。

3）选择商品同色系的色调

为明确地显示商品的色彩，使用与商品同色系且明度较低的色彩较好。

4）一般使用寒色

在商品色彩多样的情形下，一般选择低明度、彩度的寒色为背景，乳白、象牙白、灰色等较多使用。

4.6.3　陈列装饰及配色手法

1）明度顺序与色相（色调）顺序的配色

某商品群若只有白、灰、黑等无色彩时，则依照白色、淡灰色、清灰色、黑色等，按明度顺序排列较好。此外，若是有色彩和各种色相（色调）的商品时，则从红色，依色相环的顺序来陈列，看起来较具美感与亮丽感。

2）同色配色

同色配色并非依照色相环的顺序陈列，而仅以某一种颜色为中心，收集同色的配色情形。这种方法会对喜欢该色的顾客产生相当大的魅力，陈列效果也大，但是，如果仅用相同的颜色则显得太单调。因此，选择其中一两项商品的对照色来陈列，就可带来变化的效果。

3）类色的配色

色相环上相近的配色，因太相似的色彩组合而缺乏效果，尤其是低明度的商品组合与低彩度的商品组合，会给人庸俗的感觉，反之，高明度的组合会让人感到轻浮而模糊，这点要特别注意。

4）类似色的配色

类色旁边的颜色（跳过类色的颜色）是类似色，如红与黄、青与紫等类似色的组合，是非常平均的配色。再者，不仅使用2色类似色，在其中间再加入类色，如"红、橙、黄""蓝、紫蓝、紫"等色彩组合，就更能使人清楚地感觉到。

5）异色的配色

例如，"青和紫红""红和黄绿"等，在色相环上跳2格的色彩组合称为"异色"。这种配色是让人感到自然、容易接受的色彩组合。尤其"红、黄绿、蓝"或"橙、绿、紫蓝"等3色的组合，还有"黄、青绿、紫""黄绿、青、紫红"的3色异色配色法，给人鲜明的印象。

6）补色的配色

补色是色相环相对位置上的色彩，因此色差大，互相强调各自的色彩主张。其中，"红和青绿"的补色能让人感受热带的热情，"橙与蓝色"的补色能给予人男性化的感受，还有"黄与紫蓝"的补色是给人明朗感觉的配色法。

7）准补色的配色

"红与绿""蓝与黄"等是补色前面的"准备色"，其配色成为非常华丽的组合。

8）无色彩和有色彩的配色

无色彩与有色彩的组合情形最好是以"明度"为中心来进行配色。因此，明度（明亮度）差距愈大，愈能有强烈的感受，能强调具有色彩的感觉。明度相近，纯粹色彩的组合，能强调摩登的感受。

9）象征季节的色彩

表现四季不同的感觉，让顾客进入联想季节效果，其色彩如下：

（1）春——从"黄绿"联想到嫩草，"粉红"联想到樱花与桃花。

（2）夏——从"蓝"联想到天空与海洋，"绿"易给人以"树"的印象。

（3）秋——从"黄色"联想到明月与稻穗，"米黄"联想到枯草，"茶色"联想到土地。

（4）冬——从"红色"联想到圣诞节，"白色"联想到雪景，"灰色"联想到下雪天的天空等。

不仅此例，在"春季"，以柔和明媚的色彩表现春天来临的喜悦；"夏季"是炎热的季节，因此对照强烈的配色较为适合；"秋季"是空气澄静，果实成熟的时期，以丰富的色彩表现；"冬季"则以忘却寒冷的"温暖"色调来表现较为合适（见表4-2）。

表4-2   **表现季节的色彩**

季节	颜色	联想	色彩的效果
春	黄绿 粉红 淡黄	嫩叶、嫩草 桃花、樱花	冬天过去了，春天来了，用融合柔和妩媚的感觉来表现较好，最好用明亮、柔和的颜色
夏	蓝 水蓝 绿	海洋、天空 水、叶子、 草原	对比强烈的配色比较符合这个季节，因此，可以用调和明度、彩度皆高的色彩，另也可以寒色系为主
秋	黄 米黄 茶	月 枯草 土地	空气澄静、果实成熟的季节，稳重、丰富感的色彩较好，紫、紫红、鲜绿也不错
冬	红 白 灰	圣诞节 雪 云	因为是寒冷的季节，所以使用暖色较好，一般来说大多使用彩度低的颜色，为强调重点则使用纯色较具效果

4.7 商品陈列的位置设计

4.7.1 商品布局与陈列

有关陈列区商品的区分：

上段：轻、小商品，利益商品，给人看的商品。

中段：差别化商品，高价位商品，高利润商品。

下段：廉价商品，高回转率商品（特别是将特价品放在下段最具效果），大型商品，重的商品。

将特价品放在下段贩卖一定要挂POP，以提示消费者。

4.7.2 商品面积分配

要根据不同的目标导向（卖场导向，盈利方向）决定哪些类型的商品占有较大陈列面积。一般来说，超市具体面积分配可参照表4-3所示的标准。

表4-3　　　　　　　　　　　　　　　　超市具体面积分配比例

商品部门	面积比例（%）
水果蔬菜	10~15
肉食品	15~20
日配品	15
一般食品	10
糖果饼干	10
调味品与南北货	15
小百货与洗涤用品	15
其他用品	10

4.7.3　商品位置配置

位置配置是指卖场的不同位置该摆放什么商品。一般来说，大型商店各层货位的布局规则如下：

地下层多设置顾客购买次数较少的商品，如家具、灯具、装潢材料、车辆、五金制品等。

一层的设计原则是保证客流的通畅，宜布置挑选性不强、包装精美的轻便商品，如食品、土特产、化妆品、药品、日用品、箱包、服饰等。

二、三层的设计原则是气氛庄重，宜布置挑选性强、价格较高而且销售量大的商品，如男女服装、纺织品、家用电器、钟表、珠宝首饰等。

四、五层可分别设置多种专业性柜台，如床上用品、文具、书籍、眼镜、照相器材等。

六层以上宜设置需要较大存放面积的商品，如电器、乐器、运动器械、工艺美术品等。

商品位置配置好后，应该画一张商品配置图，以零售业为例，一层楼只需要一张，以便将来拷贝，见表4-4。

表4-4　　　　　　　　　　　　　　大型连锁商店各层商品配置

层数	配置原则	经营商品类别
一层	宜布置购买频率高、选择商品时间相对短的商品	化妆品、针织品、内衣、灯具、羊毛衫等
二、三层	宜布置商品选择时间较长、价格稍高一些的商品	服装、鞋帽、纺织品、眼镜、钟表等
四、五层	运用综合配套陈列方法来布置多种专业性的柜台	床上用品、照相器材、家具、餐具等
六层以上	宜布置购买频率相对低、存放面积较大的商品	彩电、组合音响、电脑、运动器材等

通常消费者到超级市场购物顺序是这样的：

蔬菜水果—畜产品、水产类—冷冻食品类—调味品类—糖果饼干—饮料—速食品—面包牛奶—日用杂品。

这种去超市购物的习惯世界各国几乎都一致，超级市场商品位置的配置如图4-12所示。

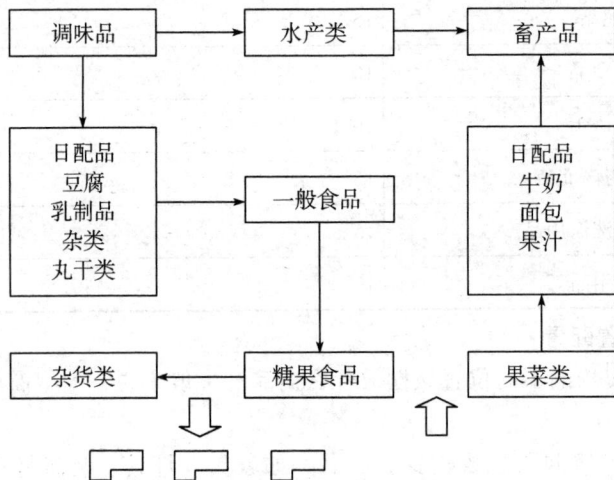

```
┌────────┐      ┌────────┐      ┌────────┐
│ 调味品 │ ──→ │ 水产类 │ ──→ │ 畜产品 │
└────────┘      └────────┘      └────────┘
                                     ↑
┌────────┐                    ┌────────┐
│ 日配品 │      ┌────────┐    │ 日配品 │
│ 豆腐   │ ──→ │一般食品│    │ 牛奶   │
│ 乳制品 │      └────────┘    │ 面包   │
│ 杂类   │          │        │ 果汁   │
│ 丸干类 │          ↓        └────────┘
└────────┘                         ↑
┌────────┐      ┌────────┐    ┌────────┐
│ 杂货类 │ ←── │糖果食品│    │ 果菜类 │
└────────┘      └────────┘    └────────┘
     ⇩                            ⇧
```

图4-12　超级市场商品位置配置

案例窗

服装陈列的九种高招

一、科学分类法

大多服装店经营的种类都比较多，从几十种到几百种不等，以扩大服务面和提高成交率。所谓科学分类法就是按照某种理性逻辑来分类的方法，如按适合的年龄顺序排放，进门是少年装，中间是青年装，最里边是老年装或童装，或按价位排放，左边是中档价位的服装，右边是高档价位的服装，最里边是提供售后服务的场所。科学的分类给顾客选购和店铺管理都带来了方便。

二、经常变换法

服装店经营的是时尚商品，每刮过一阵流行风，时装店的面貌就应焕然一新。如果商品没有太大的变化，则可以在陈列、摆设、装潢上做一些改变，同样可以使店铺换一副新面孔，从而吸引顾客前往。

三、连带方便法

将同一类消费对象所需要的系列用品摆放在一起，或将经常搭配的款式放在一起，可以方便顾客的配套购买，这种组合商品销售的方法称为连带方便法，如将男衬衣、西装和领带、领带夹等摆放在一起，将秋冬外衣与帽子、围巾等摆放在一起。

四、循环重复法

有些服装样式放在某一位置时间太长，由于光线和周围服装款式的影响等而无人问津，这时可以将它们调换位置，与其他款式的服装重新组合，这样会产生一种新的艺术主题，增加了售出的机会。将里边货架上的衣服移到外面的货架上，则会更加令人注目。通过循环重复，再配以新款式上架，整个服装店就会给人以常变常新的感觉。

五、衣柜组合法

在每个季节，消费者的衣柜都会有一次全新的组合，各种场合、各种用途、各种主题的服装款式丰富而有序。都市生活节奏加快，使人们更需要衣柜组合设计方面的服务。服装店在组合商品时，不妨利用这一心理，在销售商品的同时也增加一项家政设计方面的服务。组合可分为单人组合、情侣组合、三口之家的组合等。

六、装饰映衬法

在服装店做一些装饰衬托，可以强化服装产品的艺术主题，给顾客留下深刻的印象，如童装店的墙壁上画一些童趣图案，在情侣装附近摆上一束鲜花，在高档皮草服装店放上一个动物标本。装饰映衬法千万不可喧宾夺主，店员必须清楚自己卖的是什么，以免顾客会问"这束鲜花多少钱"。将名、优、特、新的服装产品，摆放在老产品的附近，也能产生一种相互映衬的效果，它似乎能暗示这一展区的产品都不错，但被衬托的产品也不能太差。

七、模特展示法

除部分传统款式（如衬衣等），大多数时装都采用直接向消费者展示效果的方法销售。人们看到漂亮的展示，就会认为自己穿上也是如此漂亮，这是一种无法抗拒的心理。商店除了吊挂展示和货架摆放展示，还可采用模特展示。一般有人台、假人模特展示，漂亮的营业员也可以充当模特，世界上第一位商业模特就是这样诞生的。

八、效果应用法

人们进店看到的首先是一种效果，这种效果并非仅仅靠服装款式本身形成的，其他的很多相关因素都会影响到整体效果，如播放音乐、照射灯光、放映录像等，都会影响到服装购买者的心情，也会影响到商店的品位、可信度。一些大商店设置儿童托管站，最终都是为了销售效果。时装店安装大幅面镜，不仅在视觉上扩大了店铺的空间，也方便了顾客试衣。

九、曲径通幽法

古人有"曲径通幽处，禅房花木深"的美妙诗句。服装店的货柜布置要有利于顾客的行走，并吸引顾客不断走下去。对于纵深型的店铺，不妨将通道设计成S形，并向内延伸。对于矩形场地的店铺，可以通过货架的安排，使顾客多转几圈，不至于进店后"一览无余"，掉头便归。

职业指南

商品陈列应注意哪些问题

一、商品丰富，占满货架

顾客来到商场最关心的就是商品，所以一进门就会把目光投向柜台货架。这时候，如果柜台货架上商品琳琅满目，非常丰富，他的精神就会为之一振，产生较大热情。无形中他会产生一种下意识：这儿的商品这么多，一定有适合我的。因而购物信心大增，购物兴趣高涨。相反，如果货架上商品稀稀拉拉，营业大厅空空荡荡，顾客就容易泄气，他会觉得商品这么少，难有啥好货，一旦产生这种心理，便会对消费造成极大阻力。因此，商品陈列的第一条基本要求就是商品摆放要丰富。

二、充分展示商品的美

丰富的商品吸引了顾客的目光，他不由自主来到柜台前，这时他最想知道的是什么？最想知道的是"这东西如何"，即商品的质量好不好，外观美不美，适不适合他穿，适不适合他用。因而，聪明的商家这时在商品陈列上总是尽可能充分地展示商品的美，包括商品的内在美与外在美。这就是商品陈列的第二个基本要求。

所谓内在美就是商品质量。众所周知，质量是商品形象的生命线，利用商品陈列展现良好的商品质量，无疑对树立良好的商品形象大有裨益。

所谓展示商品的外在美就是运用多种手段将柜台货架上的商品予以美化，对商品的外在美予以强化，借此激发顾客的购买欲。

三、营造特有气氛

商品陈列的第三个基本要求是通过对商品颇具匠心的组合排列，营造出一种或温馨或明快或浪漫的特有气氛，消除顾客与商品的心理距离，使顾客对商品产生可亲、可近、可爱之感。柜台内的商品也有语言，通过别具匠心的陈列传达出一种无声的语言，它同样具有调动人的情绪、激发人的感情、催生人的欲望之作用。

购物时，顾客被所营造的气氛所打动，会产生积极联想，继而连带对商品也有了好感，购买欲望就容易产生。这就是进行商品陈列时营造特有气氛所要达到的目的及奥秘所在。

本章小结

商品陈列，是指通过运用一定的技术和方法摆放商品，展示商品，创造理想购物空间，从而达到吸引顾客进店和激发其购买欲望的一项工作。

顾客的购买动机、购买目的等是随着商品陈列而受到影响的。所以，不同的陈列手法、不同的陈列侧重点，对商品的整体销售以及不同产品销售的主次等都会有着较大的影响。

商品陈列要坚持一定的陈列原则，同时要掌握商品陈列的基本类型，即横向陈列和纵向陈列。

商品陈列还要采用科学的陈列方法，比较常用的陈列方法有：磁石点陈列法、分类陈列法、主题陈列法、盘式陈列法、岛式陈列法、突出陈列法、黄金段位陈列法、端头陈列法、量感陈列法等。

陈列商品时对不同商品要采用不同的陈列技术，常用的陈列技术有：关联商品的陈列、季节性商品的陈列、相邻商品的陈列等。

商品陈列还要考虑相应的表现手法，不同的表现手法取得的效果是不同的。

一个商场的商品陈列还要进行商品位置的设计，如不同的楼层陈列不同的商品等。

主要概念

商品陈列 磁石点陈列法 横向陈列 纵向陈列 分类陈列法 主题陈列法 岛式陈列法 突出陈列法 黄金段位陈列法 端头陈列法 关联商品陈列

基础训练

一、选择题

1.一般来说，大型商店里的楼层布局是，挑选性不强、包装精美的轻便商品，如食品、土特产、化妆品、药品、日用品、箱包、服饰等应放在（　　）。

A.一层　　　　　　　　　　B.二、三层

C.四、五层　　　　　　　　D.六层以上

2.一般来说，大型商店里的楼层布局是，挑选性强、价格较高而且销售量大的商品，如男女服装、纺织品、家用电器、钟表、珠宝首饰等布置在（　　）。

A.一层　　　　　　　　　　B.二、三层

C.四、五层　　　　　　　　D.六层以上

3.（　　）在连锁商店卖场占了最大比例，其主要目的是使商品陈列一目了然，方便顾客选择，不断促进商品销售。

A.分类陈列法　　　　　　　B.关联陈列法

C.季节陈列法　　　　　　　D.突出陈列法

二、判断题

1.商品补充陈列要遵循先进先出的原则来进行。　　　　　　　　　　（　　）

2.商店在出售商品时，应按季节的变化随时调整商品的陈列。　　　　（　　）

3.商场的二、三层宜设置需要较大存放面积的商品，如电器、乐器、运动器械、工艺美术品等。　　　　　　　　　　　　　　　　　　　　　　　　　　（　　）

三、简答题

1.商品陈列的基本原则有哪些？

2.什么是商场的磁石点陈列法？

3.什么是关联商品的陈列？

实践训练

【实训项目】

购物中心商品陈列的方法分析。

【实训场景设计】

到大卖场或购物中心（Shopping Mall）去调查。

【实训任务】

了解购物中心商品陈列的方法、特点、优点和缺点。

【实训提示】

根据基本理论去分析实践。

【实训效果评价】

实训效果评价见表4-5。

表4-5　　　　　　　　　　　　　　　实训效果评价

评价指标	具体评价	得分
报告内容		
语言		
逻辑思路		
实践性		
对专业的理解		
合计		

教师对不同项目小组实训各项指标进行评价打分，每项指标分值最高为20分，最低为0分，最后合计为本次实训成绩。

第5章

商品定价

学习目标

通过本章的学习，了解和掌握商品价格管理的基本内容；了解商品定价管理的方法；熟悉商品变价管理策略。

【引例】 产品如何定价

某企业负责人觉得国内食品安全问题有点严重，部分消费者开始从价廉到追求物美了，进口葡萄酒和进口牛奶已经在中国获得许多一二线城市消费者的认可。企业负责人认为可以从农产品入手进口农产品，通过评估初步选择了大米这个产品。

公司开始分析泰国和柬埔寨的大米，国内很多人喜欢购买泰国香米或是柬埔寨香米，当时的价格是从原产地加工包装然后印制成企业的商标，依据包装袋容量不同价格不一样，进口五个柜（集装箱）核算下来5公斤一袋的小包装国内港口到岸价在36~38元之间，10公斤一袋的能做到70元之内。

同时产品质量控制在当地是质量良好的产品上，比如考虑进口的某柬埔寨香米在中国香港某展会拿过名次。

做市场分析的时候，工作人员按照对等标准——国内知名的五常大米来做的，结果发现完全没法比，国内五常大米鱼龙混杂。

公司找了相对严谨的产品的来对标，价格截取自某电商网站。对比下来发现公司的价格极具优势，成本才30多元，可以供应给超市。

但是与超市沟通后发现情况出乎意料，第一，超市收取进场费、标签费等；第二需要投入宣传费用，新品品牌质量控制较好，拿过奖项，但是消费者不知道，需要线下推广，但公司没有线下渠道和线下经销商；最后商超还要压账期，压账期就等于免费向公司借钱，现金流有时候比利润都重要，公司等于在利息高启（当时）时白白借钱给商超渠道。

考虑到这些因素，公司核算下来差不多要将大米售价定为五六十元钱才能保本，最终放弃了引进国外大米的计划。

现在我们看到的直接进口、然后在国内分装的泰国大米，虽然成本比之前更低了，但只限于国内有工厂的企业这么做。

再考察国内这几年的进口产品，会发现上游的产品价格不高，比如最近有些人开始买泰国乳胶枕头，四五百元一个，广告里面说高乳胶含量，其实桶装乳胶三棵树之类也就万元一吨。现在也有部分国内企业开始直接在东南亚等原料产地建设工厂，出口欧美也销往中国，甚至个别企业直接建设工厂将产品专供中国。

总结一下：1. 一种商品越接近上游，越容易被定价；一个产品越接近下游越难以被定价，人类思维参与度越高的越难被定价。比如，铁矿石大家知道有大宗价格，但是最终经过炼钢锻造加工等一系列工序制造的手表价格就千差万别，几元、十几元的有，几万元、十几万元的也有。

2．商超渠道费用还是最终消费者需要支付的高成本的一部分。即便是电商，其经过发展壮大以后，也会逐步提高成本。

3．能压榨上下游资金的企业肯定比被压榨的存活得好。

4．品牌建设在竞争中需要重点考虑，尤其是已经在竞争中已经建立的品牌。

资料来源　根据新浪博客整理得来。

5.1　企业商品价格管理基础

5.1.1　企业商品价格管理的内容

商品的价格管理主要是指商品价格制定和调整方面的管理。商品价格管理的内容主要有：

（1）制定商品价格管理制度。

（2）制定商品定价组合策略。

拓展词条：商品价格

（3）适时对商品进行变价管理。

5.1.2　商品价格构成的要素

1）生产成本

价格构成中的生产成本是价值构成中的物化劳动价值 C 加上生产劳动者为自己劳动所创造的价值 V 的货币形态。在商品价格构成诸要素中，它是最基本、最主要的因素。它的大小，在很大程度上反映了商品价值量的大小，并同商品价格水平的高低成正比。因此，精确地核算生产成本，可以为正确地制定价格政策提供科学的依据。

生产成本是用货币表现的生产产品的各种劳动消耗。由于工业生产和农业生产具有各自不同的特点，其生产成本的具体构成则存在差别。工业生产成本主要包括在工业品生产过程中使用的机器设备等固定资本折旧、原材料、辅助材料、电力及其他耗费等费用和生产工人、管理人员等的劳动报酬；农产品生产成本主要包括在农产品生产过程中使用的农业机械和农具等固定资产折旧、种子、肥料、农药、饲料、燃料、电力及其他有关耗费等费用和农业生产者的劳动报酬。明确生产成本的具体构成对于正确地核定生产成本和价格、加强成本管理有重要作用。在核定生产成本时，既要防止遗漏必要的生产费用开支项目，又要防止把一些与生产成本无关的开支计入成本。

生产成本是制定价格的最低经济界限，无论商品价格怎样背离其价值，都不应使价格低于商品的生产成本。生产成本的实现，是生产单位进行再生产最起码的条件。在制定各种价格时，必须保证企业在正常生产、合理经营的条件下，至少应能够收回生产成本。如果价格低于成本，必然使生产单位已消耗的社会劳动得不到补偿，从而使简单再生产无法维持。即使价格等于生产成本，也只能补偿成本消耗，维持简单再生产，却不能保证扩大再生产。只有精确地核定工农业生产成本，才有可能在不低于生产成本这一个经济界限的基础上，合理地制定价格。

必须指出，在社会主义商品生产过程中，由于社会必要劳动消耗与个别劳动消耗的矛盾依然存在，因而商品生产成本客观上也存在着社会生产成本与个别生产成本的矛盾。以社会生产成本为基础确定商品价格，就会使各个企业因个别生产成本与社会生产成本产生差距而形成不同的收益，国家则可以利用这一矛盾，推动企业加强经济核算，改善经营管理，改进生产技术，提高劳动生产率，节约生产费用，争取个别成本尽可能低于社会成本，创造更多的利润。

2）流通费用

发生在商业领域的流通费用，按其是否参与商品价值的形成，可分为生产性流通费用和纯粹流通费用。生产性流通费用支出的多少，会直接影响商品价格的涨落及人民生活水平的高低。纯粹流通费用只能从生产劳动者为社会劳动所创造的价值中得到补偿。因此，它的变化不应引起商品价格的变化。在商品价格一定的条件下，它的节约会相对地增加盈利。因此，纯粹流通费用支出的多少，会直接影响企业利润和国家积累。

商品流通费用分别发生在商品流通的不同阶段，参与不同环节商品价格的形成。商品的购进价格加流通费用是制定商业价格的最低界限。

耗费在商品流通中的费用，按其与商品流通的密切程度，可以分为直接费用和间接费用。

正确地核算商品的流通费用，是合理制定商品价格的必要条件。核算商品流通费用要遵循下列原则：

（1）商品价格中内含的流通费用，应按商品的品种或类别分别核算，不能不分品种、类别，用企业经营的所有商品的混合平均费用计算。

（2）价格中的流通费用要按商品流转环节分别核算。

（3）商品价格中，对于流通费用的各个项目，凡是规定计费办法和定额标准的，要按规定的计费办法和定额标准来计算。

3）税金和利润

价格构成中的税金利润，具体分解为生产税金、生产利润、商业税金和商业利润。其中，生产税金和生产利润是生产部门劳动者为社会所创造的价值 M 中部分价值的货币形态；商业税金和利润，是从生产部门劳动者为社会创造的价值 M 中让渡给商业部门的部分价值和商业部门劳动者追加劳动为社会所创造的价值部分的货币形态。简言之，税金和利润是劳动者在生产流通中为社会所创造的价值的货币表现，是商品价格超过生产成本和流通费用的余额。

价格中的税金，是国家积累资金的一种重要形式。税率的大小，是按照不同商品，根据兼顾国家、集体、个人三者利益的原则，结合国家经济发展的需要，由国家通过法令加以具体规定的。任何企业对于应纳税金，无论经营是否盈利，都必须足额上缴。任何单位或个人偷税、漏税的行为都是违法的，要根据情节轻重，给予法律制裁。同时，税金是调节企业的利润水平和价格水平的重要手段。例如，对于国计民生关系密切或需要发展、提高消费的商品，可确定较低的税金。

价格中的利润，是国家积累资金的另一种形式，其中也有一部分留作企业基金，它分为生产利润和商品利润。工业品价格中的生产利润称为工业利润，农产品价格中的生产利润称为农业纯收益。

由商业部门购销的工业品的工业利润，是工业品出厂价格同时也是商业收购价格的构成因素。它所体现的经济关系是工商企业之间的关系。由于工商企业都实行经济核算，以收抵支，并以利润指标作为考核工商企业经济效益的重要指标之一。因此，在制定价格时必须正确处理工商利润的分配。确定工商利润的分配比例要以产品成本和工业品之间的合理比价为依据，并考虑各种产品的产销情况和供求关系，以及各种产品对国计民生的重要程度等因素作出适当安排，使之既有利于工业生产的发展，又有利于商品流通的扩大，并有助于促进工商企业加强经济核算，改善经营管理，提高经济效益。

5.1.3　商品价格管理的基本要求

1）凡商品定价要按有关规定执行

根据市场行情、价格信息、企业经营情况，坚持勤进快销的原则，合理制定商品价格。

2）所经营的商品都要使用商品编号

按企业计算机管理要求，根据商品种类进行统一编号，并逐步采用商品条形码。所有业务环节凡涉及商品编号的（如商品购进、定价、调价、削价处理、标价签、出入库、销售、盘点等）所用票据，均使用统一编号。

3）要制作物价台账

物价台账是企业审查价格、实行经济核算的重要依据。其范围包括经营、兼营、批发、展销、试销、加工，必须做到有货有账，以账审价。

根据专业公司新价通知单自行采购商品定价单、进货票和进货合同，物价台账登载内容包括产地、编号、品名、规格、等级、单位、进价、单价税额、零售价。

4）价格信息管理

为使价格触角更加灵敏，为企业经营决策服务，必须加强价格信息工作。价格信息来源于各方经营信息和国家有关行业信息反馈，其基础工作是采价。

市场部要组织专职物价员每周进行一次半日采价，主要对某类商品或一段时间内价格波动大的商品、季节性商品、销售畅旺的商品等，进行类比分析，并做较详细的记录。记录内容包括：采价商品的名称、零售价、所到单位名称。采价后物价员需对价格动态进行分析，计算出与本企业商品的价格差，提出参考变价意见，报企业领导，建立价格信息数据库。

5.2　商品定价管理

5.2.1　影响商品价格的因素

1）国家政策

党和国家的方针政策在一定时期反映了客观经济规律的要求，从总体上规划了商品的价格体系。哪些商品价格该与其价值相符，哪些商品价格该适当地与价值背离（如政府对粮油商品的限价行为），这些都受方针政策影响。

2）货币价值

货币是衡量价值的尺度，货币所代表的价值如果发生变化，商品的价格也将跟着发生变化。商品的价格形态，反映着一定数量的商品价值与一定数量的货币价值的对比关系。

3）市场供求变化

当供过于求时，只能以一般的价格销售；当供不应求时，可适度地调高售价。尤其是生鲜果菜，常因季节更替或气候的变化而产生供需失调。至于其他的商品，因取代性高，较难回到以往的"卖方市场"。

4）同业的价格动向

也许表面上风平浪静，但竞争者可能随时在准备下一波的攻击。同业在办促销活动时，除非我们采用不同的促销策略，如同业用特卖，我们用抽奖，各自吸引不同阶层或不同需求的客人，否则在同业做特卖时，最好亦适度跟进，这样才能使自己更具竞争力。

5）季节变化的因素

在季节更替时，商品也随着改变。商品计划人员应了解季节的变化，并借此掌握消费者的需求。要注意的是，季节性商品的推出应把握最好时机，如秋冬变化之际，第一波寒流来临时，适时推出火锅商品，必定会有不错的销售业绩，因为此时消费者的需求较高，如推出太晚，当消费者已被喂饱了，需求的频度已降低才推出，销售的契机就已丧失了。

此外，在季节更替时初推出的商品，其售价应酌予降低，借以吸引消费者的注意。

6）国际价格水平

国际价格水平是按商品在世界范围内的社会必要劳动时间制定的价格。我国加入WTO后，这一因素对商品价格的影响越来越明显。

7）气候变化的因素

我国幅员辽阔，气候的变化非常大，尤其在夏季，应特别注意季风动向的变化。

5.2.2　商品定价的原则

1）符合价值规律的要求

价值规律告诉我们，商品价值是生产商品所花费的社会必要劳动。商品价值是商品价格的本质，商品价格只是商品价值的货币表现。按照马克思的理论，"商品的价格只是物化在商品中的社会劳动量的货币名称"。生产商品花费了无差别的抽象劳动（社会必要劳动时间），才形成价值；商品有了价值，才能用货币形式来表现，从而产生价格。因此，生产经营者应遵循价值规律，依据社会必要劳动时间来确定商品价格。而且，随着社会的发展和技术的进步，劳动生产率不断提高，单位商品所包含的社会必要劳动时间缩短，"从而降低商品的价格，使商品变便宜"。

2）符合价格构成规律的要求

价格构成，指的是形成价格的各种要素及其组成情况。总的来说，商品价格由两大要素组成——生产成本和利润。商品的生产成本包括生产商品所消耗的原料、能源、设备折旧以及劳动力费用等；商品的利润则是劳动者为社会所创造的价值的货币表现。价格构成中的生产成本应当是生产商品的社会平均成本或行业平均成本，利润应当是平均利润。按照社会平均成本（或行业平均成本）加平均利润制定的价格，便是商品的市场价格。一般情况下，生产成本会随着社会的发展和技术的进步逐步降低；而由于平均利润率形成规律和平均利润率下降规律的作用，平均利润也会呈下降趋势。因此，生产经营者在制定商品价格时，还应体现价格构成要素变动的趋势。

3）考虑商品的供求状况

虽说供给与需求的关系并非价格的唯一决定因素，但供求关系的确会对商品价格产生重要影响。当供给大于需求时，商品价格会下降；当供给小于需求时，商品价格会上升。因此，生产经营者应参考商品的供求状况来确定商品的市场价格。

4）考虑商品的竞争状况

生产经营者根据商品的生产成本、利润和市场供求状况拟定的价格，只是自己主观的价格，现实的市场价格必须通过市场竞争才能形成（专利保护产品除外）。竞争者的多少和强弱，都会对商品价格产生重要影响。生产者往往是依据自己的利益来制定商品价格的，但其竞争对手则会根据自身的利益对这种价格作出反应，从而采取相应的价格决策，原价格拟定者又会调整其价格决策。同时，消费者也会对生产者拟定的价格作出反应，并采取相应的行为对策。因此，生产经营者在制定商品价格时，需要考虑商品的市场竞争环境和条件。

5）考虑货币供求状况和货币价值变动状况

商品的价值通过一定量的货币表现出来，就是商品的价格。既然商品价格是商品价值的货币表现，那么，其变化就既取决于商品价值的变动（成正比），又取决于货币价值的变动（成反比）。当流通中的货币供应量超过货币需求量而引致一般物价水平持续地较大幅度上涨和货币贬值时，商品价格必然上涨；反之，商品价格必然下跌。因此，生产经营者在制定商品价格时，还应考虑货币供求和币值变动状况。

@ 小资料 5-1
_____

无人商店

进入新零售时代，线下购物体验不断刷新着人们的认知。不用在收银台前排队，不用掏出皮夹付钱，挑选好商品就能离开……这一切，现在北京、上海、杭州等城市已经实现了。

在上海杨浦区，全球第一款真正意义上的可规模化复制的 24 小时无人值守便利店于日前开业。除了全天候营业，这家便利店最大的亮点就是没有收银员，顾客可以全自助完成购物和付款的整个流程。

要进入这间 24 小时无人值守的便利店，顾客需先扫描门上的二维码实名认证。进店后，顾客可以选择自己需要的商品。选择完毕，将商品放在购物台上扫描，显示屏会立即显示金额以及支付二维码。手机支付完成后，到门口系统自动检测支付成功，店门便会自动打开，整个购物过程完成。目前，这款 24 小时无人便利店已经先后在上海欧尚超市和大润发超市的总部启用，并推出地区合伙人计划，加盟者的盈利渠道主要来自销售利差收入、渠道价值变现以及现金流再利用这三个方面。

"无人商店"概念其实已有先例。2016 年年底，亚马逊试验性地在美国推出一家无人值守的便利店，用户自行完成购物和结算的流程，无需排队。2016 年 12 月，日本松下集团联合罗森便利店推出了一套完全自动化的自助结账机，机器可自动帮助顾客完成装袋和计价步骤。最近，星巴克也表示将在美国西雅图总部大楼内，开设专门的移动下单支付商店，该商店内将不设收银员岗位，从而测试何种支付模式才能最好地为顾客提供便利的服务。

放眼国内，在 2015 年，杭州的一家华润万家便利店和北京的一家全时便利店率先试验了无人收银模式，顾客买完东西后自行计算付费金额、自助结账，随后这一模式在国内卖场大量涌现。随着智能手机、电子标签、移动支付等技术的发展与普及，无人商店的运行逐步从梦想变成了现实。零售业借助互联网工具，建立了"智能零售+体验式消费"的商业模式。

中国百货商业协会自助售货行业分会内部分析材料显示，2017 年国内无人店行业将迎来一个起始年，预计未来的两年内，更多品牌企业将进入无人店领域，无人店将成为零售业最具爆炸性的新型业态之一。

5.2.3　商品定价策略组合

1）成本导向定价法

成本导向定价法是以产品单位成本为基本依据，再加上预期利润来确定价格的定价法，是中外企业最常用、最基本的定价方法。成本导向定价法又衍生出了总成本加成定价法、目标收益定价法、边际成本定价法、盈亏平衡定价法等几种具体的定价方法。

（1）成本导向定价法的主要优点

①它比需求导向定价法更简单明了。

②在考虑生产者合理利润的前提下，当顾客需求量大时，价格显得更公道些，销售企业会维持一个适当的盈利水平。当需求旺盛时，顾客购买费用可以合理降低。

（2）成本导向定价法的主要缺点

①不考虑市场价格及需求变动的关系。

②不考虑市场的竞争问题。

③不利于企业降低产品成本。

（3）成本导向定价法的几种分类

①总成本加成定价法。

在这种定价方法下，把所有为生产某种产品而发生的耗费均计入成本的范围，计算单位产品的变动成本，合理分摊相应的固定成本，再按一定的目标利润率来决定价格。

总成本加成定价法计算公式：

商品售价=单位成本+单位成本×成本利润率=单位成本×（1+成本利润率）

例如：某企业全年生产某种产品 10 万件，产品的单位变动成本 10 元，总固定成本 50 万元，该企业要求的成本利润率为 20%，则：该产品的价格=（10+50÷10）×（1+20%）=18（元）。

②目标收益定价法。

目标收益定价法又称投资收益率定价法，是根据企业的投资总额、预期销量和投资回收期等因素来确定价格的。其计算步骤如下：

A.确定目标收益率

目标收益率可表现为投资收益率、成本利润率、销售利润率、资金利润率等多种不同方式。

B.确定目标利润

由于目标收益率表现形式的多样性，目标利润的计算也不同，其计算公式为：

目标利润=总投资额×目标投资利润率

目标利润=总成本×目标成本利润率

目标利润=销售收入×目标销售利润率

目标利润=资金平均占用率×目标资金利润率

C.计算售价

售价=（总成本+目标利润）/预计销售量

目标收益率评定法的优点是可以保证企业既定目标利润的实现。这种方法一般用于在市场上具有一定影响力的企业、市场占有率较高或具有垄断性质的企业。

③边际成本定价法（边际贡献定价法）。

边际成本是指每增加或减少单位产品所引起的总成本变化量。由于边际成本与变动成本比较接近，而变动成本的计算更容易一些，所以在定价实务中多用变动成本替代边际成本，而将边际成本定价法称为变动成本定价法。

边际成本定价法计算公式：

边际贡献=价格−单位变动成本

单位产品定价=（总变动成本+边际贡献）/现实生产量（销售量）

④盈亏平衡定价法。

在销量既定的条件下，企业产品的价格必须达到一定的水平才能做到盈亏平衡、收支相抵。既定的销量就称为盈亏平衡点，这种制定价格的方法就称为盈亏平衡定价法。科学地预测销量和已知固定成本、变动成本是盈亏平衡定价的前提。

盈亏平衡定价法就是运用盈亏平衡分析原理来确定产品价格的方法。盈亏平衡分析的关键是确定盈亏平衡点，即企业收支相抵、利润为零时的状态。

盈亏平衡定价法的计算公式为：

$$P = \frac{FC \div Q + V_c}{1 - T_s}$$

例如：某旅游饭店共有客房300间，全部客房年度固定成本总额为300万元，每间客房每天变动成本为10元，预计客房年平均出租率为80%，增值税税率为6%，求该饭店客房保本时的价格。

根据所给数据和公式，计算如下：

$$P = \frac{\frac{3\,000\,000}{300 \times 365 \times 80\%} + 10}{1 - 6\%} = \frac{34.2 + 10}{0.94} = 47.02 \text{（元）}$$

根据盈亏平衡定价法确定的旅游价格，是旅游企业的保本价格。低于此价格旅游企业会亏损，高于此价格旅游企业则有盈利，实际售价高出保本价格越多，旅游企业盈利越大。因此，盈亏平衡定价法常用作对旅游企业各种定价方案进行比较和选择的依据。

2）需求导向定价法

需求导向定价法是依据消费者对商品价值的理解和需求差别来制定价格的方法。就是说，相同的商品因消费者需求和认识的差别，也可以有不同的价格。在产品供过于求时，企业运用需求导向定价法，效果会更好。这种按照想买你东西的买家们的承受能力来确定价格的方式，是我们最希望采用的定价方法，前提是商品或比较独特、或同质性不强、或领先进入销售等。

其具体有以下几种方法：

（1）理解定价法。

这是企业根据消费者对产品价值的感觉而不是根据卖方的成本制定价格的办法。各种商品的价值在消费者心目中都有特定的位置，当消费者选购某一产品时，常会将该商品与其他同类商品进行比较，通过权衡相对价值的高低而决定是否购买。因此，企业向某一目标市场投放产品时，首先需给这种产品在目标市场上"定位"，即企业要努力拉开本产品与市场上同类产品的差异，并运用各种营销手段来影响消费者的价值观念，使消费者感到购买该产品能比购买其他产品获得更多的相对利益。然后，企业就可根据消费者所形成的价值观念大体确定产品价格。

（2）需求差异定价法。

所谓需求差异定价法，是指根据销售的对象、时间、地点的不同而产生的需求差异，对相同的产品采用不同价格的定价方法。在这里，首先强调适应消费者需求的不同特性，而将成本补偿放在次要的地位。

这种定价方法适用于对同一商品在同一市场上制定两个或两个以上的价格，或使不同商品价格之间的差额大于其成本之间的差额。其好处是可以使企业定价最大限度地符合市场需求，促进商品销售，有利于企业获取最佳的经济效益。

事实上，这种价格差异的基础是：顾客需求、顾客的购买心理、产品样式、地区差别以及时间差别等。采用这种方法定价，一般是以该产品的历史定价为基础，根据市场需求变化的具体情况，在一定幅度内变动价格。

根据需求特性的不同，需求差异定价法通常有以下4种形式：

①基于顾客差异的差别定价。这是根据不同消费者消费性质、消费水平和消费习惯等差异，制定不同的价格。例如，同种产品对购买量大的和购买量小的采取不同价格；航空票价对国内、国外乘客分别定价；电影院对老年人、学生和普通观众按不同票价收费等。

②基于不同地理位置的差别定价。相同的产品在不同的地区销售，其价格可以不同。例如，同样的产品在沿海和内地的价格是有差异的。再如，班机与轮船上由于舱位对消费者的效用不同而价格不一样；电影院、剧院或赛场由于观看的效果不同而价格不一样。

③基于产品差异的差别定价。质量和规格相同的同种产品，虽然成本不同，但企业在定价时，并不根据成本不同定价，而是按外观和式样不同来定价。这里定价所考虑的真正因素是不同外观和式样对消费者的吸引程度。

例如，一些名著往往有平装本和精装本之分，其内容完全相同，只是包装不同而已，但价格就有较大差别。再如，营养保健品中的礼品装、普通装及特惠装3种不同的包装，虽然产品内涵和质量一样，但价格往往相差很大。

④基于时间差异的差别定价。在实践中我们往往可以看到，同一产品在不同时间段里的效用是完全不同的，顾客的需求强度也是不同的。在需求旺季时，商品需求价格弹性较低，可以提高价格；需求淡季时，价格需求弹性较高，可以采取降低价格的方法吸引更多顾客。

实行区别需求定价必须具备一定的条件，否则，不仅达不到差别定价的目的，甚至会产生副作用。这些条件包括以下四个方面：

A.从购买者方面来说，购买者对产品的需求有明显的差异，顾客在主观上确实认为产品存在差异。

B.从企业方面来说，实行不同价格的总收入要高于同一价格的收入。

C.从产品方面来说，各个市场之间是分割的，不同价格的执行不会导致本企业以外的企业在不同的市场间进行套利。低价市场和高价市场之间是相互独立的，不能进行交易，否则低价市场的购买者将低价购进的商品在高价市场上出售，使企业差异定价不能实现。

D.从竞争状况来说，无法在高价市场上进行价格竞争。这是根据需求的差异，对同种产品制定不同的价格的方法。

3）竞争导向定价法

竞争导向定价法是企业通过研究竞争对手的生产条件、服务状况、价格水平等因素，依据自身的竞争实力，参考成本和供求状况来确定商品价格，是以市场上竞争者的类似产品的价格作为本企业产品定价的参照系的一种定价方法。

竞争导向定价也可以说是参考和你卖同类东西的卖家定价来确定你的定价。例如，你卖瑞士军刀，通过搜索发现相同型号的别人卖90~110元，那你卖85元就相对具有竞争力。当然，这里还要考虑到信用度、好评率，也就是个人品牌以及售后服务、运费等因素的影响。

竞争导向定价法以市场上相互竞争的同类商品价格为定价基本依据，以随竞争状况的变化确定和调整价格水平为特征，主要有通行价格定价法、产品差别定价法、密封投标定价法等方法。

（1）通行价格定价法。

通行价格定价法是竞争导向定价方法中广为流行的一种。定价是使自己商品的价格与竞争者商品的平均价格保持一致。平均价格水平在人们的观念中常被认为是"合理价格"，易为消费者接受。而通行价格定价法的目的是试图与竞争者和平相处，避免激烈竞争产生的风险，一般能带来合理、适度的盈利。

这种定价适用于竞争激烈的均质商品，如大米、面粉、食用油以及某些日常用品的价格确定。

（2）产品差别定价法。

产品差别定价法是指企业通过不同的营销努力，使同种同质的产品在消费者心目中树立起不同的产品形象，进而根据自身特点，选取低于或高于竞争者的价格作为本企业产品价格。因此，产品差别定价法是一种进攻性的定价方法。

与通行价格定价法相反，它不是追随竞争者的价格，而是根据超市商品的实际情况及与竞争对手的商品差异状况来确定价格，一般为富于进取心的超市所采用。首先，定价时将市场上竞争商品价格与超市估算价格进行比较，分为高、一致及低三个价格层次。其次，将超市商品的性能、质量、成本、式样、产量等与竞争超市进行比较，分析造成价格差异的原因。再次，根据以上综合指标确定超市商品的特色、优势及市场定位，在此基础上，按定价所要达到的目标确定商品价格。最后，跟踪竞争商品的价格变化，及时分析原因，相应调整超市商品价格。

（3）密封投标定价法。

在国内外，许多大宗商品、原材料、成套设备和建筑工程项目的买卖和承包以及出售小型企业等，往往采用发包人招标、承包人投标的方式来选择承包者，确定最终承包价格。一般来说，招标方只有一个，处于相对垄断地位，而投标方有多个，处于相互竞争地位。标的物的价格由参与投标的各个企业在相互独立的条件下来确定。在买方招标的所有投标者中，报价最低的投标者通常中标，它的报价就是承包价格。这样一种具有竞争性的定价方法就称密封投标定价法。

4）折扣定价法

折扣定价是指对基本价格作出一定的让步，直接或间接降低价格，以争取顾客，扩大销量。其中，直接折扣的形式有数量折扣、现金折扣、功能折扣、季节折扣，间接折扣的形式有回扣和津贴。

折扣定价的形式有以下几种：

（1）数量折扣。

数量折扣指按购买数量的多少，分别给予不同的折扣，购买数量愈多，折扣愈大。其目的是鼓励大量购买，或集中向本企业购买。数量折扣包括累计数量折扣和一次性数量折扣两种形式。累计数量折扣规定顾客在一定时间内，购买商品若达到一定数量或金额，则按其总量给予一定折扣，其目的是鼓励顾客经常向本企业购买，成为可信赖的长期客户。一次性数量折扣规定一次购买某种产品达到一定数量或购买多种产品达到一定金额，则给予折扣优惠，其目的是鼓励顾客大批量购买，促进产品多销、快销。

数量折扣的促销作用非常明显，企业因单位产品利润减少而产生的损失完全可以从销量的增加中得到补偿。此外，销售速度的加快使企业资金周转次数增加，流通费用下降，产品成本降低，从而导致企业总盈利水平上升。

运用数量折扣策略的难点是如何确定合适的折扣标准和折扣比例。如果享受折扣的数量标准定得太高、比例太低，则只有很少的顾客才能获得优待，绝大多数顾客将感到失望；购买数量标准过低，比例不合理，又起不到鼓励顾客购买和促进企业销售的作用。因此，企业应结合产品特点、销售目标、成本水平、企业资金利润率、需求规模、竞争者手段以及传统的商业惯例等因素来制定科学的折扣标准和比例。

（2）现金折扣。

现金折扣是对在规定的时间内提前付款或用现金付款者所给予的一种价格折扣，其目的是鼓励顾客尽早付款，加速资金周转，降低销售费用，减少财务风险。采用现金折扣一般要考虑三个因素：折扣比例、给予折扣的时间限制和付清全部货款的期限。在西方国家，典型的付款期限折扣表示为"3/20，Net 60"。其含义是在成交后20天内付款，买者可以得到3%的折扣，超过20天，在60天内付款不予折扣，超过60天付款要加付利息。

由于现金折扣的前提是商品的销售方式为赊销或分期付款，因此，有些企业采用附加风险费用、管理费用的方式，以避免可能发生的经营风险。同时，为了扩大销售，分期付款条件下买者支付的货款总额不宜高于现款交易价太多，否则就起不到"折扣"促销的效果。

提供现金折扣等于降低价格，所以，企业在运用这种手段时要考虑商品是否有足够的需求弹性，保证通过需求量的增加使企业获得足够利润。此外，由于我国的许多企业和消费者对现金折扣还不熟悉，运用这种手段的企业必须结合宣传手段，使买者更清楚自己将得到的好处。

（3）功能折扣。

中间商在产品分销过程中所处的环节不同，其所承担的功能、责任和风险也不同，企业据此给予不同的折扣称为功能折扣。对生产性用户的价格折扣也属于一种功能折扣。确定功能折扣的比例时主要考虑中间商在分销渠道中的地位、对生产企业产品销售的重要性、购买批量、完成的促销功能、承担的风险、服务水平、履行的商业责任以及产品在分销中所经历的层次和在市场上的最终售价等。功能折扣的结果是形成购销差价和批零差价。

鼓励中间商大批量订货，扩大销售，争取顾客，并与生产企业建立长期、稳定、良好的合作关系是实行功能折扣的一个主要目标。功能折扣的另一个目的是对中间商经营的有关产品的成本和费用进行补偿，并让中间商有一定的盈利。

（4）季节折扣。

有些商品的生产是连续的，而其消费却具有明显的季节性。为了调节供需矛盾，这些商品的生产企业便采用季节折扣的方式，对在淡季购买商品的顾客给予一定的优惠，使企业的生产和销售在一年四季能保持相对稳定。例如，啤酒生产厂家对在冬季进货的商业单位给予大幅度让利，羽绒服生产企业则为夏季购买其产品的客户提供折扣。

季节折扣比例的确定，应考虑成本、储存费用、基价和资金利息等因素。季节折扣有利于减轻库存，加速商品流通，迅速收回资金，促进企业均衡生产，充分发挥生产和销售潜力，避免因季节需求变化所带来的市场风险。

（5）回扣和津贴。

回扣是间接折扣的一种形式，它是指购买者在按价格目录将货款全部付给销售者以后，销售者再按一定比例将货款的一部分返还给购买者。津贴是企业为特殊目的，对特殊顾客以特定形式所给予的价格补贴或其他补贴。例如，当中间商为企业产品提供了包括刊登地方性广告、设置样品陈列窗等在内的各种促销活动时，生产企业给予中间商一定数额的资助或补贴。又如，对于进入成熟期的消费者，开展以旧换新业务，将旧货折算成一定的价格，在新产品的价格中扣除，顾客只支付余额，以刺激消费需求，促进产品的更新换代，扩大新一代产品的销售。这也是一种津贴的形式。

5）心理定价策略

（1）整数定价。

对于那些无法明确显示其内在质量的商品，消费者往往通过其价格的高低来判断其质量的好坏。但是，在整数定价方法下，价格的高并不是绝对的高，而只是凭借整数价格来给消费者造成高价的印象。整数定价常常以偶数，特别是"0"作尾数。例如，精品店的服装可以定价为1000元，而不必定为998元。这样定价的好处为：

①可以满足购买者炫耀富有、显示地位、崇尚名牌、购买精品的虚荣心。

②省却了找零钱的麻烦，方便企业和顾客的价格结算。

③花色品种繁多、价格总体水平较高的商品，利用产品的高价效应，在消费者心目中树立高档、高价、优质的产品形象。

美国的一位汽车制造商曾公开宣称，要为世界上最富有的人制造一种大型高级豪华轿车。这种车有6个轮子，长度相当于两辆凯迪拉克高级轿车，车内有酒吧间和洗澡间，价格定为100万美元。为什么一定要这个100万美元的整数价呢？这是因为高档豪华的超级商品的购买者，一般都有显示其身份、地位、富有、大度的心理欲求，100万美元的豪华轿车，正迎合了购买者的这种心理。对于高档商品、耐用商品等宜采用整数定价策略，给顾客一种"一分钱一分货"的感觉，借以树立商品的形象。

整数定价策略适用于需求的价格弹性小、价格高低不会对需求产生较大影响的商品，如流行品、时尚品、奢侈品、礼品、星级宾馆、高级文化娱乐城等，由于其消费者都属于高收入阶层，也甘愿接受较高的价格，所以整数定价得以大行其道。

（2）非整数法。

非整数法是把商品零售价格定成带有零头结尾的非整数的做法。销售专家们称之为"非整数价格"，这是一种极能激发消费者购买欲望的价格。这种策略的出发点是认为消费者在心理上总是存在零头价格比整数价格低的感觉。有一年夏天，一家日用杂品店进了一批货，以每件1元的价格销售，可购买者并不踊跃。无奈商店只好决定降价，但考虑到进货成本，只降了2分钱，价格变成9角8分。想不到就是这2分钱之差竟使局面陡变，买者络绎不绝，货物很快销售一空。售货员欣喜之余，慨叹一声，只差2分钱呀。实践证明，"非整数价格法"确实能够激发出消费者良好的心理呼应，获得明显的经营效果。因为非整数价格虽与整数价格相近，但它给予消费者的心理信息是不一样的。

（3）弧形数字法。

据国外市场调查发现，在生意兴隆的商场、超级市场中商品定价时所用的数字，按其使用的频率排序，先后依次是5、8、0、3、6、9、2、4、7、1。这种现象不是偶然出现的，究其根源是顾客消费心理的作用。带有弧形线条的数字，如5、8、0、3、6等似乎不带有刺激感，易为顾客接受；而不带有弧形线条的数字，如1、7、4等比较而言就不大受欢迎。所以，在商场、超级市场商品销售价格中，8、5等数字最常出现，而1、4、7则出现次数少得多。在价格的数字应用上，应结合我国国情。很多人喜欢8这个数字，并认为它会给自己带来发财的好运；4字因为与"死"同音，被人忌讳；7字，人们一般感觉不舒心；6字，因中国老百姓有六六大顺的说法，所以6字比较受欢迎。

（4）声望定价。

这是根据产品在消费者心中的声望、信任度和社会地位来确定价格的一种定价策略。声望定价可以满足某些消费者的特殊欲望，如地位、身份、财富、名望和自我形象等，还可以通过高价格显示名贵优质。因此，这一策略适用于一些传统的名优产品、具有历史地位的民族特色产品，以及知名度高、有较大的市场影响、深受市场欢迎的驰名商标。例如，中国台湾宝丽来太阳镜价格高达240~980元，我国的景泰蓝瓷器在国际市场价格为2 000多法郎，都是成功地运用声望定价策略的典范。

为了使声望价格得以维持，需要适当控制市场拥有量。英国名车劳斯莱斯的价格在所有汽车中雄踞榜首，除了其优越的性能、精细的做工外，严格控制产量也是一个很重要的因素。在过去的50年中，该公司只生产了15 000辆轿车，美国前总统艾森豪威尔因未能拥有一辆金黄色的劳斯莱斯汽车而终生遗憾。

但是，声望定价必须非常谨慎。例如，20世纪70年代末，我国某企业将出口到欧美的假发提价两至三倍，销路迅速下降，大部分市场被日本、韩国的企业抢去。

（5）招徕定价。

招徕定价是指将某几种商品的价格定得非常之高，或者非常之低，在引起消费者的好奇心理和观望行为之后，带动其他商品的销售。这一定价策略常为综合性百货商店、超级市场甚至高档商品的专卖店所采用。招徕定价运用得较多的是将少数产品价格定得较低，吸引顾客在购买"便宜货"的同时，购买其他价格比较正常的商品。美国有家"99美分商店"，不仅一般商品以99美分标价，甚至每天还以99美分出售10台彩电，极大地刺激了消费者的购买欲望，商店每天门庭若市。一个月下来，每天按每台99美分出售10台彩电的损失不仅完全补回，企业还有不少的利润。

将某种产品的价格定得较低，甚至亏本销售，而将其相关产品的价格定得较高，也属于招徕定价的一种运用。例如，美国柯达公司生产一种性能优越、价格低廉的相机，市场销路很好。这种相机有一个特点，即只能使用"柯达"胶卷。"堤内损失堤外补"，销售相机损失的利润由高价的柯达胶卷全部予以补偿。

在实践中，也有故意定高价以吸引顾客的。例如，珠海九州城里有种3 000港元一只的打火机，引起人们的兴趣，许多人都想看看这"高贵"的打火机是什么样子。其实，这种高价打火机样子极其平常，虽无人问津，但它边上3元一只的打火机却销路大畅。

值得企业注意的是，用于招徕的降价品，应该与低劣、过时商品明显地区别开来。招徕定价的降价品，必须是品种新、质量优的适销产品，而不能是处理品。否则，不仅达不到招徕顾客的目的，反而可能使企业声誉受到影响。

@ 相关链接5-1

如何提高组合商品的销量和利润

许多卖家为了吸引消费者都会降低价格。虽然这招确实能吸引消费者，但是却也减少了卖家的利润。通过组合商品，可以让你克服价格竞争的劣势。

为什么是组合销售？

图5-1对比了销售单个商品与销售两个商品的情况，图中列出了成本、运费、包装费等各方面的费用，可以看到两个商品一起销售时，虽然成本上涨一倍，但是订单处理费用、包装费用和运费分别仅增长20%、63%和19%：

$5 Flat Rate Shipping
(One Unit Sold)

Revenue		
Merchandise Sales	$30.00	
Shipping Revenue	$5.00	
		$35.00
Expenses		
Cost of Goods Sold	$20.00	
Order Processing Expense	$1.50	
Packaging Expense	$0.40	
Shipping Expense	$8.00	
		$29.90
Net Income Per Unit Sold		$5.10
Total Net Income		**$5.10**

$5 Flat Rate Shipping
(Two Units Sold)

Revenue		
Merchandise Sales	$60.00	
Shipping Revenue	$5.00	
		$65.00
Expenses		
Cost of Goods Sold	$40.00	
Order Processing Expense	$1.80	
Packaging Expense	$0.65	
Shipping Expense	$9.50	
		$51.95
Net Income Per Unit Sold		$6.53
Total Net Income		**$13.05**

图5-1　销售单个商品与销售两个商品的对比

　　以上只是假设，而在实际情况中，当一个订单里含有2个单位商品时，它总体的费用要比处理一个商品的订单要少很多。因此不仅你的净利润会翻倍，单位净利润也会提高。

　　那么卖家怎么提高组合商品的销量呢？这里有四种方式：

制定免运费最低消费额

　　顾客喜欢免运费，但是运费并不便宜，所以经常能看到卖家制定免运费最低消费额。

　　如图5-2所示，如果单个商品免运费，净利润将近于零，购买两个商品免运费，利润就大大提高了：

Free Shipping on All Orders
(One Unit Sold)

Revenue		
Merchandise Sales	$30.00	
Shipping Revenue	$0	
		$30.00
Expenses		
Cost of Goods Sold	$20.00	
Order Processing Expense	$1.50	
Packaging Expense	$0.40	
Shipping Expense	$8.00	
		$29.90
Net Income Per Unit Sold		$0.10
Total Net Income		**$0.10**

Free Shipping on Orders Over $50
(Two Units Sold)

Revenue		
Merchandise Sales	$60.00	
Shipping Revenue	$0	
		$60.00
Expenses		
Cost of Goods Sold	$40.00	
Order Processing Expense	$1.80	
Packaging Expense	$0.65	
Shipping Expense	$9.50	
		$51.95
Net Income Per Unit Sold		$4.03
Total Net Income		**$8.05**

图5-2　单个商品免运费与两个商品免运费的对比

金额达到一定消费额提供优惠券

　　优惠券可以刺激效率的增长。可以参照前面的免运费最低消费额，消费达到一定金额提供优惠券（如图5-3所示）：

$5 Flat Rate Shipping (One Unit Sold)		
Revenue		
Merchandise Sales	$30.00	
Shipping Revenue	$5.00	
		$35.00
Expenses		
Cost of Goods Sold	$20.00	
Order Processing Expense	$1.50	
Packaging Expense	$0.40	
Shipping Expense	$8.00	
		$29.90
Net Income Per Unit Sold		$5.10
Total Net Income		**$5.10**

10% Discount on Orders Over $50 (Two Units Sold)		
Revenue		
Merchandise Sales	$54.00 (10% discount)	
Shipping Revenue	$5.00	
		$59.00
Expenses		
Cost of Goods Sold	$40.00	
Order Processing Expense	$1.80	
Packaging Expense	$0.65	
Shipping Expense	$9.50	
		$51.95
Net Income Per Unit Sold		$3.53
Total Net Income		**$7.05**

图5-3　提供优惠券

附加商品

另一个可以提高多单位商品的销量方式是提供相关的其他产品，比如买家购买了滑板车，你可以销售附加商品，比如头盔、护膝等。

这种方式不仅能提高销量，还能在利润低的商品上收获更多利润。图5-4中，右边增加了个10美元的附加商品：

$5 Flat Rate Shipping (One Unit Sold)		
Revenue		
Merchandise Sales	$30.00	
Shipping Revenue	$5.00	
		$35.00
Expenses		
Cost of Goods Sold	$20.00	
Order Processing Expense	$1.50	
Packaging Expense	$0.40	
Shipping Expense	$8.00	
		$29.90
Net Income Per Unit Sold		$5.10
Total Net Income		**$5.10**

$5 Flat Rate Shipping with Add-On Item (Two Units Sold)		
Revenue		
Merchandise Sales	$40.00	
Shipping Revenue	$5.00	
		$45.00
Expenses		
Cost of Goods Sold	$27.00	
Order Processing Expense	$1.80	
Packaging Expense	$0.55	
Shipping Expense	$9.00	
		$38.35
Net Income Per Unit Sold		$3.33
Total Net Income		**$6.65**

图5-4　提供附加商品对比

对于提供附加商品，还可以考虑A/B测试，比如一开始先不提供折扣，然后过段时间再提供优惠，比较两者的转化率。

捆绑销售

如果不提供附加商品，那卖家可以进行捆绑销售。

比如你提供减肥产品，一包可使用30天，你不妨考虑两包一起销售并提供折扣（如图5-5所示）：

总结来说，当你吸引消费者购买更多商品，虽然单位利润减少，但是总利润增加了，因此你就可以降低价格，赢得竞争。

\$5 Flat Rate Shipping (One Unit Sold)			**Bundled - 10% Discount on Two-Pack** (Two-Pack Sold)		
Revenue			**Revenue**		
Merchandise Sales	\$30.00		Merchandise Sales	\$54.00	(10% discount)
Shipping Revenue	\$5.00		Shipping Revenue	\$5.00	
		\$35.00			\$59.00
Expenses			**Expenses**		
Cost of Goods Sold	\$15.00		Cost of Goods Sold	\$30.00	
Order Processing Expense	\$1.50		Order Processing Expense	\$1.65	
Packaging Expense	\$0.30		Packaging Expense	\$0.30	
Shipping Expense	\$3.50		Shipping Expense	\$4.50	
		\$20.30			\$36.45
Net Income Per Unit Sold		\$14.70	Net Income Per Unit Sold		\$11.28
Total Net Income		**\$14.70**	**Total Net Income**		**\$22.55**

图 5-5 捆绑销售对比

资料来源 雨果网. 如何提高组合商品的销量和利润 [EB/OL]. [2016-05-19]. http://www.cifnews.com/article/20478.

5.2.4 商品定价常用技巧

1）同价销售术

讨价还价是一件挺烦人的事，而一口价干脆简单。目前国内已兴起很多这样的店，方法虽好，但据笔者观测，生意却不太好。实质上，策略或招数只在一定程度上管用，关键还是要货真价实。

英国有一家小店，起初生意萧条很不景气。一天，店主灵机一动，想出一招：只要顾客出1个英镑，便可在店内任选一件商品（店内商品都是同一价格的）。这可谓抓住了人们的好奇心理。尽管一些商品的价格略高于市价，但仍招徕了大批顾客，销售额比附近几家百货公司都高。在国外，比较流行的同价销售术还有分柜同价销售，比如有的小商店开设1元钱商品专柜，而一些大商店则开设了10元、50元、100元商品专柜。

2）价格分割法

没有什么东西能比顾客对价格更敏感的了，因为价格代表他兜里的金钱，要让顾客感受到你只从他兜里掏了很少一部分，而非一大把。价格分割是一种心理策略。卖方定价时，采用这种技巧，能造成买方心理上的价格便宜感。

价格分割包括下面两种形式：

（1）用较小的单位报价。例如，茶叶每千克10元报成每50克0.5元，大米每吨1 000元报成每千克1元等。巴黎地铁的广告是："只需付30法郎，就有200万旅客能看到您的广告。"

（2）用较小单位商品的价格进行比较。例如，"每天少抽一支烟，每日就可订一份报纸""使用这种电冰箱平均每天0.2元电费，只够吃一根冰棍"。记住报价时用小单位。

3）特高价法

独一无二的产品才能卖出独一无二的价格。

特高价法，即在新商品开始投放市场时，把价格定得大大高于成本，使企业在短期内能获得大量盈利，以后再根据市场形势的变化来调整价格。

某地有一商店进了少量中高档女外套，进价580元一件。该商店的经营者见这种外套用料、做工都很好，色彩、款式也很新颖，在本地市场上还没有出现过，于是定出1 280元一件的高价，居然很快就销完了。

如果你推出的产品很受欢迎，而市场上只你一家，就可卖出较高的价。不过这种形势一般不会持续太久，畅销的东西，别人也可群起而仿之。因此，要保持较高售价，就必须不断推出独特的产品。

4）低价法

便宜无好货，好货不便宜，这是千百年的经验之谈，你要做的事就是消除这种成见。这种策略则先将产品的价格定得尽可能低一些，使新产品迅速被消费者所接受，优先在市场取得领先地位。由于利润过低，能有效地排斥竞争对手，使自己长期占领市场。这是一种长久的战略，适合于一些资金雄厚的大企业。对于一个生产企业来说，将产品的价格定得很低，先打开销路，把市场占下来，然后再扩大生产，降低生产成本。对于商业企业来说，尽可能压低商品的销售价格，虽然单个商品的销售利润比较少，但销售额增大了，总的商业利润会更多。在应用低价格方法时应注意：（1）高档商品慎用；（2）对追求高消费的消费者慎用。

5）安全法

价值10元的东西，以20元卖出，表面上是赚了，却可能赔掉了一个顾客。对于一般商品来说，价格定得过高，不利于打开市场；价格定得太低，则可能出现亏损。因此，最稳妥可靠的是将商品的价格定得比较适中，使消费者有能力购买，推销商也便于推销。

安全定价通常是由成本加正常利润构成的。例如，一条牛仔裤的成本是80元，根据服装行业的一般利润水平，期待每条牛仔裤能获得20元的利润，那么，这条牛仔裤的安全价格为100元。

在实际操作中，如果企业商品名气不大，即使安全定价也不安全。追求名牌、高消费的消费者觉得你的产品档次太低，讲究实惠价廉的消费者又嫌你的价格偏高，两头不讨好。

6）分级法

先有价格，后有商品，记住看顾客的钱袋定价。

法籍华裔企业家林昌横生财有道，在制定产品销售价格时，总是考虑顾客的购买能力。例如，他生产的皮带，就是根据法国人的高、中、低收入定价的。低档货适合低收入者的需要，定在50法郎左右，用料是普通牛羊皮，这部分人较多，就多生产些。高档货适合高收入者的需要，定在500~800法郎范围内，用料贵重，有蟒皮、鳄皮，但是这部分人较少，就少生产些。有些独家经营的贵重商品，定价不封顶，因为对有些人来说，只要是他喜欢的，价格再高他也会购买的。中档货就定在200~300法郎。商品价格是否合理，关键要看顾客能否接受。只要顾客能接受，价格再高也可以。

5.3 变价管理

5.3.1 商品变价管理的内容

商品变价是指对商品原销售价的调整和变更。商品变价的主要原因有：季节性原因、商品质量原因、款式陈旧或保管不善原因、供求关系变化原因等。

1）商品调价

商品调价是指提高或降低商品的原定销售价格。

商品调价应严格按照政府颁布的申报备案制度办理，营业员在接到价格调整通知单后，应做好调价的准备工作。在调价的前一日营业结束后，由营业员、物资负责人、兼职物价员（经理）等共同对照调价单上的商品名称、产地、货号、花色、规格、品种等项目进行盘点，核实数量，计算出调价前与调价后的金额，填写好商品价格调整单。调价要认真复核，防止错调、漏调，并及时按新价更换价格标签。

2）商品削价

商品削价是指推销、处理某些残损、变质商品而采取的降低价格的办法。

削价商品有适销不对路的商品、款式陈旧而积压的商品，因各种原因影响美观和使用价值的商品。及时处理残损商品，可以减少超市的财产损失，加快超市资金周转。

商品削价是超市一项经常性的业务。营业员在做这项工作时，必须按照规定的要求和程序去做。对于削价的商品，通过盘点后如实填写削价报告单，再报物价、财会部门和柜组及超市行政领导，按照权限逐级审批。

3）制作价格标签

在商品销售期间，由于某种原因价格发生变动是很正常的。但是价格变动了，价签也要随之变动，否则将无法为顾客提供准确清晰的信息，且无论何种情况的价格变动，都应该保持价签的整洁、无涂改，否则，容易造成顾客的误会，影响超市的形象。营业员在制作和更改价签的工作中尤其要认真、仔细，新的价签应书写清晰、粘贴牢固，旧的价签应清理干净。

5.3.2 商品降价的策略

一般来说，顾客对商品的降价通常会产生两种截然不同的反应：（1）感到商品价廉，经不住价廉优惠的诱惑而产生强烈的购买动机。（2）因价格下降而产生对商品质量的怀疑，从而抵制其购买欲望。

因此，商品降价应着重考虑消费者的购买心理。

（1）降价要"师出有名"。巧立名目找出一个合适的降价理由来，不能让顾客认为是商品卖不出去，或质量不好才降价。现实中商家降价的名目、理由通常有：季节性降价、重大节日降价酬宾、商家庆典活动降价。例如，新店开张、开业一周年、开业100天、销售突破若干万元或若干万件等，都可以成为降价的理由。

（2）降价要取信于民。信誉好的商场降价，顾客信得过；信誉不好的商场降价，顾客信不过。所以在现实中不同的商家同样搞降价促销，效果会大不相同。

香港一些信誉好的精品商店、高档商店每年都要定期商品打折，往往人山人海。顾客在商场开门前就已挤满在大门之外，有的顾客甚至全家出动前去采购。北京贵友大厦同样如此。正如一位顾客所说："关键是商场的信誉好，不比有些小店，说降价20%，没准还往上调了10%呢。"北京贵友大厦为了取信于民，每次打折前一周，都要用摄像机把柜台里商品的价格标签拍摄下来以证明降价的真实性。

（3）降价次数宜少不宜多。商品降价的次数要尽量少，最好能争取一步到位。

（4）降价幅度应能引起顾客的注意。确定商品的降价幅度时，应以商品的需求弹性为依据。需求弹性大的商品只要有较小的降价幅度就可以使商品销量大增；需求弹性小的商品则需要较大的调价幅度才会扩大销售量。通常，商品降价幅度以10%~30%为宜。

（5）直接降价与间接降价策略应灵活运用。直接降价顾客容易感觉到，但也容易刺激竞争对手的相继降价竞销。间接降价指维持原价格不动，只是采取增加折扣率或佣金等办法来销售商品的方法。间接降价有一定的隐蔽性，可以暂时避免因刺激竞争对手而导致的全方位的降价竞销；但由于没有给直接用户带来直接的好处，可能难以达到应有的促销目的。

（6）调价时，应考虑的最重要的因素还是消费者的反应。因为调整商品的价格是为了促使消费者购买商品，只有根据消费者的反应调价才能收到好的效果。

（7）实施降价控制时，必须能对降价做出估计并修改最近各期的进货计划，以反映每次实行降价的理由。实施降价控制使管理人员能对各项政策的执行情况进行检查，如检查商品的储备方式，检查最近的新商品验收情况等。

5.3.3 商品降价的时机选择

降价时机的选择非常重要，在很多情况下，商家会发现某种商品必须降价，但需考虑时机的选择及如何迅速地贯彻执行。一般而言，需在保本期内把商品卖掉，可选择的降价方式有：早降价、迟降价、交错降价等。

（1）早降价。存货周转率高的店铺多采用早降价的策略。早降价的好处有：当需求还相当活跃时，降价可促进商品的销售；同旺季过后相比，实行早降价策略降价幅度会小；早降价可以为新商品腾出销售空间，并改善店铺的现金流动状况。

（2）迟降价。迟降价可以使商品有充足的机会按原价出售，但以上列出的早降价的好处恰是迟降价策略的不利之处。

（3）交错降价。交错降价就是在旺销季期间逐次降价，这种降价策略多和"自动降价计划"结合运用。在自动降价计划中，降价的金额和时机选择是由商品库存时间的长短决定的，这样可以有效保证库存的更新和早降价。

5.3.4 各档商品的变价策略

1）高档商品变价策略

经营高档商品的店铺，其目标顾客群多是高收入阶层或用作礼品馈赠，他们的消费心理一般是把价格作为自身社会地位或经济地位的象征，关注的是质量保证与地位显示。因此，对于高档商品的价格调整，尤其对于降价，要慎之又慎。

2）中档商品变价策略

中档商品在多数店铺的经营中都是主角，因此商家应花大力气对其价格体系进行调整，以获得最大的整体利润。中档商品的消费者在购买之前会有一个比较过程，购买之后还会有一个使用和评价阶段，只要其服务质量过关，折扣期间的销量一定会很可观。

3）低档商品变价策略

低档商品的消费者对价格非常敏感，即使微小的价格下调也会刺激他们的购买欲望。同时，他们很容易受群体的暗示而购买一些认为实惠的商品。因此，商家对于其经营的低档商品要经常有适当的打折销售作为诱饵，配合卖场的布置和气氛的营造，刺激顾客的购买欲望。

佰草集的战略

一、坚持真正的民族性与东方美学

在中国的化妆品市场一直存在着一种"崇洋"的心态，在一线城市的知名商场，一般占据化妆品专柜最好位置的通常都是国际大品牌，甚至许多本土品牌也不惜篡改出身只为获得"洋出身"。佰草集拒绝了很多诱惑，从创立伊始就强调民族性，自始至终坚持源自中国的品牌渊源，以真实的民族文化赢得世人青睐。

在品牌基石上，佰草集在产品开发中运用了中医独有的平衡理论和整体观念，佰草集一直向消费者宣传其来自中国文化的"太极""阴阳""吐故纳新"等东方概念，使产品能有效调养身心，焕发自然、个性、健康根源之美。在品牌哲学上，佰草集信奉"美必须发自根源，方能美得完全"的东方哲理，并一步步地执著地实践着中国文化中对"自然、平衡"的美的追求。最终传递出"天地之气，佰草之灵，汉方之粹，养根源之美"的品牌精髓。在品牌美学上，在佰草集的门店，中国的草药美容文化在视觉上通过店头软装潢氛围、主题陈列传递出来，产品陈列讲究美观简洁，产品包装精致含蓄，灯箱、海报广告等画面强调东方唯美的视觉冲击。甚至连佰草集的全新包装——瓶身也采用了竹节的写意造型，瓶盖的团花图案如同一枚印章，有着浓郁的中国色彩。

二、坚持中草药为核心的产品基石

中医药是中国的国粹，中国医药学文献里载录的美容方法数不胜数。1 600多年的使用历史让国人对中医药的信赖很难随着时尚潮流的变化而改变，这正是跨国公司没有办法改变的消费背景，也是本土日化企业在与跨国公司的竞争中可以借助的竞争壁垒。上海家化旗下的品牌"六神"，在中草药研发上有丰富经验，将佰草集定位于中医药的路线，家化有先天优势。佰草集正是基于这一背景研发出中国第一套具有完整意义的现代中草药中高档保养品。

佰草集以中草药添加剂为特色，秉承了中国美容经典的精髓，糅合了中草药精华与现代生物科技的最新成果。佰草集的个人护理用品是现代生物科技与传统本草精华结合的成果。在产品开发中科学地运用了中医独有的平衡理论和整体观念，包括创造出以"肌本论"为核心的产品哲学以及利用"君臣佐使"的中医配伍理论研制的一系列产品。在产品推广上坚持中药文化推广与市场发展的结合，在中药文化推广上逐步由"中草药添加剂"演进到"中草药复方"。"复方"扩大品牌的中草药属性更充分体现了中药配伍施治的精髓。2004年，复方产品问世，蕴含白术、白茯苓、白芍、白芨等七种中草药萃集而成的"新七白"获得巨大成功。佰草集以其独特的定位及销售方式，在国内化妆品市场上独树一帜，并逐步建立了清新、自然、健康的品牌形象，并在短时间内成为明星产品。

三、坚持时尚品牌塑造

进入21世纪，一股"消费升级"浪潮正在中国涌动，几乎所有消费品类别都在向更好的产品（时尚产品）升级，中国时尚产业不久将进入快速发展期。但这一领域也是跨国公司进入中国最早、最开放的市场领域。一直以来,我们在国内耳熟能详的都是欧莱雅、雅诗兰黛等国外品牌,可是国外的人又熟悉哪个中国的化妆品品牌呢?答案是基本没有。

佰草集立志成为第一个吃螃蟹的人。随着上海家化进行战略提升,上海家化的市场定位将从做消费品的企业升级为做时尚品的企业,在高端市场上与外资竞争。上海家化认为,中国发展时尚产业和时尚品牌的战略目标应该而且需要分三步走:首先,使中国品牌在国内时尚消费品市场上取得一席之地;其次,使中国品牌在某些品类时尚消费品的中国市场上取得领导地位,同时在国际时尚消费品市场上取得一席之地;最后,使中国品牌在国际时尚消费品市场上取得更大份额。

佰草集深知,让消费者在产品之外,更多地接触、了解品牌的时尚内涵与文化,对于提高目标客户的品牌忠诚度,将是一个很有效的手段。时尚品牌的塑造成功会极大地提高品牌影响力,提升产品利润与抗风险能力。2008年佰草集漂洋过海,走出国门,将东方美和东方文化带至时尚之都巴黎,飘洒全世界,这是上海家化战略步骤实施的重要一环。

四、坚持中高端价格定位

有统计显示,合资、外资化妆品企业的利润都在10%以上,有的甚至高达20%~30%。而像郁美净、大宝这样的本土品牌,却只有不到2%的利润空间,化妆品市场80%的利润被国际品牌赚走。低端的定位与利润空间的狭窄也直接导致国内日化品牌沦落为被收购的对象。无论是配合消费升级的战略,还是抵御外资的竞争,进入高端市场进行差异化品牌战略都是佰草集未来的发展方向。

佰草集从建立之初就确定了高端的定位,以改善上海家化缺少高端品牌的布局。佰草集是上海家化在高端品牌上的成功尝试,市场售价已超过玉兰油、欧莱雅等国际品牌。本土企业创建中高端品牌面临诸多挑战,要改变消费者对品牌认知需要付出诸多努力。佰草集在欧洲与中国的养生之道一起推广,从而加深国外消费者对佰草集的认知。目前,佰草集在法国丝芙兰店上市的化妆品中,价格基本处于丝芙兰所有化妆品的中等偏上水平,即将在丝芙兰店主推的佰草集产品"太极泥",定价在49欧元左右。佰草集在十年时间里不断进行消费者教育,不断进行品牌文化提升,终于成功摆脱本土低端产品的陷阱,跃向时尚产品之列。

五、坚持稳健的渠道拓展

在创立初期,佰草集在传统销售渠道即专柜的基础上,就提出了"专柜+专营店+SPA"的稳健的渠道概念,既在商场设立专柜,同时也开设专营店,并提供SPA服务,这是专业线与日化线相结合的一种组合渠道模式。这种销售方式有效地避免了激烈的竞争环境所带来的不利,同时,专营店与SPA这种专业的服务也有效地塑造了佰草集高端的品牌形象。上海家化组建了汉方SPA公司,将佰草集和SPA服务产业捆绑销售,目前已经开出3家门店,未来3~5年内将开出100家SPA馆。

佰草集坚持稳健的促销渠道策略,从2007年开始以"开大店、开好店"为发展方向,10月国内销售创下单月最高零售额。现在北京、天津、哈尔滨等地已出现单店单产品超过80万元的店铺,今后将以"开大店、开好店"为发展方向。在海外拓展上,佰草集并不盲目,根据上海家化最新的计划,佰草集将在今年上半年登陆欧洲,仅法国就将开进220家一线化妆品专卖店。在稳步借助LVMH集团下化妆品渠道销售公司丝芙兰的全球销售网络的同时，有序向荷兰、意大利等国家进行扩张。

回顾佰草集的历程似乎正印证了"民族的才是世界的"的名言，然而真正让佰草集成功走出国门并赢得市场的，却不是靠一句名言，而是靠超过十年的品牌耕耘与不懈努力。我们深知日化行业从来不乏投机者，但缺乏真正有远见的投资者。但对于应该坚持什么，不应该坚持什么并不是本着实用主义，而是应该本着对消费者的深刻洞见与市场规律的熟练把握，本着对营销最初始的理想，即真正创建一个对用户、对社会有所裨益的产品或品牌。唯有选择正确的坚持，并坚持正确的选择，才能获得更大的成功，这就是佰草集对我们的启示。

[职业指南]

商品定价流程

一、确认定价目标

企业经营的目的是要赚取利润，故其价格制定一定牵涉到利润的回收，亦即应先找出利润目标。但要怎么样来找出这个目标呢？我们可从"损益平衡点"的观念来着手，其公式为：

损益平衡点＝固定营业费用÷（1－变动成本÷销货净额）

＝固定营业费用÷（1－成本率）

＝固定营业费用÷（毛利率－变动费用率）

二、确认真正的成本

要找出商品真正的原价，首先一定对"步留率"有所了解。步留率源自日本，由于中国尚未找到较合适且足以诠释其意义的用语，在此只有先予延用。所谓步留率大多用于生鲜食品，意指生鲜食品经处理后，可贩卖的部分与原有全部之比率。例如，100千克的高丽菜，经去外叶后，所留下来能够贩卖的只有80千克，则80÷100×100%＝80%，其步留率就为80%。

三、访查竞争者的价格

"访价"是设定价格最好的依据。在步入竞争导向的时代里，几乎已没有哪些才是"合理的价格"，有的只是"竞争的价格"。

有了同业的价格后，如果不想引起削价竞争，则应参考多数同业的价格来定价，如果在品质或鲜度上较别家超市特殊，则因价值较高，售价也可稍微提高。

四、考虑环境的因素

价格制定时，除了要了解自己本身的状况外，对自己的定价目标、产品的原价及随时变化的四周环境，也要有很高的敏感性。

五、找出消费者心目中的价格带

消费者在购买东西时，对各种商品都有其认知的价格，那就是消费者所能接受的价格范围，此即价格带。例如，消费者认知的柳丁价格每千克不应超过20元，柑橘应在20~30元，芒果应在80元以下，若在这些价格带以上，这些产品可能就很难被接受。

商品计划人员在规划商品时一定要依据消费者的价格带来规划，让消费者有物超所值的感觉，这样销售的速度才会加快。

本章小结

　　商品的价格管理主要是指商品价格制定和调整方面的管理。商品价格管理的内容主要有：(1)制定商品价格管理制度。(2)制定商品定价组合策略。(3)适时对商品进行变价管理。

　　商品定价要坚持一定的定价原则，要考虑所有影响价格的国内外各种因素。商品定价还要研究定价组合、定价策略以及合理的定价技巧。

　　商品价格一旦定下之后，短期内不应有太大变化，但是随着市场条件和周边环境的变化，商品价格也要作相应的调整。

　　商品变价有降价和调高价格，但是，无论升价或降价，一定要采取合适的策略，选择合适的时机，进行适当幅度的变价。

主要概念

　　成本导向定价法　需求导向定价法　竞争导向定价法　折扣定价法　心理定价策略　商品调价

基础训练

一、选择题

1.不是心理定价法的是（　　）。

A.现金折扣　　　　　B.整数定价　　　C.声望定价　　　　D.招徕定价

2.中外企业最常用、最基本的定价方法是（　　）。

A.竞争导向定价法　　　　　　　　B.需求导向定价法

C.成本导向定价法　　　　　　　　D.折扣定价法

3.依据消费者对商品价值的理解和需求差别来制定价格的方法是（　　）。

A.竞争导向定价法　　　　　　　　B.需求导向定价法

C.成本导向定价法　　　　　　　　D.折扣定价法

二、判断题

1.在商品价格构成诸要素中，利润是最基本、最主要的因素。　　　　　　（　　）

2.当供过于求时，价格政策只能以一般的价格销售；当供不应求时，可适度地调高售价。　　　　　　　　　　　　　　　　　　　　　　　　　　　　（　　）

3.商品降价的次数要尽量少，最好能争取一步到位。　　　　　　　　　（　　）

三、简答题

1.商品价格管理的基本要求有哪些？

2.影响商品价格的因素有哪些？

3.商品降价时要注意哪些事项？

实践训练

【实训项目】

了解超市商品利用非整数定价法所取得的效果。

【实训场景设计】

到各超市了解商品的定价策略。

【实训任务】

了解超市定价策略和非整数定价法的应用情况，并作分析。

【实训提示】

利用所学过的定价知识进行调查和分析。

【实训效果评价】

实训效果评价见表5-1。

表5-1 **实训效果评价**

评价指标	具体评价	得分
报告内容		
语言		
逻辑思路		
实践性		
对专业的理解		
合计		

教师对每位同学实训各项指标进行评价打分，每项指标分值最高为20分，最低为0分，最后合计为本次实训成绩。

第6章

商品促销

学习目标

通过本章的学习，了解和掌握促销的概念和类型；掌握促销商品的选择；了解促销流程。

【引例】 <h3 style="text-align:center">新品类市场推广</h3>

一个老牌区域型企业发现了一个很有价值前景的新品类，计划推出全新的产品、全新的品类。如何利用营销战略抢占先机，占领品类中最有价值的定位？随着品类的成长和壮大，跟随进入的实力型企业会越来越多，如何坐稳开创者的位置？

皇明太阳煲烤的成功，是近年来中国食品饮料领域少有的开创全新品类成功的案例。皇明公司之所以取得今天的成绩，完全是把握了新品类在顾客心智中建立的规律，以此来指导营销战略的合理推进，并付诸以强有力实施的结果。

全新的品类，要在消费者的心智中立足是十分困难的。新品类的失败率通常在80%左右。品类战略的全面实施与科学推进，要求企业和咨询公司具有极强的对心智的理解和把握的能力。当下，由于企业经验匮乏、咨询公司急功近利，根本没有理解品类战略的精髓，项目就匆忙上马，这也是为什么难有新品类成功案例的原因。

近年，定位的成功案例有很多，如王老吉和江中。但是，它们并非是全新品类打造的成功。王老吉是一个存在了一百多年的产品和品牌，并不是全新的产品；江中"健胃消食片"也是一个比较成熟的产品和品牌，并非从零做起。

皇明太阳煲烤则不同，它完全是从零开始的全新产品、全新品牌。它的成功，使它更有资格诠释新品类的营销战略规律。

创建品牌的过程就是新品类进入消费者心智，占据心智资源，直至最后将其品类格子占据，成为品类的代名词的战略历程。皇明太阳煲烤的品类战略历程就是将"健康环保煲烤=皇明太阳煲烤"的心智联接、创建并维持的战略历程。

发现新品类：找空格子

皇明公司本身是以太阳能产业为主，市场主要面向全国各个地区，依靠自身不断创新，生产出许多具有实用性的光电产品，业务范围包括太阳能热水系统、光伏亮化、别墅改造、门窗改造等方面，是典型的民营公司。一个区域型公司，发现了一个很有价值前景的新品类，要推出全新的产品、全新的品类。如何利用营销战略抢占先机，占领品类中最有价值的定位？这就是我们建立合作之初共同面临的战略课题。这个有价值前景的新品类就是：健康环保的煲烤方式。

生活在现代商业社会中的消费者，为了简化记忆和方便消费，会把每一个品类都视为一个独立存在的格子，根据自己的认知，将自己认可的代表品牌放入格子。例如，方便面的格子里是康师傅，果冻格子里有喜之郎，液态牛奶格子里是蒙牛，薯片格子里是品客等。

品类战略的首要原则就是成为品类第一，成为品类的开创者。消费者在首次接触创新品牌时会印象深刻，并很自然地把品牌当成新品类的代表。品类开创者在市场运作方面也占尽优势，新品类的领先品牌进入通路的成本和障碍要比跟进模仿的产品低。

皇明公司率先发现了一个尚未被占据的格子：健康环保煲烤方式。根据心智资源的稀缺性和有限性，这个品类必然会形成独立的格子，也必然会诞生一个强势品牌，它能通过品类的成长而被驱动成长，最终成为能代表品类的品牌。

新品类的价值分析：健康环保的烧烤

不是每个新品类都有机会诞生一个大品牌，有些品类看似很有前景，但仅仅是附和流行的时尚，命运短暂，如红极一时的呼啦圈；有些品类产生在很有根基的消费趋势之上，由于受到社会因素、消费因素的推动，它会越来越有价值，如健康、有机、低脂、低糖类食品。

为了更深入地分析太阳煲烤箱到底有没有商业机会，我们从以下四步开始了研究：

第一步：研究健康环保煲烤品类的本质。

健康环保煲烤的实质是一种烹饪方式。关键点在于它的健康性和环保性，这也是在烧烤过程中被人们反复关注的一个点，不健康的烧烤方式迟早会退出历史的舞台，最健康的烧烤方式就是利用最清洁的能源。如今在清洁能源中，阳光算是利用得最好的一类，太阳煲烤就是这一领域内一个全新的品类，它代表了一种新的理念。

在此之前，我们曾经多次表态，对无烟烧烤的某些项目不看好，因为烧烤出来的味道并不是人们想念的那个味道。然而，煲烤依靠巨大的热量烤制食物，热热的、香香的，这才是它的本质。

第二步：发现有价值的心智空缺。

那么，既然发现了健康环保烧烤的本质，在目标消费群心智中，有没有这个空缺呢？我们研究发现，餐饮业中地方特色餐馆、自助餐厅、西餐馆、西式快餐等几大主流餐饮形式占据餐饮市场，另外，在餐饮消费人群中具有的共性特点是解饥、小聚、宴请。很多餐饮业的广告情节，都是诱人的饭菜图片或者朋友相聚的场景。这在无形中也显示了吃饭无非是为了可口和相聚。关于饭菜本身的健康环保与否往往被人们忽略，所以健康环保煲烤是一种心智空缺。

太阳下的煲烤会不会局限健康环保煲烤的发展？健康环保煲烤在一般企业家眼里是一款有先天缺陷的产品，受天气影响太大，不易做大。这点也很好地为皇明太阳煲烤做了竞争的屏障，让很多品牌不看好健康环保煲烤项目，为太阳煲烤箱的成长抢得了先机。

品牌是靠聚焦打造的，一款受天气限制的产品肯定没有不受天气限制的产品的市场大。但是，竞争要看竞争对手留给你的机会和自身品类的本质。如果非要违背品类本质，诉求泛化模糊，就会顾此失彼，结果什么都代表不了，成为没有消费理由的产品。

第三步：品类原型的研究。

顾客的心智是天然地寻找最有心智预期的产品，心智对自己比较熟悉或认为自己熟悉的产品，会更加信任。这点也说明，心智缺乏安全感。

从2000年开始，野营野炊成为旅游的一种趋势，对于周日小聚，人们开始不喜欢局限在城市的餐馆里，也反感了度假村的形式，往往是一家人或者三五好友开车去郊外，选择一个适合野餐的地方，铺上桌布，如果嫌麻烦可能只会带些速食解解饥，如果想玩得更好，就会架起烤架，美美地吃上一顿。太阳煲烤箱也是基于野营的考虑，推出车载系列，只要阳光明媚就能煲烤出美食，蒸煮炖烤，随你喜欢，极大满足了这部分消费者的出行需要，弥补了一个市场的空缺。

第四步：形成品类战略，健康环保煲烤=皇明太阳煲烤。

通过前期系统深入地分析，皇明太阳煲烤要成为市场上第一个开创"健康环保煲烤"的品牌。

资料来源　根据微文学网站整理得来。

6.1 促销概述

商品促销是品类管理的重要环节。大多数零售商和供应商都将促销活动作为增加销售量的重要手段。据统计，零售业在促销上的花费已达到销售额的15%左右。但是大多数促销活动都没有达到供应商和零售商的预期，不少促销活动甚至是低成本运作的。大量的低效率促销活动的存在迫使供应商和零售商开始追求促销的质量而不是数量。

6.1.1 促销的定义

促销是指企业利用各种有效的方法和手段，使消费者了解和注意企业的产品，激发消费者的购买欲望，并促使其实现最终的购买行为。促销的实质是信息沟通。企业为了促进销售，把信息传递的一般原理运用于企业的促销活动中，在中间商和消费者之间建立起稳定有效的信息联系，实现有效的信息沟通。

促销优化是品类管理中非常重要的组成部分。按照ECR的概念，品类管理与促销的关系是，促销战略与每一个品类的需求和商业目的一致。优化促销是指选择要促销的具体品类，制订促销周计划、实施促销并对促销进行定量分析。该概念要求零售商和制造商企业内部以及企业之间要信息共享，以充分理解促销成本及作用，使促销的效率最高。

在优化促销方面，主要包括三个方面的优化：

（1）从品类优化的角度选择促销商品；

（2）从货架优化的角度选择促销终端；

（3）以促销优化提高销售效率、减少反应时间。

零售商往往在每个季度会同供应商的品类经理一起对促销活动进行分析和回顾。品类经理会希望供应商提供符合零售商形象和市场地位的促销计划。

商品促销往往通过广告的方式发布给消费者。零售商往往会在不同门店的商圈范围内进行海报的发放，将信息传递给大量消费者，也可以通过不同的媒体进行信息的发布。例如，电视、广播、报纸、杂志、海报和网络，不同的广告方式可以将促销的信息有效地传播出去。无论如何，是否真的有效，必须对销售数据进行分析，来决定目标客户群体。一旦选择了目标消费者群体，就可以选择到达目标消费者的广告媒介。例如，网络是一种可以很好地将信息发布给年轻消费群体的媒介。

拓展词条：促销

6.1.2 促销的类型

商场、超市卖场的促销方式通常有以下几种：

1）优价促销办法

优价促销办法，就是将商品以低于正常的定价出售。其运用方式最常见的是特价拍卖、折扣优惠、淡季促销等。由于办法简单，所以在商场或超市促销活动中，应用得最为广泛。最常见的优价促销有下列三种：

（1）节庆大优待。在新店开业、逢年过节或周末，将部分商品或全部商品打折销售，吸引顾客购买。

（2）库存大清仓。换季商品或库存较久的商品、滞销品等，以大降价的方式来促销。

（3）设置特价区。在商场或超市内设定一个区域或一个陈列台，销售特价商品。特价商品通常是应季大量销售的商品，或为过多存货，或为快到保质期的商品，或为外包装有所损伤的商品。这就需要辨别特价区商品的情况，注意别把一些变质损坏的商品卖给消费者；否则，会引起消费者的反感，甚至会受到消费者投诉。

2）新品上架

新的商品会带来新的市场需求，如何让顾客从不认识到认识，对此商品产生需要或欲望，到最后花钱购买来满足自己的需要和欲望，这就需要卖场配合一定的活动。新品上架的促销活动较为多样化。

3）限时特价销售

限时特价销售是指在某一段时间，部分商品以一个特别的价格销售。特价品的价格一般比正常的价格便宜10%以上，作特价的商品多为顾客日常必需的畅销品。限时特价的目的是要刺激顾客购买更多的商品，进而让顾客感觉本店的商品便宜，维持卖场在顾客心目中的价格形象。选择限时特价的商品应注意以下事项：

（1）选择销售排行前20%的商品的同类商品。此类商品是有潜力进入销售排行前20%的商品。商品的品质优良，只是暂时没有受到顾客的认识。在进行适当的促销时，此类商品会很容易进入销售排行的前20%。

（2）选择在销售排行前20%的畅销商品。这类商品在作限时特价销售时，对顾客的吸引力较大，能够销售出更多的商品，达到促销的目的。

（3）选择毛利率高过同类商品平均毛利率水平的商品，避免作促销时因商品的毛利率太低而拖累商场或超市的整体毛利率。

（4）不可选择品质有问题的商品作促销，否则，会给顾客造成不好的影响，有损商场或超市的品牌形象。

4）竞赛办法

竞赛促销办法是触动感性和参与性为一体的促销活动，由比赛来突显主体或是介绍产品，除了可打响商品的知名度以外，更可以增加销售量，如喝啤酒比赛等。此外，还可举办一些竞赛性质的活动，如歌唱比赛等，除了可活跃卖场气氛之外，也可借此丰富消费者的话题，加深消费者对商场或超市的印象。

5）派送赠品

赠品是刺激顾客购买的一个较有效、直接的方法。一般是顾客在卖场购物达到一定金额或数量即可到指定的地点领取一件礼品。此类赠品多为不适合和商品进行捆绑销售的，可以和销售商品没有关联性。此类赠品的派发多在卖场外面进行，顾客凭购物小票领取。选择此类促销商品的注意事项如下：

（1）此类活动的目标顾客群以家庭主妇和儿童较为有效，所以在选择商品时应针对家庭主妇和儿童的需求，在选择赠品的同时也应注意对家庭主妇和儿童的吸引力。新上市的商品可以通过派发免费的试用装商品，达到让顾客直接了解商品的目的，以促进销售。

（2）赠品可配合各项其他活动同时进行，以增强促销的效果。

（3）利润丰厚的商品，利用赠品在不影响毛利的同时仍然可以达到提高销售的目的。

（4）价格敏感的商品，在不需要调整商品售价的情况下，利用派送赠品来达到促销的目的。

（5）由于商品和派发赠品是分开进行的，就需要有其他的广告形式配合，如店内广播、店内POP等，让顾客知道这种商品参加派发赠品的活动。

6）免费品尝、免费试用办法

在商场或超市卖场设专人对走进卖场的消费者免费赠送某一种或几种商品，让消费者现场品尝、使用。这种促销方式通常是在连锁店统一推出新产品时或老产品改变包装、品味、性能时使用，其目的是迅速地向顾客介绍和推广产品，争取消费者的认同。例如，许多商场或超市设置的美容专柜，免费为愿意试用新品牌化妆品的顾客进行美容。国外连锁店的香水柜台也常常进行免费试用，推销小姐穿着与香水包装的颜色完全一致的服装，无论走近哪一个香水柜台，推销小姐都会让你免费试用，喷在手上或衣服上并赠送一个香水卡，上面有所售香水的香型、颜色，由顾客选择所喜爱的种类。

7）返还现金和优惠券

优惠券是指商场或超市卖场发放的，持券人在指定的地点购买商品时享受折价或其他优惠的凭证。返还现金和优惠券的方法一般在节假日期间使用较多。节假日期间顾客在商场或超市一次性购物达到某一金额时，即可凭购物小票到服务台领取一定金额的返还现金或购物优惠券。在使用返还现金和优惠券的促销方法时，应注意：代币券和优惠券应注明有效期限，一般将有效期限都设在节假日内，产生销售的连续增长；代币券的印刷数量应作记录并编号，所有发出的代币券及对应的购物小票也应登记编号，供财务人员核对；发放代币券时要有两个以上部门的人员在场，避免发放错误和出现漏洞。

（1）优惠券的促销目标

①提高某一品牌在同类产品中逐步下降的市场占有率。

②扭转产品或服务销售全面下跌的局面。当然，若产品已到滞销期，则优惠券也无力挽救其衰落的趋势。

③抵制竞争品牌在同一市场的促销手段。

④提升消费者对滞销的成长类商品品牌的兴趣度。

⑤协助增强弱势品牌递降的销售利益。

（2）优惠券促销的优缺点

①优惠券促销的优点有：刺激消费者试用；扭转消费偏好；较快地显示出促销效果；增大现有顾客购买量；鼓励顾客试用老品牌的新产品；增强推销人员信心。

②优惠券促销的缺点是：活动效果不易预测，在确定优惠幅度时难免出现过高或过低的问题；误兑不可避免，从而产生费用过大、影响促销效益的问题；对新产品、知名度低的产品促销效果不佳，消费者不会为了优惠券而买一个不了解的产品；部分优惠券有可能在很长时间之后才来兑换，因此影响实施整体促销计划。

（3）优惠券的兑换

在优惠券的兑换过程中应注意以下几点：

①避免误兑。其方法有：优惠券价值不宜过高；优惠券设计应不易被仿造；优惠券兑换方法说明应明确清楚；一种商品在商场或超市的普及率达50%之后才可使用优惠券促销；使用优惠券时，先在局部测试，然后再在大范围区域内开展优惠券促销活动。

②统计优惠券兑换率的高低。影响优惠券兑换率的因素主要有：优惠券的设计与表现；优惠券递送方式；优惠券的优惠额度；消费者对商品的需要程度；消费者的品牌认知度和忠诚度；品牌的经销能力；品牌的新旧程度；使用地区范围；竞争品牌的促销活动；商品自身的等级等。

③优惠券的印刷。最好以4色印刷优惠券，使仿造者不愿花较高成本去伪造，除非优惠券的价值非常大。

（4）优惠券的制作设计

其主要包括优惠额度、文字、格式、功能四个方面。

①优惠额度的设计。在确定优惠券的优惠额度时，要根据多方面的因素综合考虑，主要有：促销产品的种类和单位价格；促销品牌在市场上的知名度和信誉；企业促销目标；目标市场上消费者的收入水平；竞争者产品的价格和促销策略。

②优惠券的文字设计。其主要包括的内容是：促销主题；优惠的额度、范围和时间期限；兑换的地点或经销店；具有说服力的介绍；发券企业、店名、地址和咨询电话。

③优惠券的格式设计。要求首先是使传达的信息准确明了，然后再考虑其艺术感。内容要求简单、清楚，切忌用"优惠××元"字样，字体大小要有区别，优惠的金额或比例应用大号字，说明可用小号字，同时也应明显地注明有效日期。

④优惠券功能设计。其主要有：宣传功能，即把有关商场或超市和其商品的信息也印在券面上，起到宣传作用；方便功能，即指不论在何种媒体上登载的优惠券都能方便、容易地被取下，以提高兑换的可能性。

（5）优惠券递送方式设计

①直接送予消费者。其优点是：可以有效地对准目标顾客群，发放范围可大可小；接收率高，重复发放可能性小；兑换率较高。其缺点是：分送成本较高。作为弥补方法，现在很多企业常常采用联合邮寄优惠券的方式，即由数家非竞争性的企业或业务有关联的企业联合邮寄优惠券，邮资由参加者分摊，从而降低分送费用。

②借助商品发送。这主要是把优惠券放在包装上或包装内。其优点是：不必支付优惠券的发放费用；对商品购买者的促销效果很好；有利于突出卖点的商品形象。其缺点是：利用商品包装散发优惠券，其促销作用仅局限于现有的使用者，而对吸引新的消费者试用却无能为力；包装上印制优惠券，往往不容易摘取；包装内放置优惠券，常被第一次购买者忽略。

③利用特殊渠道发送优惠券。

A.将优惠券印在收银机开出的发票背面、商场的购物袋上及冷冻食品的包装袋上等。其优点是：方便灵活，多种多样，便于顾客取得。其缺点是：不便于管理和统计。

B.借助媒体散发。可以借助报纸散发。其优点是：花费成本低，选择性大，易针对不同商品和服务选择不同的报纸刊登，送达速度快。其缺点是：容易误兑，兑换率低。也可以借助杂志散发，如广告页上的优惠券，插页式优惠券。其优点是：发送费用低，容易引起顾客注意，针对性强。其缺点是：杂志周期性强，不利于短期促销拉动，容易受地区限制，地区性杂志更是如此。

8）展览和联合展销

商场或超市邀请多家同类商品的厂家，在卖场内共同举办商品展销会，形成一定声势和规模，让消费者有更多的选择机会，也可以组织厂家自己商品的展销，如多种节日套餐的销售等。在这类活动中，通过各厂家之间相互竞争，促进商品的销售。

9）集点赠送

想吸引消费者持续购买，并提高品牌忠诚度，集点赠送是一种非常理想的促销活动方式。设计一些带有连锁超市或企业形象标识的小礼品，如钥匙链、小卡通玩具等，在新店开业或消费者购买一定数量商品时免费赠送，这样相当于作了一次广告宣传。此类促销活动的特色是消费者要连续购买某商品或连续光顾某商店数次，累积一定积分的点券，通过点券兑换赠品或折价购买。因此，要吸引消费者收集点券以达到促销的目的，赠品的挑选相当重要，一定要具有吸引力才行。此外，集点的期间是否太长等都是必须注意的重点。

10）分红

累积一定的消费额，即可在某特定时间获得该累积消费额的一定比例的回馈红利。分红方式通常是一个长期的、持续性的活动，而非短暂的促销。

11）以旧换新

商场或超市与厂家联合，对本卖场出售的某种商品以旧换新，新旧差价较大的，可由顾客补交一定数额的价款。这种方式不仅能刺激消费，加速商品的更新换代，而且能提高商品的市场占有率，不失为促销的一种良策。但这种方法的运用有一定的局限性，只有那些与厂家关系密切的商场或超市才能使用。

（1）以旧换新促销的优缺点

①优点：有助于树立产品的品牌形象；能有效地刺激顾客的购买欲望；有利于商家启动市场，扩大销售份额；有利于拓展新的市场。

②缺点：费用相对较高；商品种类限制大。以旧换新促销一般只适用于家庭耐用消费品。产品价格比较低，使用寿命又很短的商品，不适宜搞以旧换新。

（2）以旧换新促销的形式

①以任何品牌的旧产品换本企业的新产品，补齐差额。这种形式的主要目标是扩大产品的销售份额，厂家和商家都可以采用。

②以本商场或超市的旧产品换本商场或超市的新产品，补齐差额。这种形式的主要目标是巩固和发展企业的新老顾客，建立顾客对品牌的忠诚度，维系顾客与商场或超市的感

情，本质上是对老顾客的一种回报。

（3）以旧换新促销应注意的问题

①旧商品的折价标准。现在商场或超市卖场所采取的做法，大都是不论品牌、使用年限、新旧程度，一律统一折价，搞"一刀切"。这种折价办法往往会挫伤顾客参与活动的积极性，尤其是那些手头旧货尚比较新的顾客。因此，在条件允许的情况下，还是应当确立不同的折价标准，以区别对待新旧程度不同、原有价格不同的旧货。

②旧商品的折价幅度。要根据企业的目标、促销预算以及商场上竞争产品的情况来科学制定折价幅度，使企业既扩大了商品的销售，又能保证一定的盈利。

③促销活动的时间性。以旧换新活动在什么时间开展，是长期开展还是定期开展，这些都要精心策划，关键是要根据促销效果来进行测算，如果得不偿失，就应停止以旧换新促销活动。

12）消费信贷

以延期收款和分期收款的形式向消费者推销商品。这种方法可以促成支付能力有限又有消费愿望的消费者购买。它适用于库存过多的高、中档商品的推销。

13）廉价包装

在一定数量的商品中，使用简易包装，标明折价率。这种方法由于降低了包装费用，既可以使商场或超市避免损失，又可以使消费者得到实惠，同时也利于介绍商品。廉价包装一般要标明具体价格，这样可以防止提价转手，以维护商场或超市卖场的正常销售。

14）示范、表演促销

对于经销的新产品或重点销售的商品，在商场或超市卖场较显眼的地方摆放，或做使用示范表演，激发顾客兴趣，达到促销目的。

（1）示范要集中在商品的主要优点或顾客的主要需求方面，如一些卖手表的专柜，为了向顾客说明手表防水性能好，将表浸放在水中，然后交顾客检验。

（2）示范表演应给人以新颖感，不要总是重复老一套做法，新颖的示范可以有效地引起顾客注意，刺激顾客购买欲望。

（3）要在使用中做示范，或让顾客参与示范，效果会更加明显。

（4）要帮助顾客从示范中得出正确的结论。

15）提供附加服务及积分卡

（1）提供附加服务是指顾客在购买商品的同时享受到该商品所能提供的附加服务，如顾客在商场或超市购买猪肉可享受免费绞肉馅的服务。

（2）积分卡或集点兑换。此类促销可以应用于某类商品或一种商品，也可以是全公司的商品。其做法是顾客购物额达到某一标准时给予点券或在积分卡中记录，当点券的数量或积分卡的积分达到一定的数量时，可换取奖品、商品或作为购物时的折扣金额。此种方式不直接打折，但对顾客有一定的优惠，可以维护商品的形象和价格。

16）抽奖活动

抽奖活动是指在商场或超市购物达到一定的金额时，凭购物小票参加抽奖的活动。这种活动可以是商场或超市自己组织的，也可以是由供应商组织针对商品的活动。当抽奖的奖品价值很高时会给商场或超市带来巨大的社会效应。抽奖活动应注意以下事项：

（1）高价值的奖品应注明奖品的所有权或使用权等法律问题，如果是使用权应注明使用年限。

（2）由企业出部分经费，或由厂商赞助，或由赞助团体（如行业协会）提供奖品或费用等配合活动。

（3）奖项不能太少，让参与活动的大部分顾客都能从活动中体验到乐趣。

（4）奖品的价值要有吸引力。

（5）广告宣传要配合，让顾客知道卖场举行活动的内容和细节。

（6）注意活动中的细节，安排要合理，让顾客有公平的抽奖机会。

17）现场展示

现场展示是针对一些新上市的商品或顾客不了解的商品，为了让顾客能更直观地认识商品的功能或口味，由促销人员在现场进行功能演示或举办试吃活动。

（1）现场展示优点：方式灵活、针对性强，促销人员和顾客面对面交谈能随时掌握顾客的反应及时调整对策，通过促销人员的言辞、声音、形象、动作或样品、图片等达到说服顾客的目的；及时成交，现场展示促销的直接性大大缩短了从促销到顾客购买的时间间隔；反馈信息，由于促销人员的现场展示是一种双向信息交流的过程，促销人员在与顾客交流的过程中能够收集所需的市场信息，有助于企业改进产品和市场营销战略、战术。

（2）现场展示注意事项：现场展示的商品应该是顾客不熟悉、不了解的商品；展示商品时应该强调商品的功能或口味独特；现场展示位置安排好后，应注意现场展示的安全性。

18）商品展销促销法

商品展销促销法通过商品集中展览陈列，方便消费者选购，吸引消费者购买，促进卖场商品销售。商品展销可以采取下列方法：

（1）区域性商品展销。由零售企业与有关区域企业协商议定，开展区域性商品展销。

（2）季节性商品展销。通过购进应季的各式商品，借以吸引顾客，提高零售企业应季商品的市场占有率。例如，迎"十一"商品展销、"秋季服装展示会"等。

（3）以名优商品为龙头的展销。通过引进知名度较高的系列化商品作为骨干商品，辅以零售企业原有库存商品，开展名优商品展销活动，一方面可以增加销售额，另一方面可以减轻库存压力。

（4）商品展销促销法的主要优点。

①提高企业或商品的知名度。

②在展销期间，客流量和商品销售量均有不同程度的增加。

③通过展销可以"以新带旧""以畅带滞"，有助于缓解或消除商品积压，使库存结构趋于合理。

应当指出，有效的商品展销必须保证展销的商品适销对路，对消费者具有吸引力，否则不会大幅度增加销售量。必须有科学的展销预算，预测支出与收益比率，防止得不偿失。

19）赠送包装

赠送包装与上面"派送赠品"不同之处是它的赠品是和商品捆绑在一起销售的。让顾客很容易发现，在售卖的效果上要比"派送赠品"更直接。选择赠送包装时要注意以下事项：

（1）赠品和商品要有关联性，如洗洁精绑送百洁布、咖啡绑送咖啡杯等。

（2）选择赠品时要考虑到所选的赠品是否适合与商品捆绑在一起售卖，捆绑一定要牢固、不会出现轻易松开等问题。

（3）有些赠品在包装里面，应注意在外包装明显的地方注明"包装里有赠品"字样。

6.1.3 促销商品的选择

促销商品的主要目的是树立零售商的平价形象，增强竞争优势，促进销售等。因此，在保证商品组织结构合理的原则下，品类经理应根据不同的促销时段、促销主题、促销目的，选取需要参加活动的商品。品类分析及品类优化是选择促销商品的依据，根据品类分析的结果，确定参加促销的商品群，根据品类优化的要求，确定促销商品的主次。

顾客的基本需求是能买到价格合适的商品，所以促销商品的品项、价格是否具有吸引力将决定促销活动的成败。一般来说，促销商品有以下几种选择：

（1）节令性商品。节令性商品或者特定时段的商品，如夏季沙滩玩具、充气玩具；冬季滋补食品、火锅食品、调料等。开学前（通常为每年3月、9月）零售商可针对学习文具品类进行主题促销。

（2）敏感性商品。敏感性商品一般属于必需品，市场价格变化大且消费者极易感受到价格的变化，如鸡蛋、大米。选择这类商品作为促销商品，在定价上不妨稍低于市面价格，就能很有效地吸引更多的顾客。

（3）众知性商品。众知性商品一般是指品牌知名度高、市面上随处可见、容易取代的商品。选择此类商品作为促销商品往往可获得供应商的大力支持，门店的促销活动可与大众传播媒介的广泛宣传相结合，如化妆品、保健品、饮料、啤酒、儿童食品等。

（4）特殊性商品。特殊性商品是指超市自行开发、使用的自有品牌，市面上无法比较的商品。这类商品的促销活动主要体现商品的特殊性，价格不宜定得太低，但应注意价格与品质的一致性。

（5）新商品。新上市的商品，需要一定的促销支持打开市场。通常这类促销会有供应商的促销支持。

（6）库存较大的商品。存在库存压力的商品需要考虑加入促销清单。

（7）供应商提供促销支持的商品，如有赠品、买一送一等。

（8）与其他品类促销可以结合的商品。

（9）以往促销业绩良好的商品。

除了以上几种选择，品类经理在选择促销商品的时候，还应该考虑以下问题：

（1）选择的促销商品是否宜于树立企业形象。

（2）选择的促销商品是否能够吸引购买人群，促销价格是否有优势。

（3）选择的促销商品是否有足够的毛利空间，是否可以达到公司要求。

（4）如果毛利过低，是否可以结合其他的关联性促销商品弥补毛利损失。

（5）选择的促销商品库存是否充足。

（6）选择的促销商品是否适宜在门店摆放或者展示（如太阳伞等）；如果不适合，如何解决。

（7）了解竞争对手在该品类中选择了哪些促销商品。

通过对以上因素的综合考虑，得出最终的促销商品清单，同时可以进行其业绩指标的回顾。

6.2 促销流程

促销是品类管理中最重要的战术之一，也是最需要提高效率的战术。提高促销的成功率，除了需要明确促销目标、了解高效促销的评估标准，还需要清楚促销的设计流程和逻辑思维过程，如图6-1所示。

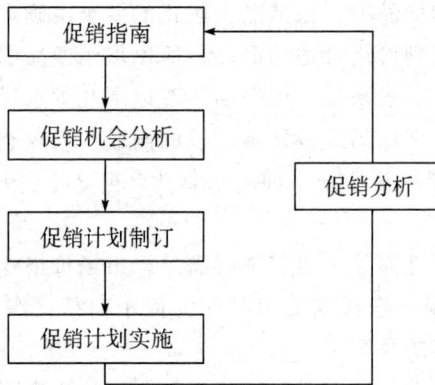

图6-1　促销流程

6.2.1　促销指南

促销指南是指在设计促销活动前需要了解的一些基本信息和原则，包括供应商的促销策略、零售商的促销计划、品类角色和品类策略等。

1）供应商的促销策略

随着中国零售环境的变化，供应商对不同业态零售商的服务和策略也有所改变，具体表现在：对大卖场、超市、现购自运、便利店等会提供不同的产品和促销品供应；对某些规模足够大的零售商，供应商甚至会提供客户化的营销方案。对同一业态的零售商，大部分供应商会采用相同的促销方案，所以对零售商而言，必须清楚供应商某季度、某月有什么样的促销安排。

2）零售商的促销计划

每个零售商都有自己的全年促销计划或某时间段的促销计划。家乐福等大型零售商甚至在年初就会和主要供应商分享自己的促销计划，并寻求供应商在促销商品上的支持。例如，1月份第一档海报的主题是快乐新年，第二档海报的主题是欢乐派对，2月份第三档海报的主题是漂亮主妇……供应商根据零售商的促销主题提供促销单品建议，零售商整合所有供应商的建议后形成自己的促销方案。

3）品类角色

品类角色不同，促销的要求也会不同。对目标性的品类，可以选择较多的品种进行促销，以强化目标性品类的形象和其对消费者的吸引力。在目标性品类内部，也需要进行细分，如最初30%的单品有更多的促销机会。便利性品类没有必要经常促销，如书籍、CD、鲜花等很少会被零售商选作海报商品。品类角色与促销的关系见表6-1。

表6-1　　　　　　　　　　　**品类角色与促销的关系**

品类角色促销	目标性	常规性	季节性/偶然性	便利性
频率	高频率	一般频率	按季节/时间需要	较少促销
方式	多种方式	多种方式	多种方式	多种方式

4）品类策略

品类策略不宜经常变动，建议每年回顾一次，每半年进行一次微调。品类策略是目标，促销是实现品类策略的方法之一。所以在设计促销活动前，采购人员和相关供应商都应该有一致的目标，即清晰的品类策略，产品的选择和促销方式都应为品类策略服务。例如，洗发护发品类的策略是提高系统性购买，即鼓励消费者购买洗发水的同时购买护发素。促销时就应考虑如何实现这一策略，是否在每次促销时都尽量考虑到洗发水和护发素的关联性；是否尽量将洗发水和护发素同时在堆头上陈列等。

6.2.2　促销机会分析

促销机会分析是利用以往促销数据，寻找目前和未来的促销机会。促销机会分析包括三个方面：商店的机会、客户的机会和品类的机会，如图6-2所示。

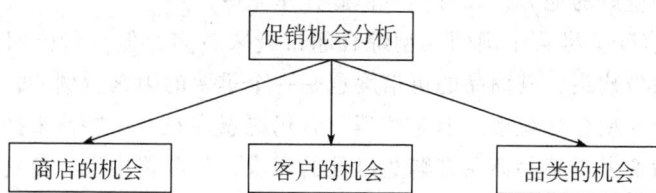

图6-2　促销机会分析

商店的机会和客户的机会都是零售商总体策略层面的研究，只有品类的机会属于品类层面。对品类经理而言，了解商店总体策略是非常必要的。如果他不了解商店的目标，在品类上的各种策略和操作很可能与商店南辕北辙，造成品类间的内耗。

1）商店的机会

商店的机会是指整个商店目前的目标和发展方向以及商店的强项弱项分析。不同零售商处于不同的发展阶段，其机会点也不同，有些零售商的机会在于增加客流量，有些零售商的经营重点是提升客户忠诚度。虽然达到目的的方法很多，但零售商需要根据自己的优势和劣势来选择适合自己的营销策略。例如，沃尔玛的优势在于低成本和高效的供应链。为了提升顾客忠诚度，沃尔玛可以采用天天平价策略。而另一零售商不具备沃尔玛的优势，但在生鲜方面做得非常好，独有的蔬菜生产基地和定点采购系统确保了该零售商生鲜的鲜度与低成本。该零售商便可以通过强化与消费者息息相关的生鲜品类来提升顾客的忠诚度。

2）客户的机会

顾客是上帝，但并非所有的顾客都是上帝。分析客户机会的目的就是找出真正的上帝，即目标顾客。在众多的顾客中，有些是偶然购物者，即他们偶然路过商店或听说商店有吸引自己的某种产品的时候才会来购物，这部分消费者可能每年只会来商店几次；而有些顾客每周或每两周都会来购物一次，将他们的大部分消费花在该商店，这些顾客就是我们要寻找的忠诚顾客群，即目标顾客群。据统计，吸引一个新的顾客要比保持一个旧的顾客多花费5倍的投入，因此明确目标顾客是非常重要的。当确定了促销受众以后，商店的促销才能做到有的放矢、箭无虚发。

在中国，由于市场竞争的激烈和购物者的成熟度不够，商店的忠诚度普遍偏低。据AC尼尔森公司调查，80%的中国购物者会选择3家以上的零售商购物。零售商的平均忠诚度不到10%。那么，商店的目标购物群为什么还会选择其他商店购物呢？零售商的促销方法能否强化他们在本店的购物呢？通常来讲，消费者同时会选择其他商店购物的理由有以下几种：便利、一次购足、价格、布局、质量/可信度、服务、情感等。

（1）便利。目标顾客偶尔会为了便利的需求选择社区或附近的商店进行购物。

（2）一次购足。目标顾客有时会到家乐福等商品齐全的地方一次性购买一两个星期的商品，甚至包括家乐福招商的服饰等商品。

（3）价格。价格不是中国消费者的首要需求，但由于某些零售商的周年庆等大型促销活动，目标客户也会前往购物。

（4）布局。在中国，购物被当成一种娱乐、一种放松心情的方式。所以，目标顾客有时愿意选择购物环境好的地方，如百佳、伊藤洋华堂等。

（5）质量/可信度。尽管中国的大型综合超市越来越多，但百货公司的超市仍然有一定的市场。除了顺带购买，其商品的可信度也是一个重要的因素。例如，百货公司超市的奶粉价格往往高于大型综合超市，但某些消费者仍愿意多花费一些钱来换取"放心"。

（6）服务。消费者对某些商品有购买以外的需求，如免费染发、免费送货上门等。一袋米从大卖场搬回家比较辛苦，而小区内的超市一袋要贵1~2元钱，但可以免费送到家。这一服务会吸引部分目标顾客偶尔转换购物场所。

（7）情感。由于生日贺卡或其他某种经历，消费者会对某家商店产生一定的感情。即使不太方便，也会偶尔选择这个商店购物。例如，生活在广州的北京人对开在广州的北京王府井有深厚的感情，为了一包炸酱面的干黄酱会选择周末去王府井购物。

知道了目标顾客为什么同时还去其他商店购物，零售商就可以采取一定的营销手段来满足他们的需求，从而避免他们转换购物地点。另外，零售商还必须了解造成目标顾客偶尔转换购物商店的因素的比例。虽然客观上不可能要求目标顾客百分之百地只在本商店购物，但是如果转换的比例逐步在升高，零售商就有失去目标顾客的危险，需要引起重视。

3）品类的机会

通过品类评估可以清楚地知道品类的机会点在哪里：是应该增加消费者拜访次数，还是应该增加消费者每次购买量；是牙膏次品类的销售有问题，还是牙刷次品类低于市场的增长；是牙刷的促销频率太低，还是消费者需要改变对牙刷购买频率的看法等。知道品类的机会后，还需分析促销的机会，即过去的哪些促销活动和操作方法能帮助解决品类的问题。在分析促销机会时，还需要考虑品类的促销敏感性，适合该品类的促销方式，品类中适合作促销的单品。

促销敏感性是指不同的品类对促销的反应是不同的。通常来讲，消费量增加机会大的品类促销弹性较高，消费量增加机会小的品类促销弹性较低。例如，食品的敏感性通常比杂货要高。同时，还需考虑品类对消费者的重要性。同是食品，熟食、包点、饮料对消费者的重要性会高于巧克力、薯片和曲奇饼。对消费者越重要的品类，其促销的敏感性会越强。例如，饮料促销所带来的销售增长会高于薯片促销所带来的销售增长。促销品类消费量增加机会高的品类，可以触发消费者的使用从而带来品类消费量的增长，所以销售量增加的空间相对较大。而促销品类消费量增加机会低的品类，其销售量主要来自对竞争对手生意的拦截和消费者因促销而进行的产品囤积。多数促销会带来消费者在品牌间的转换，所以销售量增加的空间相对较小。

@ **相关链接6-1**

2017中国无人零售商店专题研究报告

无人零售商店基本概况，如图6-3所示。

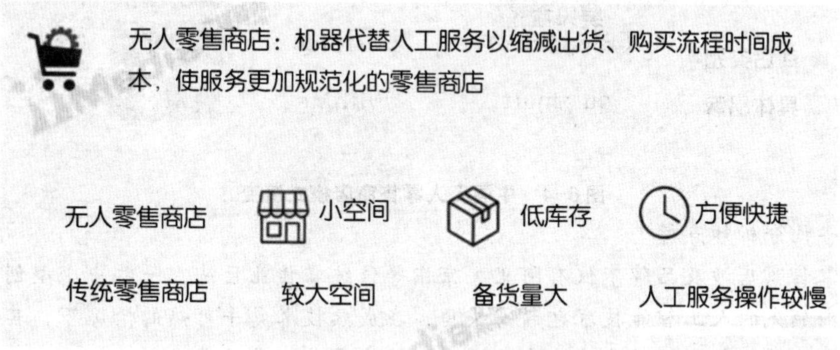

图6-3 无人零售商店基本概况

Amazon Go

进门扫码后，后台系统通过3D摄像头把人体特征值与账户ID进行绑定，对取货的动作视频进行分析（通过深度学习来正确辨识人类取放商品的动作细节），实时更新虚拟购物车，出门后自动支付。

场景解读

艾媒咨询分析师认为，由于条件局限，目前无人零售商店主要集中于标准化快消产品，其具有体积小、即刻购买的特点。

场景方面，无人零售商店除在人口流动密度较大的商业区布局外，需要随时购买快速消费产品的住宅、景区、办公区、学校等区域也成为商家布局的重点。

中国无人零售商店模式演变，如图6-4所示。

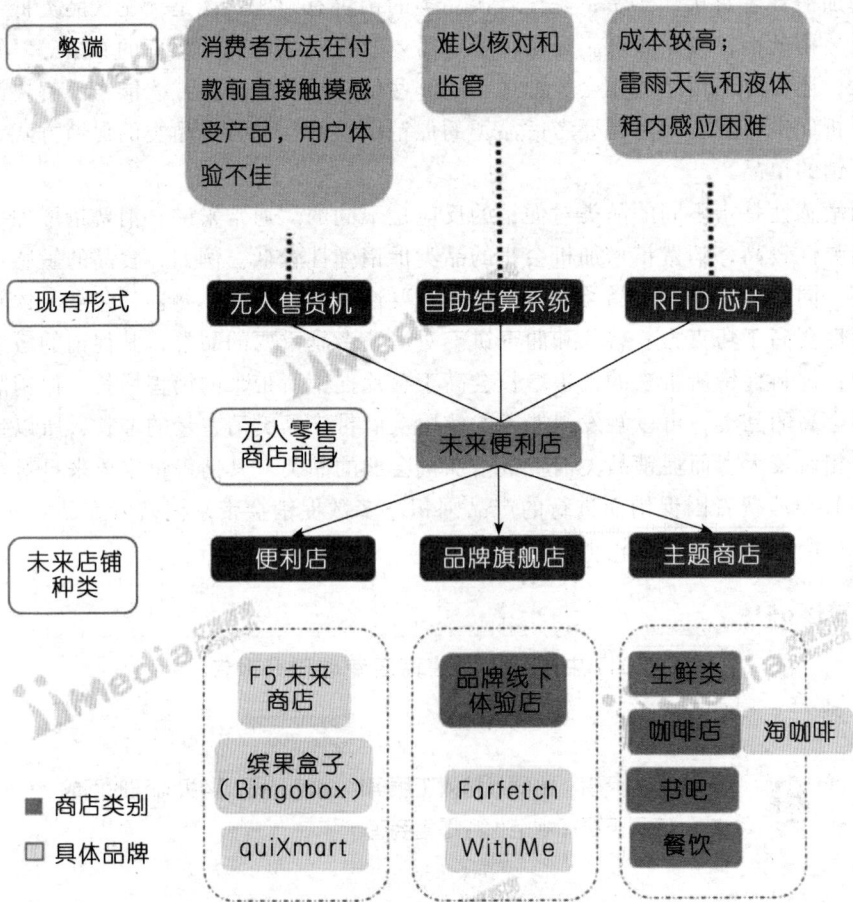

图6-4   中国无人零售商店模式演变

艾媒咨询分析师点评

无人零售商店涉及品牌不仅有阿里、京东等传统零售业巨头，一些中小型创业公司凭借其较业内领先的人工智能技术也崭露头角，在成熟技术炙手可热的情况下，其核心技术的优势会成为其开拓市场的有力竞争力。中国无人零售商店消费流程，如图6-5所示。中国无人零售商店品牌特写，如图6-6所示。

无人零售商店势头看好   2020年将迎来喷发

艾媒咨询的数据显示，2017年无人零售商店交易额预计达389.4亿元，未来5年无人零售商店将会迎来发展红利期，2020年预计增长率可达281.3%，至2022年市场交易额将超1.8万亿元（如图6-7所示）。

艾媒咨询分析师认为，无人零售商店有解放人力和时间成本的优势，被各大电商平台及知名品牌公司所认可。目前，最大的问题在于产品所依托的技术尚未成熟，实际应用达不到理想水平，布局无人零售商店的平台碰壁。随着人工智能识别技术和提取特征技术进一步发展，无人零售商店有望成就下一个零售巨头。

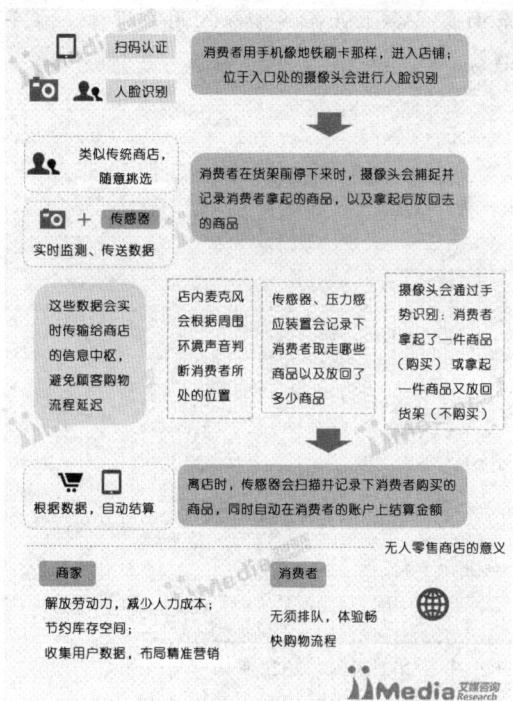

图6-5 中国无人零售商店消费流程

图6-6 中国无人零售商店品牌特写

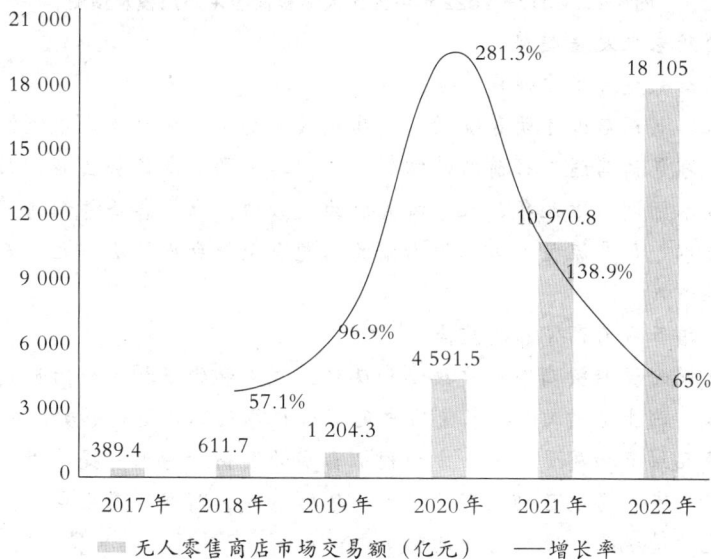

图6-7 2017—2022年中国无人零售商店市场交易额及预测

无人零售商店用户规模尚处起步阶段

艾媒咨询的数据显示，2017年中国无人零售商店用户规模仅有600万，未来五年用户规模将大幅增长。至2022年，用户规模可达2.45亿人（如图6-8所示）。

艾媒咨询分析师认为，目前中国无人零售商店无论数量还是成熟度都有所欠缺，用户进入市场条件不完备，故用户规模还没有实现放量。从互联网及电商巨头纷纷布局未来电商的趋势来看，无人零售商店理念的渗透会随店面覆盖率上升而逐渐深入用户群体，在平台流量导流的情况下用户规模会呈现明显喷发趋势。

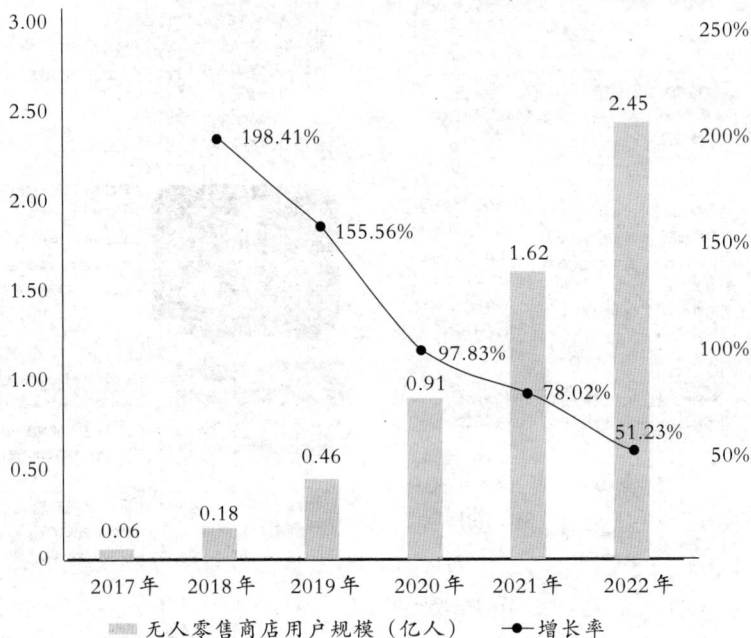

图6-8　2017—2022年中国无人零售商店用户规模及预测

中国无人零售商店未来发展趋势

无人零售商店数量及用户规模将会放量

目前，无人零售商店处于萌芽阶段，商店铺设正起步，用户覆盖率较低。艾媒咨询分析师认为，无人零售商店适应目前新的零售形式，其节约成本优势凸显，而制约其喷发的主要原因还是技术问题。近几年，人工智能成为众领域焦点，各条件倾斜下发展迅猛，目前存在识别不准确，用户流量大时处理困难的问题有望短期内解决。无人零售商店会在近几年出现规模性喷发。

手机场景化培养成为商家布局重点

随着新零售概念逐渐被商家用户接受和认可，线上和线下相结合的形式是未来电商最可能发展的模式。线上通过VR技术使用户足不出户体验真实逛街感觉，一方面能够使用户真切感受到商品细节和质量，另一方面模拟真实的逛街行为可以提升用户购物体验，刺激用户消费。在未来，通过移动端布局场景化体验将成为商家的着力点。

阿里霸主地位遭挑战　零售行业面临重新洗牌

以阿里为代表的零售巨头产品体系完善，全品类均有布局。在用户基础方面，各平台用户流量已经基本定型，阿里优势明显，且其规模很难被后面的平台超越。艾媒咨询分析师认为，无人零售商店作为新零售的一种形式，将平台用户从线上拓展到线下，进一步打开用户市场，未来或许会部分取代传统零售产品成为用户消费新习惯，消费习惯的变革会引发行业内部重新洗牌，后起零售平台有望实现超越。

无人零售商店全品类延伸　高消费密度场景优先布局

目前由于技术考虑，中国无人零售商店仅在零售店模式下进行铺设。艾媒咨询分析师认为，无人零售商店作为未来购物的新形式，其商品将会延伸到全品类。由于资源限制，具有和目前技术及用户基础相匹配的快消产品将成为商家青睐的对象。商店也会在消费密度较大的学校、办公场所、景点等区域密集铺设。

资料来源　艾媒咨询. 2017中国无人零售商店专题研究报告［EB/OL］.［2017-07-04］. http：//www.iimedia.cn/52970.html.

6.2.3　促销计划制订

目前，很多零售企业的促销活动很盲目，缺乏计划性。企业的促销活动有的是根据以往的经验判断，认为应该在某个时间搞促销，有的时候则完全出于对手的一些举措而临时决定。不论是凭经验还是根据对手情况的临时决定，不少促销活动都有盲目的成分。这样盲目的促销活动并不能真实反映促销的效果，而且不能使企业利益最大化。促销必须要有明确的目的和整体安排。

促销是通过提供给购买者正常销售外的附加利益来刺激购买者的需求，所以促销总是要付出一定代价的，促销也必须要求相应的回报。例如，企业希望1元钱的促销费用要产生15元的销售收入。不过，不同的促销活动对投入产出的要求不同，也不完全体现在销售收入上，作为促销活动的设计者必须对某次促销目的有清醒的认识，才好确定具体的促销目标。总之，每一次促销活动都要有明确的目的和清晰的目标，这样才能有效地设计促销活动，才能对促销的效果进行评估。

企业的促销活动必须根据年初制定的策略进行整体的安排：大约投入多少资源进行促销；大约在哪个时间段进行；要留出多少资源来应对意外的变化；要安排多少资源用以扰乱竞争对手。具体来说，规划促销可从以下几个方面来考虑：

1）根据产品本身的销售规律，以促销实现淡季和旺季的平衡

不少产品都有淡旺季的区别，如空调、电扇、杀虫剂等。强烈的淡旺季落差会使企业生产能力、资金调度难以协调，而且销售人员在旺季和淡季忙闲不均，所以需要利用促销来尽量平衡淡旺季。具体的做法是：可以通过在淡季给予经销商较为优厚的销售政策，吸引经销商帮助分担库存压力和提前打款；也可以进行适度的反季节销售来刺激消费者的购买热情。

另外，我国不同区域气候相差极大，淡旺季的时间差也非常明显。企业要学会利用这样的时间差，销售政策的制定要显示出必要的灵活性。例如，总体上处于淡季的时候，对于仍处于旺季的区域给予特殊的政策和资源支持，提升其占总销量的比例，从而平衡公司的销售节奏。

2）在重要的时间段造势，帮助提升品牌影响力

在我国，重要的节假日是零售市场的旺季，但并不是每一种商品在节假日都旺销。在这些节假日，消费者购买热情高涨，常常会有意识地去搜集各种促销信息。这个时候即使不是本企业产品的旺季，企业也可以开展一些促销活动来吸引消费者的注意力，为消费者日后选择本企业的产品打下基础。

另外，像企业的纪念日、产品生产总量达到某一数字的日子都是开展促销的时机。这个时候开展促销的目的并不仅仅是提升销量，也是为了让消费者更多地了解企业，相信企业的实力。这个时候往往是"促销之意不在'量'"了，与其说是在"促销"，不如说是在进行"推广"。而且，这个时候没有其他企业进行类似的活动，也比较容易吸引消费者的眼球。

3）配合新品推出的促销活动

不断地推出新品是企业得以长久发展的基础，因为新品最终会替代老品成为企业收入的主要来源。然而，相当多的企业对于新品上市不太重视，悄无声息地就上市了。虽然有的企业十分重视新品上市，希望通过大力度的促销行为来帮助消费者尽快认识和接受新品，但是以这样的指导思想来设计的促销，往往仅局限在买赠、品尝、试用等常规做法方面。从更深的层次考虑，将新品高调推出的目的，除了包括让消费者尽快购买之外，还包括以推出新品为契机宣示企业的理念、目标和研发实力。企业在新品上市时策划大力度的促销行为实际上是企业整体推广策略的一部分，此时为迎接新品上市进行的促销活动就不仅仅是增加销量了。所以，这些更深的促销意图还必须被企业的营销人员理解。促销策划人员也必须善于从更长远的眼光来安排促销活动。

4）根据对手的促销活动，有针对性地安排促销活动给予阻击

有时候，竞争对手采取的促销活动取得良好的效果，形成了好的销售势头，那么我们就必须紧急采取对应行动给予阻击。这种情况会经常发生，有些营销人员只习惯于按照预先的安排行事，对突发的变化不敏感；或者看到对方的活动，但由于事先没有预案，一时拿不出有力的反击计划，仓促中搞了针对性的活动效果却不明显。在市场竞争中，不是主动就是被动，只有时时掌握主动才能游刃有余，业绩才能提升。这就要求营销人员熟悉不同形式的促销活动，能够很快拿出应对方案。

另外，企业在进行促销规划的时候，要留有部分预备资源在关键的时候使用。而且企业必须意识到，任何严密的计划都有不足之处，同时必须设想一旦出现了最不愿意看到的情况该如何应对的预案。只有做好了各种准备，才不会在突如其来的变故前手足无措。

5）打乱对手的销售节奏，冲击对手的市场

孙子兵法中强调"水无常形，兵无常势"，同样的道理，市场竞争也没有绝对的规律。如果竞争对手会按照某类产品常规的销售规律来运作市场，那么我们就可以反其道而行之，打乱对手的布局。例如，针对在西南市场上彩虹的电蚊香片一直占有主导地位的情况，2004年，华东某品牌突然以大力度促销强行冲击西南市场。彩虹的市场份额很大，如果跟随其采取同样的大力度促销，则要付出极大的代价。在举棋不定中，彩虹的市场份额被大量蚕食，华东某品牌在西南市场的知名度急速提高，虽然当年没有挣钱，却为2005年的销售打下了良好的市场基础。

促销是企业整体营销策划中的重要一环，企业必须全盘规划，使整个促销活动相互衔接，形成整体的力量，避免为了促销而促销，把每次促销变成单个的互不关联的活动。营销人员必须牢记整体性和目的性是成功促销活动的两个基本点。

6.2.4　促销计划实施

当品类经理经过分析、预测，完成其促销计划后，并不意味着工作的结束。品类经理要跟踪该促销计划，确保该计划真正得以实施。这项工作往往被一些品类经理所忽视，觉

得计划完成后，门店自然可以按计划执行，而实际上却存在着多重的沟通问题。如何将计划变成消费者真正可以感知的促销信息和促销活动还需要付出很大努力。例如，可采取DM海报、店内POP、导购进场、堆头/端头出样等多种方式促销，但实际上实施的效果却会被一些细节问题所影响，如海报的设计，如何设计得清晰明了、突出重点、吸引消费者是需要零售商考虑的问题。

要保证促销方案的实施必须做好下列工作：各环节都应明确责任部门及责任人；忠于促销方案实施促销；重视团队协作。

团队协作对计划实施是非常重要的。如果各个部门不相互交流、沟通，不对其行动进行协调，就没有任何计划会顺利完成。只有团结协作，才能使购买者和公众看到促销所塑造的公司形象的一致性和连贯性。

同样，在促销实施中，会牵涉不同的部门，各部门整体的协同性需要得到相应的提高。除了以上的海报、POP等制作的细节以外，还需要考虑到门店空间位置的限制、促销位置的影响、门店促销调整的人员限制、促销期的订货和配送、促销员是否可以按时进场，甚至还会牵涉供应商的付款。因此，品类经理在做完计划后还需要和不同的部门进行良好的沟通。在促销的前期、中期和后期，品类经理需要定期查看不同的进程和每个部门的沟通反馈。总的来说，在促销实施时应注意以下工作重点：

（1）与供应商进行谈判，与供货商确定促销商品的促销价格、促销数量。

（2）促销商品的组织，包括促销商品的订货、进货、仓储、物流配送准备。

（3）货架优化及相关的陈列方法，如货架空间的规划、促销商品的上架陈列及搭配商品的选择等。

（4）促销宣传品与促销的配合，包括DM的设计、制作、发放，POP的制作、悬挂等。

（5）相关人力资源管理，包括促销人员的准备等。

此外，在促销活动开始后，品类经理还需要协助市场部门进行促销中期评估，通常称为事中评估。事中评估就是在促销活动进行过程中对其效果进行评估。评估的方法是消费者调查，调查内容分三个方面：

（1）促销活动进行期间消费者对促销活动的反应，可以通过现场记录来分析消费者参与的数量、购买量、重复购买率、购买量的增幅等。

（2）参与活动的消费者结构，包括新、老消费者比例，新、老消费者的重复购买率，新消费者数量的增幅等。

（3）消费者意见，包括消费者参与动机、态度、要求、评价等。

综合上述几方面的分析，就可大致掌握消费者对促销活动的反应，客观评价促销活动中期的效果。

@**小资料6-1**

认识新零售

什么是新零售？

简单来说，新零售就是以数据为驱动，通过新科技发展和用户体验的升级，来改造零售业形态。

新零售到底"新"在哪里？

（1）新科技带来的变化。新科技带来的最大变化是提升用户体验、运营效率，以及改变用户的消费场景。

（2）对大数据进行收集、分析，加强对消费者的了解和管理。传统的实体零售店最大的痛点是不能有效收集信息、监控消费者行为，无法精细化运营，但是电商可以通过数据的收集分析进行精准的商品信息推送、关联，通过大数据检测用户的购买行为，优化营销方案。

（3）通过对供应链的管理和控制，降低成本，提高效率，同时提升产品品质。

6.2.5　促销分析

每次促销活动结束后，对活动进行回顾和评估分析，可以使品类经理了解活动存在的不足之处。因为品类经理要保证促销活动按计划、高效率地进行，保证促销工作长期开展下去，所以对每一次促销活动都要进行评估，从而总结经验，寻找不足之处，为改进促销工作提供依据，发现促销结果和预测之间的差距，为企业今后的促销工作提供宝贵的经验。

促销效果评估的基本方法分为三种：前后比较法、市场调查法、观察法。下面列举了三种方法的具体内容。

1）前后比较法

前后比较法，即将开展促销活动之前、之中和之后三段时间的销售额（量）进行比较来测评效果。这是最常用的消费者促销评估方法。促销前、促销期间和促销后商品的销售量变化会呈现出几种不同的情况，分别说明促销产生的不同效果。通常，可能出现的情况有以下四种：

（1）初期奏效，但在促销中期销售额就逐渐下降，到结束时，已恢复到原来销售水平。这种促销冲击力强，但缺乏实质内容，没能对消费者产生真正的影响，其主要原因可能是促销活动缺乏长期性，策划创意缺乏特色，促销管理工作不力。

（2）促销期间稍有影响，但促销后期销售低于原来水平。这是促销出现的"后遗症"，说明由于商品本身的问题或外来的其他因素使该品牌的原有消费者构成发生动摇，而新的顾客又不愿加入，从而导致在促销期满后销量无法上升。其主要原因可能是促销方式选择有误，主管部门干预，媒体协调出现问题，消费者不能接受，竞争者的反攻生效抢夺了大量消费者。

（3）促销期间的销售情况同促销前基本一致，促销结束后也无多大变化。这说明促销无任何影响，浪费促销费用。这种情况说明该品牌基本上处于销售衰退期。其主要原因可能是企业对市场情况不熟悉，促销方式缺乏力度，信息传播方式、方法出现问题，商品根本没有市场。

（4）促销期间销售有明显增加，且促销结束后销势不减或略有减少。这说明促销效果明显，且对今后有积极影响，这种促销方式比较对路。促销商品的市场销量上升，增加的原因是由于促销对消费者产生吸引力。在促销活动结束后的一段时期（称为有货消耗期）内，消费者因消耗在促销期间积累的存货而没有实施新的购买行为，从而导致商品销量在促销刚结束的时候略有下降，但这段时间过后，商品销量比促销前有所增加，说明促销取得了良好的效果。

2）市场调查法

市场调查法是一种零售企业组织有关人员进行市场调查分析，确定促销效果的方法。这种方法比较适合于评估促销活动的长期效果。它包括确定调查项目和调查法的实施方式两方面的内容。

（1）确定调查项目。调查的项目包括促销活动的知名度，消费者对促销活动的认同度，销势增长（变化）情况，企业的形象在前后变化情况等。

（2）调查法的实施方式。一般来说，采用的方法是寻找一组消费者样本进行面谈，了解有多少消费者还记得促销活动，他们对促销的印象如何，有多少消费者从中获得利益，对品牌选择有何影响等。通过分析这些问题的答案，就可以了解促销活动的效果。

3）观察法

观察法是通过观察消费者对促销活动的反应，得出对促销效果的综合评价。观察法主要是对消费者中参加竞赛与抽奖的人员、优惠券的回报率、赠品的偿付情况等进行观察，从中得出结论。这种方法相对而言较为简单，而且费用较低，但结论易受主观影响，不是很精确。

在评估促销效果阶段，品类经理需要注意以下事项：

（1）评估周期。

效果评估应采取单次评估与中期评估相结合的方式。由于消费者的选择日益理性、信息传播的滞后等原因，组织实施的促销即使在活动结束之后的几个月，仍然能够发挥促进销售的作用。又由于促销活动的负责人能够在一定程度上控制促销结果，如压货等，非常容易造成销量上升的假象。因此，在实施效果评估时，建议采取短期与中期相结合的方法，这样才能使效果评估更加合理、公平。

（2）促销费用的计算。

①很多企业在计算促销费用时往往没有计算上级下拨的赠品，如礼品、宣传物品等。这将使促销费用失真，不能反映促销费用的真实情况。

②有部分客户在促销期内购进较大数量的商品，由于滞销或其他私人原因，容易出现退货现象（尽管大部分企业在实施促销时都会注明不允许退货）。因此，建议除加强控制外，还应根据历史经验预提退货损失，并将其列入促销费用。

③促销活动的关键在于事前计划、费用预算、事中控制。效果评估只是用于对活动结束后的总结，目的是为以后开展促销活动提供可以借鉴的经验与教训。

（3）促销分析。

目前促销分析采取的方式是单品分析，即只对一个商品进行促销效果分析，将促销的单品收益与促销费用进行对比，从而评估本次促销是否有效。但是这种方法存在非常大的问题，因为促销常采取降价、甚至低于进价的方式，如果按照单品分析的方法，会形成促销越多、损失越大的情况。

单品促销往往会造成一个品种商品毛利的损失，但是会带来相关商品或企业整体的旺销，促销的整体效益会大大提高。如果采取单品分析的方法，就无法发现这种现象。由于单品分析的局限性，所以企业必须按照品类管理的要求，重新确定促销分析的标准及指标。根据国外的经验，促销分析需要采取综合分析的方法，使促销的结果得到全面的评估，应采取以下分析方法：

①对于单品分析，必须采用阶段性的综合分析方法，找出促销及促销频度对于销售的贡献，不应该采取只看某一段时间的销售额、毛利额。

②采取品类分析的方法，对于单品进行销售额、毛利、周转率、成本的综合加权分析方法。

③对于单品进行"聚客"分析，从而确定促销是否有效，一般建议采用 PI 值的方法。所谓 PI 值，是 Purchase Index 的简称，即"购买指数"。日本国内对 PI 值的定义是"某商品的顾客人气度"，也可以说是"聚客指数"。这是一个表示顾客购买数量的销售实绩，不是每个人，而是每千人的销售数量、金额的指数。PI 值有两个指标，一个是购买指标，另一个是金额指标。其主要用于以下场合：不管店铺规模，只比较单品销售；在同一店铺的不同星期、客人数不同时比较商品单品的实绩；卖价不同而比较商品单品；将某一品类的商品进行个别比较。

（4）关联性分析。

要分析关联商品的支持度及可信度，从而找出商品的关联性。关联性是商品搭配关系的基础。在进行相关分析时，要找出商品的搭配关系，我们都知道"啤酒与尿布"的故事，但是要注意一个顺序问题。一般来说，会存在两种搭配关系：

①不同品类的搭配关系，如"啤酒与尿布"；

②同一品类的搭配关系，如"陪衬人"关系，即在同一品类销售时，采取性能相同但价格高的策略，使目标商品得到高销售额的方法。

（5）促销综合成本分析。

在进行促销成本分析时，不能采取单品、单批次的分析，必须采取阶段性、综合品类分析的方法，使促销的收益在整体上得到全面评估。

（6）促销价格与促销结果分析。

分析促销价格与促销结果的关系，找出"价格–销售量"的曲线及品类对于价格的弹性度，为今后促销价格的制定提供依据。

（7）促销与货架关系分析。

分析促销与货架的关系，找出最佳促销货架组合。

（8）促销手段与促销分析。

分析促销手段与促销的关系，找出最适合某个品类的促销手段。

案例窗

关于药品促销的案例

望着窗外落了一地梧桐叶的街景，某连锁药店的采购总监李珍思索前阵子听的几堂崔老师的课，知道在最近金融风暴时期，顾客对价格敏感度会提高。由于自己的各门店大都是社区店，以中老年顾客居多，虽然平常竞争者哪些药品降价，自己也都要求采购跟着降价，但是似乎除了毛利损失外，并没有显著提高顾客的忠诚度。似乎应该采取更有效的方法来稳固顾客忠诚度，否则，听说××连锁药店又要在自己的店附近加大开店力度，不早做准备，可能到时不仅业绩受影响，毛利也会无法达标。想到这里，李珍心中的一个想法逐渐形成了。她让负责心脑血管药品的采购员带着心脑血管药品的销售明细表来到办公室。

两个人把心脑血管药品所有品项的销售毛利作了分析，发现心脑血管药品占到了销售量的19%，是中西成药里最重要的品类，如果要提升价格形象，这个品类应该是最适合的着力点了。但是两人又发现，这个品类466个品项里，其实80%的销售量集中在93个品项里，也就是20%的品项创造了80%的业绩，而且这20%的品项也创造了82%的毛利额。也就是说，剩下的品项无论是通过低价还是促销，都无法带来业绩提升，反而拉低了整体毛利，造成了无谓的损失。如果不将这个问题解决再作促销，整体毛利会拉得更低。另外，当初品类里引进了数个自营品牌，尽管毛利很好，但是无论门店的销售人员如何努力推荐，销售量都无法占有一定比例，也就无法实现提升毛利额的目的。所以，如果把心脑血管药品当作这次提升价格形象的主体，需要多个部分同时开展行动，才能一举成功。于是，两个人经过一下午的反复讨论，得出了几点结论，兴冲冲地展开了一个以心脑血管药品为门店核心的长期计划。

1.请门店再次对心脑血管药品品类作全面的市场调查后，从93个品项中，挑出顾客比较敏感的10个不同小分类品项，在售价上要求比竞争者的售价低2%，并要求门店每周持续对这10个品项作两次竞争者市场调查。如果发现竞争者降价，采购总部立即对这些品项实施调价。同时，也对其他品类筛选出敏感品项，总计选出80个品项，作为价格政策的"红色商品"。

2.除了这10个品项外的其他品项，全部依据销售状况维持或者适当地提高售价。依据历史销售数据测算后，发现可以提高整体毛利率6%。

3.对销售后10%且毛利率低于原平均毛利率1.2倍的商品进行淘汰，以减少库存资金积压。

4.利用商品双ABC法，筛选出Ba~Bb的商品。要求门店将这些商品重新调整到该品类最好的陈列位置，并要求门店除主推自营品牌之外，还要力推这些商品。

5.重新设计门店销售模式。要求门店对所有顾客在购买心脑血管药品时，都要请顾客坐下来，奉上一杯门店准备的菊花茶，然后做血压、血糖的检测，并要求其填写与一个心脑血管药厂商协商合作印制的检测记录单，除正面可以供门店记录顾客血压、血糖外，背面还有心脑血管疾病的日常保健建议，让顾客将此单及"心脑血管疾病预防宣传单"带回去。然后，药剂师必须详细记录检测结果及用药周期及购药周期，登记在心脑血管疾病专用记录表内，规定店长每日开店后，必须检查临近购药期前两天尚未购药的顾客名单，由店长亲自打电话给顾客，了解顾客用药及购药状况。

6.采购员安排谈判计划。每周除了两个品项要作为店内促销品外，还要有一个品项为海报促销商品，并把与心脑血管疾病有关的商品也同时安排在谈判计划内。

7.采购员与各厂商协商，准备赠品、心脑血管疾病预防及保养宣传单和人员。这些人员与门店员工共同组成"关怀社区心脑血管疾病预防服务队",在一个月内将所有社区的各门店执行一次,重点为尽可能地获得所有患有心脑血管疾病居民的病史记录及用药资料,作为回店后的电话回访及未来促销品安排参考。

一周之后,负责心脑血管药品的采购员,喜滋滋地带着按照计划安排的工作结果,进了李珍的办公室,跟李珍作了详细的报告。这时,李珍心有定见地把负责企划的同事也叫进了办公室,三人为即将开展的心脑血管药品促销活动,又详细地作了一番讨论规划。

1.制订"关怀社区心脑血管疾病预防服务队"的实施方案和为期三个月促销计划。在连续三个月的促销海报中,规划出一个心脑血管疾病预防专栏,除了本期的促销商品外,由采购员提供每次介绍一种心脑血管疾病预防及保健常识的服务。

2.采购员观察这一个月的调整价格方案及价格政策实施结果,并适时调整,以期顾客适应促销前的价格结构。

3.在实施价格政策前,企划人员负责制作"保证低价"的标示摇摇牌,提供给门店放置在相应的商品上;并在各门店入口处制作喷画,介绍推出的保证低价系列商品的VICI。

4.企划人员负责制作"精明眼商品"的标示摇摇牌,提供给门店放置在所有自营品牌商品上;并在门店入口处制作喷画,介绍推出省钱又有品质保证的自营品牌商品。

5.企划人员制作看板,放置在血压、血糖检测区的墙面上,内容为海报上的资讯及特价商品公告。由企划人员统一制作交各门店更换。

6.将促销海报以邮寄方式寄送至通过"社区服务队"巡访结果记录在案的心脑血管疾病的顾客,有针对性地加强投递准确度。

7.利用"关怀社区心脑血管疾病预防服务队"活动期间,对门店员工进行全面培训。培训内容包含顾客检测流程,回访技巧、延伸商品销售技巧、谈话技巧,并制作"心脑血管疾病问卷",每位员工人手一份,并进行测验,务求人人熟悉。

8.要求采购员将门店所有的促销区及端架位置图收集回来,规定采购员以后对促销陈列规划必须进行管制。每次促销前一个月,召集门店店长与企划人员共同召开促销会议,讨论并传达促销计划,同时确定促销售价及促销陈列位置。促销结束后召开促销检讨会,检讨销售错误及缺失,并要求企划人员与采购人员在各门店促销实施时拍照,写检查报告,以供检讨及改进之用。

9.本次促销主轴为:前一个月,以心脑血管药品的服务形象推广及商品买赠为主;在过年期间,考虑顾客较少到医院的情况,将促销主轴改为以降价为主,进而增加顾客购买量。在各档期均挑选其他品类降价幅度较大的商品配合促销,还要连续三个月用一定的篇幅介绍"保证低价"的VICI及"精明眼商品"自营品牌。另外,在各档期都要举办洽谈各品类的厂商周活动,拉升店内人气及营造热闹气氛。由采购人员与厂商商讨赠品,办理顾客医药常识问答抽奖活动,问答内容前一个月着重心脑血管疾病的预防及保健常识,后期配合下一阶段促销分类的疾病预防保健。

10.各品类需维持在海报促销之外另增加一个品项作店内促销,以增强促销形象感。

在确定各个执行细项经过讨论后,李珍要求采购及企划的同事两周内完成各项准备工作。在送走了两位同事后,她全身虚脱地跌坐在椅子上。但是她知道,在她周详地计划后，只要执行彻底，努力是不会白费的。想到这里，李珍脸上露出了自信的微笑。但是当看见摊在桌上的品类销售分析表，她不禁抬起头来又望向窗外。她知道竞争者会在之后采取回应措施，她现在没有停下来休息的权利，必须在竞争者没有站稳之前，对其他重要品类，都按照此次方式，做好事先规划与商品整理调整。这时，李珍转头望望自己忙碌的采购团队，突然又想起有一件事漏掉了——还没有把心脑血管药品品类的正常结构与促销结构和毛利结构进行测算，以制定出预算；否则，没有评估的标准及促销售价的底线，采购团队及门店就没有促销执行的考核依据了。但是，还是先把下一个进行的品类安排下去，让采购团队先动起来再说，看来今晚势必要加班了。于是，李珍又抓起了桌上的电话，打给了一个采购员……

资料来源　http://retail114.blog.sohu.com/106404856.html.

导购员的基本素质

每一项工作，都需要从业人员具备一定的基本素质，导购工作也不例外。导购人员应当具备什么样的素质？一个优秀导购员与一个绩差导购员之间的差别是什么？

有销售专家提出，优秀的导购员要具备"三心二意"的素质，即要有爱心、热心、恒心、诚意、创意。

1.爱心：首先要爱自己的事业，对终端销售工作倾注满腔的热情。只有这样才能够创造出骄人的业绩。所以，有人很形象地将FAMILY（家）的概念拆解为：

FAMILY＝Father And Mother I Love You。

连家的概念中都充盈着爱心，可见爱心在人们生活中的重要性有多么地大。

2.热心：导购员要有热情的态度和语气。导购员能从多方说明，让顾客易懂。顾客会为导购员的热情所打动，感到信赖、放心。

3.恒心：终端销售是一项十分辛苦的工作，有很多导购员都是一天站10个小时左右，并且每天光临的顾客素质参差不齐，而导购员都要耐心地向其介绍产品，再加上来的顾客往往是看的多、买的少，所以导购员如果没有足够的恒心和平衡的心态，是很难坚持下来的。

4.诚意：导购员要用诚恳的态度向顾客介绍产品，守信用、亲切、不要花招、不掩饰，给人一种诚实可信的感觉，这样顾客在购买时才不会犹豫不决。

5.创意：导购员要经常动脑筋。如思考产品的优点是什么、如何找到一个独特的卖点、如何介绍商品、有没有更好的销售方法、如何展示商品的优点、如何制作POP、如何进行产品示范、如何制作推销工具等。

日本一位导购专家提出导购员必须具备以下七种观念：

目标观：有目的、有目标地工作。

合作观：与同事协力做好工作。

改善问题观：思考工作中存在的问题与改善方法。

顾客观：怎么更好地满足顾客的需求。

质量观：不出错，扎扎实实好好地工作。

利益观：考虑利益与成果。

导购员作为企业销售队伍的重要成员之一，必须具备的基本素质：坚定的销售意识；热情友好的服务；熟练的推销技巧；勤奋的工作精神。

资料来源　刘尧.导购员的基本素质［EB/OL］.［2017-06-25］. http://www.cmmo.cn/article-37843-1.html.

📖 本章小结

商品促销是品类管理战术中的重要环节。促销是指企业利用各种有效的方法和手段，使消费者了解和注意企业的产品，激发消费者的购买欲望，并促使其实现最终的购买行为。促销的实质是信息沟通。商场、超市、卖场的促销方式通常有多种。促销商品的主要目的是建立零售商的平价形象，增强竞争优势，促进销售等。品类分析及品类优化是选择促销商品的依据，根据品类分析的结果，确定参加促销的商品群，根据品类优化的要求，确定促销商品的主次。

促销是品类管理中最重要的战术之一，也是最需要提高效率的战术。提高促销的成功率除了明确促销目标、了解高效促销的评估标准，还需要清楚促销的设计流程和逻辑思维过程。

📖 主要概念

促销　优化促销　限时特价销售　促销指南　前后比较法

📖 基础训练

一、选择题

1.优化促销包括（　　　　）。

A.从品类优化的角度选择促销商品

B.从货架优化的角度选择促销终端

C.以促销优化提高销售效率、减少反应时间

D.优化销售数据

2.设计一些带有连锁超市或企业形象标识的小礼品，如钥匙链、小卡通玩具等，在新店开业或消费者购买一定数量商品时免费赠送，这是（　　　　）。

A.返还现金和优惠券　　　　　　　　B.集点赠送

C.分红　　　　　　　　　　　　　　D.现场展示

3.促销效果评估的基本方法包括（　　　　）。

A.前后比较法　　　　　　　　　　　B.市场调查法

C.观察法　　　　　　　　　　　　　D.数据分析法

二、判断题

1.促销的实质是信息沟通。　　　　　　　　　　　　　　　　　　　　　（　　　）

2.促销商品的主要目的是建立零售商的平价形象、增强竞争优势、促进销售等。

（　　　）

3.当品类经理经过分析、预测，完成其促销计划后，这就意味着对促销的管理结束。　　　　　　　　　　　　　　　　　　　　　　　　　　　　（　　）

三、简答题

1.促销商品有哪些选择？

2.规划促销可从哪些方面考虑？

3.促销效果评估有哪些方法？

实践训练

【实训项目】

促销商品设计。

【实训场景设计】

学生按教师指导选择一家具有一定规模的、方便到达的大卖场，对大卖场服装销售区域进行考察。

【实训任务】

所有同学一起对大卖场各销售区域所销售的商品进行大致考察，每个同学选择一个主题，以这个主题为核心，选择促销商品，并进行相应的促销方案设计。最终提交一份分析报告。

【实训提示】

同学们应结合调查时间，合理安排促销主题。

【实训效果评价】

实训效果评价见表6-2。

表6-2　　　　　　　　　　　　　　　　　**实训效果评价**

评价指标	具体评价	得分
报告内容		
语言		
逻辑思路		
实践性		
对专业的理解		
合计		

教师对每位同学的各项实训指标进行评价打分，每项指标分值最高为20分，最低为0分，最后合计为本次实训成绩。

第7章

新品管理

学习目标

掌握新品的概念、分类及新品引进的意义；熟悉新品引进的原则，对新品的评估；掌握新品引进的具体操作方法。

【引例】 沃尔玛最新品类创新速递

国际零售大鳄沃尔玛充分展示了其在供应链上节约成本的功夫后，又开始在品类管理上狠下功夫，来抢夺市场份额。为此，沃尔玛开发了一种被称为"超速增长，快速增长，展示需要"的品类组合框架。它根据每个品类的销售增长潜力和沃尔玛的规模优势进行组合。

"超速增长"类商品，其销售增长速度必须是同类别商品的两倍。在一次电话会议中，沃尔玛的执行副总裁和首席商品官 John Fleming 举例说，宠物产品就是一个超速增长的品类，同时沃尔玛也有规模优势。沃尔玛将增加"超速增长"类商品的单品数量。

"快速增长"类商品是其销售在增长的商品，但没有达到"超速增长"的幅度。这类商品的销售稳定，沃尔玛有规模优势，能提供极富竞争力的价格。其中一个例子是牛仔布类商品，沃尔玛有巨大的规模优势，但商品线不够宽。因此，顾客不会把沃尔玛作为此类商品的主要采购场所。沃尔玛不会像对待宠物类商品那样，在这类商品上大量投资。"快速增长"类商品的单品数会相对稳定。

"展示需要"类商品的销售呈下降趋势，在这类商品上沃尔玛可能没有规模优势或无法成为顾客的主要采购场所。"展示需要"类商品的任务是为能让沃尔玛实现一站式购物，但这类商品的单品数也会进行优化。

"这一做法使我们有机会将商品组合和供应商库进行真正的合理化，提高生产力，并对超速商品加大投资。"Fleming 先生说，"我们绝不应该促销'展示需要'类商品，因为它们的销售在下降，不应该给这些商品促销空间。在这一框架下，我们的促销会更有效，而且我认为对顾客来说也会更好。"

据初步了解，很多国内本土大型零售企业在品类管理实施成效方面并不理想。在品类管理实施过程中许多零售企业没有结合自身的实情，或者说没有选择循序渐进的方式来推动，企业在根本不具备条件的情况下，便开始与供货商联合实施品类管理（品类高级阶段），其结果可想而知。许多零售企业当初只是追赶潮流般地外聘顾问公司，"象征性"地将其作为一场"秀"的实施，后来实施结果差强人意，或者说是完全没达到企业当初的预期，于是当初的品类管理项目草草收场，更多零售连锁企业经营者们甚至怀疑品类管理的正确性、科学性和必要性。因此，近年来听到的满是对"品类管理"的批判，怀疑其能否有效提升销售业绩、有效改善零供双方的矛盾以及有效地、动态地调整商品结构等的声音。

所以，国内零售企业的经营者们应认真思考一向崇尚务实的外资零售大鳄们正在干什么。他们不惜花费巨资，不惜投入大量的人力、财力、时间来研究新型品类究竟为何。换而言之，如果不是品类管理真的如此有成效，如果不是他们已实实在在地尝到甜头，他们为何始终对品类管理或品类创新如此重视或情有独钟？

随着中国的经济逐步企稳回升，中国零售业已成为众多国际零售大鳄争抢市场份额与业绩增长的新引擎。沃尔玛这个零售大鳄的最新动态表明，零售企业的品类创新至关重要。品类创新不应只是成为企业的一场短期运动，而是要着重从企业长远发展战略出发。有条件的国内本土零售企业更应该思考成立长期的、专业的品类研究团队，不断创新品类，寻找新的销售增长点，始终将此作为重点关注的方向。这尤其值得国内本土零售企业的高层决策者们思考。

资料来源 http：//www.linkshop.com.cn/club/archives/2010/367176.shtml.

7.1 新品管理概述

7.1.1 新品的概念

品类管理过程中，不断引进新品是零售企业的必要举措之一。市场是不断变化发展的，消费者的消费需求也随经济形势、收入水平、流行趋势等不同因素的影响而不断变化。企业必须适时引进新品，应对市场和消费者需求的快速变动。

品类管理中新品的概念与商品学中新产品的概念存在很大区别。新产品是指企业初次试制成功的产品，或是在结构性能、制造工艺、形体材质等某一或几个方面比老产品有显著改进的产品。[①]这一概念是从工业生产的角度出发，强调在制造方面的创新性，但从零售的角度考虑的新品与此存在很大不同。对零售企业的采购人员来说，一个产品包装的改变就可能导致消费者对这一产品的全新认识，消费者可能认为新包装的产品完全不同于老产品，消费者对新包装产品的认知与一个全新功能的产品可能一样，这样的产品就是新品。对零售企业的忠诚顾客来说，如果一个在其他地方长期销售的商品，而零售企业才开始销售，顾客也是第一次接触，那么对顾客来说该商品也是新品。由此可知，零售企业在品类管理中引进的新品与商品学中的新产品是完全不同的两个概念。所谓的新品，是指零售企业从来没有引进销售过的商品，该商品对其大部分顾客来说也没有事前的认知。

一个商品被零售企业定义为新品必须具备两个要件：

（1）该零售企业以前从来没有引进过该商品。该商品是否为新研制商品，是否在市场上已经存在并不重要，重要的是该商品以前没有被零售企业引进过，对该零售企业来说是一个全新的商品，需要为其定义新条码，安排新的销售空间。零售商与供应商为该商品在销售场所的销售承担相应的市场风险。

（2）该零售企业的大部分顾客认为这是一个新品。在此并不需要所有顾客都认为该商

---

① 郭洪仙，曾瑾. 商品学 [M]. 上海：复旦大学出版社，2008.

品是一个新品，只需要零售企业的大部分核心顾客认为销售的商品与其以前所见的商品存在区别，并从新品的角度察看该商品。

7.1.2　新品的分类

新品按不同的标准可分为不同的类别。

1）按产品的创新程度分

按新品的创新程度可将新产品分为全新型新品、换代型新品和改进型新品。

（1）全新型新品。

全新型新品是指应用科学技术研制、设计、生产的，在结构原理、技术工艺等方面是前所未有的产品。例如，移动硬盘相对于软盘而言是全新产品。

（2）换代型新品。

换代型新品是指产品的使用、制造基本原理不变，部分地采用新技术、新材料，或改变其结构，使产品的性能、使用功能或经济指标发生了显著变化的产品。例如，液晶电视相对于以前的普通电视机，在很大程度上发生了明显的变化，并且相关质量指标都有很大提高，但其开发的难度较全新型新品要小得多。

（3）改进型新品。

改进型新品是指在原有老产品的基础上，对原有产品的功能、性能、花色、品种、规格、包装等方面采用各种技术改进方法，进行局部改造而制成的产品。

2）按新品地域范围划分

按新品的地域特征可将新品分为世界级新品、国家级新品、地区级新品和企业级新品。

（1）世界级新品。

世界级新品是指世界上第一次生产和销售的新品。

（2）国家级新品。

国家级新品是指在国外已经有生产、销售，而本国还是第一次生产、销售的新品。

（3）地区级新品。

地区级新品是指国内其他省、自治区、直辖市已经生产并投入市场，但在本地区是第一次生产、销售的新品。

（4）企业级新品。

企业级新品是指其他企业早已生产销售，但本企业初次开发生产、销售的新品。

7.1.3　产品生命周期理论与新品引进管理

产品生命周期理论是美国哈佛大学教授雷蒙德·弗农（Raymond Vernon）于1966年在其《产品周期中的国际投资与国际贸易》一文中首次提出的。

产品生命周期（Product Life Cycle，PLC），是产品的市场寿命，即一种新产品从开始进入市场到被市场淘汰的整个过程。弗农认为产品生命是指产品的营销生命，产品和人的生命一样，要经历形成、成长、成熟、衰退这样的周期，如图7-1所示。就产品而言，也就是要经历开发、引进、成长、成熟、衰退阶段。而这个周期在不同技术水平的国家里，发生的时间和过程是不一样的，存在一个较大的差距和时差，表现为不同国家在技术上的差距。这种差距反映了同一产品在不同国家市场上的竞争地位的差异，从而决定了国际贸易和国际投资的变化。

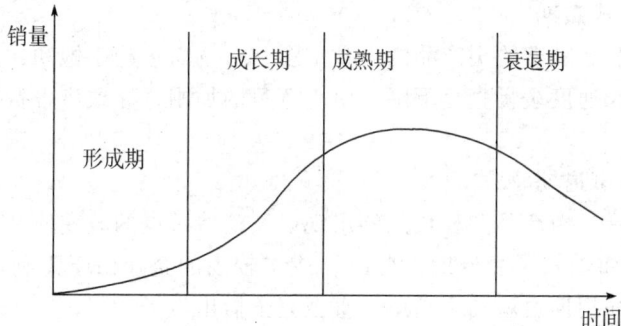

图7-1 产品生命周期曲线图

典型的产品生命周期一般可以分成四个阶段，即引入期（或介绍期）、成长期、成熟期和衰退期。产品生命周期各阶段特征和策略见表7-1。

表7-1 **产品生命周期各阶段特征和策略**

	阶段	引入期	成长期	成熟期	衰退期
特征	销售额	低	快速增长	缓慢增长	衰退
	利润	易变动	顶峰	下降	低或无
	现金流量	负数	适度	高	低
	顾客	创新使用者	大多数人	大多数人	落后者
	竞争者	稀少	渐多	最多	渐少
策略	策略重心	扩张市场	渗透市场	保持市场占有率	提高生产率
	营销支出	高	高（但百分比下	下降	低
	营销重点	产品知晓	品牌偏好	品牌忠诚度	选择性
	营销目的	提高产品知名度及产品试用	追求最大市场占有率	追求最大利润及保持市场占有率	减少支出及增加利润回收
	分销方式	选择性的分销	密集式	更加密集式	排除不合适、效率差的渠道
	价格	成本加成法策略	渗透性价格策略	竞争性价格策略	削价策略
	产品	基本型为主	改进产品、增加产品种类及提升服务保证	差异化、多样化的产品及品牌	剔除弱势产品项目
	广告	争取早期使用者，建立产品知名度	大量营销	建立品牌差异	维持品牌忠诚度
	销售追踪	大量促销及产品试用	利用消费者增加需求	鼓励采用公司品牌	将支出降至最低

1）第一阶段：引入期

新产品投入市场，便进入了引入期。此时，顾客对产品还不了解，除了少数追求新奇的顾客外，几乎没有人实际购买该产品。此阶段产品生产批量小、制造成本高、广告费用大，产品销售价格偏高，销售量极为有限，企业通常不能获利。

2）第二阶段：成长期

当产品销售取得成功之后，便进入了成长期。此时，需求量和销售额迅速上升，生产成本大幅度下降，利润迅速增长。

3）第三阶段：成熟期

经过成长期之后，随着购买产品的人数增多，市场需求趋于饱和，产品便进入了成熟期。此时，销售增长速度缓慢直至下降，由于竞争的加剧，导致广告费用再度提高，利润下降。

4）第四阶段：衰退期

随着科技的发展，新产品和替代品的出现以及消费习惯的改变使产品的销售量和利润持续下降，产品从而进入了衰退期。此时，成本较高的企业由于无利可图而陆续停止生产，该类产品的生命周期也就陆续结束，直至完全撤出市场。

产品生命周期与零售商引入新品的关系存在两种情况：

（1）对部分产品来说，产品被零售商作为新品引入时，往往处于该产品的引入期。此时，产品处于被消费者逐渐熟悉的状态，市场反应还没有完全显现，零售商引入该产品存在一定的市场风险，同时也存在销售机遇。零售商与供应商之间存在一个风险分配的问题。

（2）也有一部分商品已经处于产品生命周期的其他阶段（除引入期外），但该商品在特定的零售企业并没有销售过，也会被作为新品引进。此时，所谓的新品与产品生命周期中引入期阶段的商品概念并不一致。例如，一些生命周期3～4年的功能性饮料，产品进入了成熟期，某些零售商才引入。

7.1.4 新品引进的意义

新品引进对零售企业有以下意义：

（1）零售业的竞争日趋激烈，具有市场潜力的新品成为零售企业的核心竞争力之一；

（2）引进具有市场潜力的新品赋予零售商市场先发优势；

（3）供应商对新品投入的推广资源能为零售商所用，成为其发展的助力；

（4）引进高效新品是维持良好品类组合的要素之一；

（5）具有销售潜力的新品能够带动零售商的日常经营。

7.2 新品评估

7.2.1 新品引进原则

1）信息数据化

新品引进应依托信息技术，在数据分析的基础上对新品的市场前景进行量化分析。切忌以经验为基础，不加分析地凭感觉和喜好随意引进新品。

2）引进新品应以消费者的需求为依据

应以以往相关产品的销售数据为核心，分析消费者对关联产品的消费心理，通过调查问卷等方式评估消费者的消费倾向，判断消费者对拟引进新品的感观，以此作为引进新品的依据。

3）在品类管理的前提下，与其他高效商品形成良好的品类组合

新品引进本身就是品类策略的一部分，在引进新品时要考虑品类组合策略。例如，位于商业中心的高档百货中心，引进新品时要考虑新品的品牌定位、价格定位、市场形象等因素是否与商场形象相符，是否与其他关联商品组成高效品类组合。

4）新品引进过程是零售商与供应商充分合作的过程

引进新品对零售商与供应商都是一种存在风险的商业行为，但风险的主要承担者是供应商，新品销售的失败会导致供应商前期投入的研发、推广、渠道、配送、人员等费用成本的损失。零售商也会承担货架资源浪费、销售成本增加和效益降低的风险。为了降低风险，零售商与供应商应通力合作，通过信息共享等方式尽量确保新品销售取得成功。

7.2.2　新品优劣初步判断

引进新品展开详细评估之前，应对新品引进产生的后果进行初步判断，主要考虑以下几个因素：

1）引进的新品是否与现有品类相冲突

如果引进的新品在产品类别、功能等方面与现存的品类存在同质性或相似性，就会影响现存品类商品的销售。对消费者来说，新品的引进导致了选择问题，有时消费者乐于选择，但有时选择也是一种负担。对于商家来说，新品占据了一定货架资源，给消费者增加了选择余地，但并不能促使消费者多买商品，这只是以原有品类的市场份额换取了新品的市场份额，并不能提升市场份额，利润得失也在两可之间。

2）引进的新品价格是否可以补充现有的价格带

现存的零售企业品类商品大部分已经形成较为完整的价格带，且价格区域较为密集。如果新品价格与现有商品的价格带存在冲突，则不利于扩大销售，增加单品盈利能力；如果引进新品价格正处于价格空白带，则能有效完善价格带，增强销售。

3）引进新品是否会带来额外收益

很多零售企业引进新品时会收取通道费用，具体为进场费。这一费用的作用主要在于把本来由零售商与供应商共同承担的销售风险完全转移给供应商，新品销售即使失败，零售商也可以由进场费弥补利润损失，而新品销售成功，零售商则获利更多。本书并不赞同零售商收取进场费的行为，原因在于：首先，收取进场费的行为在商业交易中有失公平，零售商规避了自身的经营风险；其次，从长期看，零售商收取进场费的行为使其对新品经营不再全力投入，最终导致核心竞争力的减弱和盈利模式的异化。但就短期财务表现来说，零售商收取进场费使其取得大量额外收益，财务表现良好。

4）供应商是否对新品大力推广，带动整个品类商品的销售

新品的存活率较低，如国内某著名牛奶品牌生产商，前几年走产品路线，不断推出新品，很多新品推出三个月左右销量很低，在消费者还没注意到这些新品的时候就不得不下架。所以，企业为加大新品的存活率，往往在上市之初加大推广力度，策划整套推广方案，这些推广促销行为可能会带动整个品类商品的销售。

5）是否与同类商品有差异性

新品与同类商品的差异性是其具有核心竞争力的表现。例如，同样价位的手机，成熟稳重风格的手机与时尚设计概念的手机，虽然在功能上相似，但面对的目标人群绝对不

同，市场也是有区别的。

@ 小资料 7-1

2016年CCFA中国连锁业员工最喜爱公司名单

"2016年CCFA中国连锁业员工最喜爱公司"的评选活动开展以来，根据评选流程，经过协会秘书处初审共有15家企业入围评选，并面向各入围企业开展全员参与的"员工敬业度盖勒普Q12调查"，包括顾客忠诚度、员工保留率等。随后由CCFA人力资源20人组成的专家评审团对候选企业提供的材料（包括员工敬业度反馈结果、企业在培训方面的建设与投入等）进行审核，并结合企业在行业的美誉度等综合评定选出10家企业获得"2016年CCFA中国连锁业员工最喜爱公司"。

2016年CCFA中国连锁业员工最喜爱公司（排名不分先后）:
1. 红星美凯龙家居集团股份有限公司
2. 兴隆大家庭商业集团
3. 步步高商业连锁股份有限公司
4. 银泰商业集团
5. 国美电器有限公司
6. 深圳百果园实业发展有限公司
7. 宏图三胞高科技术有限公司
8. 欧尚（中国）投资有限公司
9. 上海来伊份股份有限公司
10. 北京麦当劳食品有限公司

7.2.3 新品评估

1) 品类特点判定

品类特点判定内容见表7-2。

表7-2　　　　　　　　　　　品类特点判定

品类特点	详述	举例
品类角色	品类角色不同会带来商品定位不同及商品组合不同，品类角色包括常规品类、目标性品类、偶发性品类、季节性品类、便利性品类	儿童用品商店的品牌儿童玩具，属于目标性品类，一般零售卖场陈列不足，只有专业销售，应与同品类商品共同陈列
品类规模	品类规模是指品类的市场容量、品类目前的数量及品类占据的货架空间	春节期间的保健品市场热销，但陈列过多也会影响其他商品的销售，保健品的过多陈列本身不能导致市场扩大，总体上可能影响销售
品类差异化	品类差异化是指新品迎合目标人群需求的特定性。其他商品不能满足这种特定需求	ThinkPad笔记本电脑体现一种商务高端形象，与其他笔记本电脑相区别
品类策略	品类策略的目的在于突出，甚至制造新品的差异化。品类策略应根据新品的特点制定	市场流行婴幼儿早教，商家引进符合家长价值观的相关音像制品

2）产品特点

市场会不停地产生符合零售企业品类要求的新品，评估这些新品应考虑产品特点要素见表7-3。

表7-3 产品特点要素

产品特点要素	扩展解释
产品功能	面对不同目标人群的功能特点，产品能带给消费者什么
性价比	在产品现有性能的基础上，消费者能否接受其价格
消费者测试	消费者对产品的试用感觉如何？能否接受该产品
盈利能力	产品是否具有足够的利润空间
销售潜力	对该品牌类似产品的销售记录及市场美誉度进行分析，测试其销售潜力

3）供应商的市场支持度

产品，尤其是新品的推广在很大程度上得益于供应商对新品的市场支持度。强大的市场支持度能够让消费者快速认识该产品并产生兴趣。如果没有一定的市场支持配合，再好的产品也不能取得良好的销售成绩。市场支持方式见表7-4。

表7-4 市场支持方式

市场支持方式	阐述
媒体投放	媒体投放是让消费者认识产品的最快途径，现代专业媒体非常发达，受众几乎涵盖了所有的消费人群。媒体投放包括电视广告、户外广告、报纸广告、网络广告等。不同媒体应对的目标人群是不一样的，如专业报纸针对专业人群，汽车广告不应投放在肥皂剧前后，而应投放在财经类电视节目前后等
样品派发或消费者试用活动	在超市卖场甚至一些路边，经常有一些新品的试吃或促销活动，是生产厂商考虑到新品不为消费者所知，消费者在考虑购买时对新品的实际情况存在疑虑，为了让消费者尽快对新品存在感性认识而采取的行动
消费者教育	一些新品的推出，由于其自身功能过于复杂强大，或理念过新，存在不易被消费者接受的障碍，需要通过消费者教育让其慢慢接受
公关活动及专业协会认可	公关活动和专业协会认可是为新品树立正面健康形象的快速途径。良好的公关活动和专业协会的认可可以让新品快速地与健康、诚信等正面印象相联系

4）店内推广

对上市新品来说，大部分的购买行为是在店内完成的。店内推广活动包括端头、堆头、磁石点的大量陈列，产品促销，店内演示和店内POP广告等。

5）供应商销售情况及合同规定

供应商以往的商品销售表现和与零售商订立合同的内容规定都会影响零售商决定新品是否进入。零售商一般主要考虑以下几个问题：

①供应商以往商品的销售曲线；

②供应商商品的盈利能力；

③供应商对新品的支持推广力度；

④供应商缴纳的进场费用；

⑤供应商同意的账期。

7.3 新品引进操作方法

7.3.1　制订年度新品引进计划

1）年度新品引进计划作业流程

年度新品引进计划作业流程如图7-2所示。

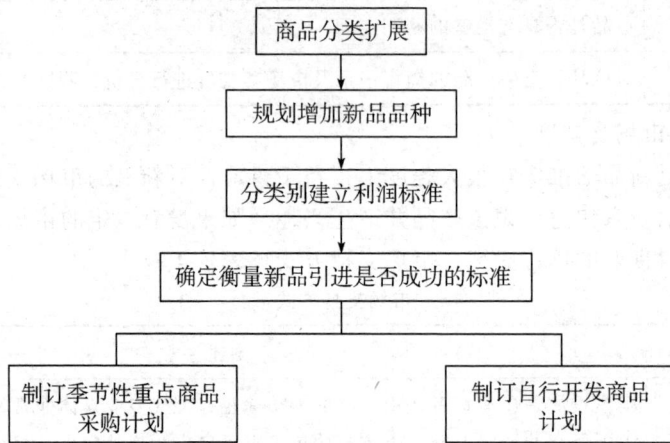

图7-2　年度新品引进计划作业流程图

（1）商品分类扩展。市场和消费者的需求在不断变化发展，零售企业的商品分类也应适时调整。新年度增加哪些新的商品分类，又淘汰哪些商品分类要提前作出明确规划。

（2）规划增加新品品种。在增加商品分类的基础上，确定新年度每月应增加哪些商品品种。新品引进计划表见表7-5。

表7-5　　　　　　　　　　　　　新品引进计划表

商品名称	编号	规格	各月份计划需要量												合计	基本存量
			1月	2月	3月	4月	5月	6月	7月	8月	9月	10月	11月	12月		

（3）分类别建立利润标准。不同品类商品给企业带来的利润率是不一样的，应在下一个财政年度开始之前确定新品类的利润率，以作为下年度采购议价的基础。

（4）确定衡量新品引进是否成功的标准。新品引进是否成功的衡量指标除了销售额、利润等财务指标以外，还应包括执行效率方面的指标，具体包括：

①新品存活期（该产品从引进到销售份额降到0.1%以下的时间或零售商从引进到淘汰它的时间）。

②新品引进时机（引进新品的时间距离供应商推出该产品时间的天数）。

③订单效率。新品订购单见表7-6。

④新品上架速度。

（5）制订季节性重点商品采购计划。

（6）制订自行开发商品计划。自行开发商品主要是指自有品牌商品。企业应提前确定如何迎合市场需求，根据已定的商品分类扩展计划或新品增加计划确定开发哪些自有品牌商品。

表7-6 　　　　　　　　　　　　**新品订购单**

供应商名称：　　　订单号码：　　　　　订购日期：　　年　　月　　日

新品名称	货号	单位	规格	订购数量	单价	总价
厂商签章		经理		采购部长		采购员

2）新品引进的类型

引进的新品主要包括以下三种类型：

（1）需求性引进

所谓的需求，不是指企业的需求，而是指顾客的需求。需求性引进应以顾客需求为基础，主要考虑三个因素：顾客对新品的需求程度、顾客对新品的要求和顾客的消费习惯。

（2）技术性引进

运用新技术生产或加工各类新品，以适应消费者的新需求。

（3）营销性引进

利用分类分级、定牌包装、定价、陈列、促销等营销策略将产品变为新品。

7.3.2　新品引进具体操作流程

新品引进的具体操作流程见表7-7。新品引进效果评估表见表7-8。

表7-7　　　　　　　　　　　　　　**新品引进操作流程**

执行步骤	执行内容
新品引进前的市场机会评估	●收集有关新品的种类信息及数据，包括与新品相关联产品的信息，消费者的需求信息等 ●根据新品评估标准给新品评分（产品功能、性价比、消费者测试、盈利能力、销售潜力） ●根据评估结果确定新品引进规模
新品引进执行计划	●确定新品上架计划（依据新品的品牌、价格带、毛利定位等决定相应的陈列位置及陈列面积，建议在新品上架3个月内给予较好的陈列位置及较大的陈列面积。通过3个月的销售考核后再视状况调整） ●新品定价 ●确定新品引进时的助销方案（给予必要的视觉标示，如新品推荐、功能说明、人员介绍等。新品上架第2个月后，执行2个月的促销计划，安排快讯、店内促销进行交互使用。除了让新品有高曝光率外，更重要的是使采购人员了解除该商品正常价格的销售情况外，通过不同价格的促销，测试商品在各价位的销售情况，以利采购人员在该新品进入正常销售时确定该品类的销售计划） ●确定后勤、下单、分销时间
销售效果评估	新品上架后每周监控其销售情况，绘制销售趋势曲线。如有问题，需及时调整。3个月后，对该新品进行一次全面评估，评估内容包括3个月的销售数据、贡献度达成情况的分析追踪，并适时调整营销手段

表7-8　　　　　　　　　　　　　　**新品引进效果评估表**

	评估内容	第1个月	第2个月	第3个月
财务指标	新品销售量/额			
	新品利润			
	销售量份额			
	销售量份额平均值			
执行效率指标	新品存活期			
	引进时机			
	订单效率			
	上架速度			
品类	品类销售量			
	品类销售额			

@**相关链接7-1**

某超市鲜食新品程序

　　鲜食部门是我们每天吸引更多顾客光临的主要部门。在鲜食部门不断有新品推出会使顾客感觉耳目一新，在增加客流的同时，也提高了整个商场的销售。因此，不断推出新品必须制度化。

一、采购提供的新产品

（一）订货及生产

采购将在周四的 Bulletin 中发布新商品信息，需部门加工的新商品同时附有生产配方，94 号（企业内部商品编号）的新商品会列入周四的成本报价单中。

（1）对于供应商直接供货的商品。部门在收到 Bulletin 或成本报价单后，应第一时间与供应商联系，确认订货数量和送货时间，同时制订促销计划。

部门需跟进供应商的送货情况（到货时间、到货量、质量）。

根据新商品实际到货情况，部门按照陈列计划将新商品第一时间全面陈列。

部门在新商品的销售过程中应根据实际情况及时调整订货计划。

（2）对于需部门再加工的新商品。部门根据采购提供的配方及原料在第一时间进行试生产，授权人员进行试吃，将信息反馈给采购。

部门可于当日根据商品口味、定价、毛利情况及市调结果制订生产计划，并按生产计划进行生产，同时在销售过程中及时调整生产计划。

部门需每日跟进新商品的销售和丢弃情况，做好详细的记录。

（二）陈列及促销

（1）新商品的陈列需按照采购在 Bulletin/COMAC 的陈列要求进行陈列，如果采购没有说明陈列方式，部门应用专门固定的展台作特别陈列。

特别说明：新商品入场后必须保证陈列推广时间为 30 天。

（2）按照采购的要求将新商品陈列。对于陈列出的新商品，要特别注意检查旗标、标签及标牌，同时应通过热卖、试吃、专人促销、广播介绍、样品展示等多种促销方式将新商品推荐给顾客。

特别说明：新商品在 30 天推广期内店内不得进行降价促销。如果经过 30 天的特别促销，该新品无法实现较好的销售，则由商场建议采购进行删除，并由其他新品相应代替。

（三）信息反馈

30 天后，部门需将本月新商品的销售情况、生产情况、市场情况及丢弃情况（丢弃量及金额）反馈给采购。

二、商场自行研制的新产品

（1）各鲜食部门成立新产品开发小组，经理或主管任组长，组员为本部门 3~4 名有经验的同事。

（2）每个月的月初各部门开发小组开会一次，根据市场调查竞争对手情况来研讨顾客和市场的需求，提出新品种计划；每个部门每月不少于 3 个自制新商品推荐及销售。

（3）各鲜食部门在每月 5 号前将新品计划上报 DGM 审核，DGM 审核同意后，开始进行试生产；由常务副总和总经理试吃考核，由总经理在"商场鲜食自制新品推荐表"上批准，并于当月 10 号前将计划发电子邮件给各自的 JV 汇总后报给地区采购。

（4）根据商场提供的新品计划并按照相应的采购标准，由采购人员在两周内完成相关的步骤，如作出生产配方，制定相应的商品 PLU、商品名称、商品价格以及毛利（毛利不得低于本部门平均毛利）等。在此期间不能亲自到商场了解新品的采购人员（如广东地区），可以参看推荐表中的新品数码照片。商场在当月 25 号前应收到采购通知和回复并开始推出该新品。如果采购人员不能采纳该推荐新品，则必须在"商场鲜食自制新品推荐表"中注明相关原因。

（5）对于陈列出的新商品，要特别注意检查旗标、标签及标牌，同时应通过热卖、试吃、专人促销、广播介绍、样品展示等多种促销方式将新商品推荐给顾客。每个新商品陈列时间不得少于1个月。新商品在30天推广期内店内不得进行降价促销。如果经过30天的特别促销，该新品无法达到较好的销售，则由商场建议采购进行删除，并自制出其他新品相应代替。

（6）经销售实践成功的商品，由JV汇总总结配方及制作过程，以及销售数据及相关图片后，同其他JV分享。

案例窗

创新品类：引导消费者进入概念抽屉

2005年，杭州娃哈哈推出"营养快线"。这是一种用塑料瓶装的果汁牛奶。随着强势的广告推广，消费者很快在终端看到了这么一种白色的产品。据娃哈哈内部统计数据，上市当年就实现7亿元的惊人业绩！"香浓牛奶+纯正果汁——15种营养素"的包装诉求和独特的口感，很快就吸引了年轻一族消费者，有时候早餐来不及吃，就在小店买一瓶喝。我在心底由衷地钦佩这家公司的英明，因为他们开创了一个饮料的新品类，这个品类名称就叫"营养快线"。很多消费者购买时直接喊"来一瓶营养快线"，他们对这种瓶装乳白色的果奶有独特的认知，知道它叫营养快线，所以他们不会这么喊——"来一瓶娃哈哈的营养快线"。但事实上营养快线就是娃哈哈独有的！

今年，农夫山泉出了"水溶C"，这是一种柠檬果汁，透明的PV瓶，透明的"五个柠檬的容量"的瓶贴诉求。第一次看到女员工喝时，我对这种透明的饮料瓶特有好感，随后，我也喜欢上了这个叫"水溶C"的产品。因为我平时很少吃水果，喝"水溶C"让我感觉自己在补充维生素C，而且那种感觉非常真，仿佛我在吃新鲜的柠檬……

这两种产品的属性，其实依然只是果汁，没有什么新的，只是果汁的配方改变而已。但是，如果上述两家企业没有在名称和包装上进行消费指引，那么它们不会创造不俗的市场业绩。所以说，它们的成功，与其说是市场推广的成功，倒不如说是一开始的品类设计做得好——因为它们超越了消费者的思维，引导消费者接受了一种新的品类，品类的威力就是这样产生了……

创新品类：看不见的营销杀手。

● "更好的"误区

由于职业原因，我经常接触到很多企业的稀奇古怪的新产品。初听企业老板和技术人员的介绍时总感觉蛮新奇的，而且他们也总是沾沾自喜地给我演绎新产品的神奇功能。我听完之后起初是惊叹，之后却是一个很大的疑问——既然产品这么好，为什么销售不行呢？他们回答我说，企业的品牌知名度太低，消费者不相信我们的产品比市场上正销售的品牌产品更好。我相信他们说的理由，从消费者角度看，也确实如此——产品品牌是陌生的，产品价格又比别人的贵，凭什么要买你的产品呢？这个产品市场已经有了，只是你们的技术比它更先进了点，问题是：谁相信？凭什么？

2007年，我接触了四川格林格电器并与之签署了合作协议。这是一家典型的在技术和产品能效上超越了著名品牌方太、老板、帅康和华帝四大家族油烟机产品的企业。企业上下乃至经销商一说到产品，总是有太多的优势，自豪之情溢于言表。可市场销售却很不理想，纷纷认为是品牌知名度太低。我走访了一下市场，也验证了他们的说辞。但是如果我们的企业都这么想，那么岂不是有技术优势的企业产品要想在市场上获得成功，就必须要投入大量的广告，等品牌有了一定的知名度才可以打开市场销售。如果真这样的话，企业该投入多少费用和多少时间才能快速提升知名度？企业能坚持吗？显然，技术性能好的产品没能产生销量而怪罪于企业品牌知名度低，这仅仅是事物的表象，而不是本质。

海尔电器算是在国内有很强的品牌知名度了吧，为什么海尔于2003年推出电热水器产品时也遭遇了销售迟滞的障碍呢？直到后来开创了"防电墙热水器"新品类后才扶摇直上，一举摘取国内电热水器行业的销售桂冠。

我认为格林格电器的问题不是知名度问题，而是格林格电器没有利用自己独特的技术和性能优势开创一个油烟机新品类，而是把一个优质产品，混杂在普通油烟机产品中一起销售，这就是问题的症结所在。所以我决定从品类入手，解决格林格电器的营销难题。

通过严格的市场调查，我们很快提炼了一个品类名称，那就是"深附吸油烟机"。这个名称的优点在于一个"深"字，反比其他对手的产品就是"不深"或者"浅"的意思。事实上，格林格电器的旋流技术确实能使油烟吸净率达到99.8%，而普通油烟机仅仅只是68%。我建议企业采用这个名称，并以这个名称开创一个新品类。为了确保新品类推广成功，我专门为此设计了一个有爆炸力的新闻公关，以达到行业破局的效果。但结果由于汶川地震和北京奥运会，新闻公关的威力无法保障，所以方案取消。同时，由于企业自身的执行力所限，"深附吸油烟机"虽然注册成功，但市场推广迟迟没有深入，全国各地的经销商依然不理解"深附吸油烟机"的意义和价值乃至如何利用。

所以说，无论你的产品好到什么程度，消费者内心的认知才是最重要的。当你是一个很有权威的专家时，你所说的每一句话就会产生一定的力量，否则没人信你，市场也是一样。所以，越是好的产品，就越需要与现有的产品做出差异。这是消费者心理差异概念的植入，也就是品类的创新。

● 品类的力量

什么是品类？品类的含义是什么？我相信很多业内人士都非常清楚。对于策划人而言，我们对于品类的定义与当前超市对品类的定义略微有些差异。首先，我们来看看国际知名的AC尼尔森公司对品类的定义——品类，即"确定什么产品组成小组和类别，与消费者的感知有关，应基于对消费者需求驱动和购买行为的理解"，而家乐福则认为"品类即商品的分类，一个小分类就代表了一种消费者的需求"。

我总感觉似乎有点不那么完整，或者说有一点偏。因为这里讲的只是根据消费者的需求进行分类，而不是根据商品的属性进行分类，我觉得这只是品类管理者的管理思维而非带有引导性质的品类定义。在家乐福的分类中，"碗碟"被定义为"消费者通常用于盛放食物的器皿"，所以它在小分类中是先分为"碗碟"，再细分为"陶碗碟""瓷碗碟""密胺碗碟""玻璃碗碟""不锈钢碗碟""木制碗碟"等，集中陈列，方便消费者选购。

提到产品品类，我有必要谈一下我们人类思维中的概念抽屉模式。我在《揭开营销策划的神奇之谜》一文中提到过关于人类思维的神奇之处——我们在看到某个产品的刹那间，就会在脑袋里自动把它归类到一个概念抽屉里面。譬如，我们看到一张椅子，我们自然会把它归类到"家具"这个概念抽屉里，而"家具"概念抽屉里就会有"板式家具""欧式家具""美式家具""中式家具""儿童家具""办公家具"等，人类的大脑会很清晰地把所看到的产品进行归类。如果大脑无法这么清晰地归类，那么我们做任何工作就会很麻烦，显然也就很难做好。

所以概念抽屉与产品品类密不可分，同时又与市场细分有点瓜葛，有时候这三者之间会互相作用，产生连带关系。

譬如，娃哈哈"营养快线"是一个品类，农夫山泉的"水溶C"是一个品类，盘龙云海的"排毒养颜"也是一个品类，还有"特仑苏"、雅客"V9"、达利园的"好吃点"和格林格电器的"深附吸"都是品类。但这些品类并没有脱离产品的基本属性，它们只是偷换了概念，引导消费者进行新的认知，从而令消费者内在的概念脱离原来的产品属性，在思维中新开一个抽屉。

所以说，正确的符合消费者心理认知的新品类可以给消费者更多新的选择，而当消费者心理有了更多新的选择，你就有了更多成功的机会。所以，越来越多的企业把营销的重心聚焦到品类的创新上。

开创好的新品类，就能在市场创造奇迹。当年的"商务通"、五谷道场的"非油炸"和娃哈哈的"营养快线"，都因为开创了新品类而获得了巨大的市场利益。

● 如何创新品类

因为职业的缘故，我几乎一直在创意思维方面进行突破，尤其是把焦点聚集到为企业客户创造震撼性业绩的新品类创意上。下面我就想介绍一下，企业在进行新产品营销过程中，如何运用一些正确的方法，来使自己的产品以一个完全新颖的概念引导消费者进入新的概念抽屉之中，从而以一个行业第一的姿态，抢"喝头啖汤"。

1.改变产品属性名称

产品属性名称，是一个产品与生俱来的属性，如水、煤、米、油等。很多商品一出现就有了一个属性称谓，因为我们的先人在很早就已经把一些物品进行了属性分类。

譬如，高压锅是一个封闭性能良好并能产生高强度压力的锅。很多人知道，高压锅可以轻易把干硬的黄豆煮得烂熟，所以通常人们购买高压锅的目的就是专门闷煮一些不易煮烂的食物，如猪蹄等。但高压锅由于人们在使用中容易发生意外而逐渐被少用了，一般的家庭基本上不采用。后来，有中山的几家企业把高压锅做成了用电的高压锅，而且功能上又增加了许多，如可以做饭、煲粥，而且有自动功能。可不知道为什么，这么一个完全颠覆了原有产品性能的新产品，在属性名称上竟然沿袭了旧名称，只是增加了一个"电"字而已，这就是"电高压锅"销量始终难以放大的原因。

2007年，我们签下了山东一家海洋食品企业的策划案。这家公司的产品是经过重大技术突破后改良的海带，至少有4个地方不同于传统海带：（1）鲜嫩，采用海带的幼苗；（2）品种不同，与日本优质海带杂交而成；（3）养殖不同，生长于深海纯净海域；（4）营养和口感完全不同，同时我们还把海带做成了快捷食用的方便菜。策划时，我就有改变

"海带"这个产品属性名称的野心。因为我考虑到，在消费者的概念抽屉里，海带是一种廉价的不太好吃的食物，如果我们硬要改变消费者固有的观念去教育消费者——其实海带有"更好的"，恐怕要花的代价太大。

经过几轮的创意风暴，最后我们提炼了一个比较满意的名称"海蛟兰"。这个名称与我们即将推出的小海带产品的特征是吻合的，如颜色鲜嫩翠绿、口感鲜美、营养丰富、安全纯净等。在作测试时，很多人认为"海蛟兰"是深海的、生猛的、绿色的，像兰花一样的、新鲜的……

"海蛟兰"完全可以在海洋食品中新开一个海洋蔬菜的新品类。虽然"海蛟兰"是我们杜撰的一个新名称，目前也没有任何企业采用过，但这个名称与消费者普遍喜新厌旧的心理吻合，容易引发人们的好奇和兴趣，从而把这样一种新鲜的小海带，放置到我们为消费者设置的"海蛟兰"这一新概念抽屉里。

可惜由于我们的出发点与企业的想法有偏差，山东人非常淳朴，认为偷换概念不厚道，所以，最终我们没能说服客户采用。目前，该产品依然采用"深海小海带"，并且已经成功上市，销售不错。这与该产品与生俱来的众多优点有着不可分割的关系。

2.转移固有属性的联想

在新产品的策划中，创意的第一着力点肯定是改变产品属性名称，但不是每个产品都能找到可以更改属性名称的机会。当有些产品过于为人熟知，几乎已经成为铁律一般不可动摇时，我们只得另辟蹊径，寻找一个可以超越产品属性引起的联想的限制，同时又可以引导消费者思维转向的创造性概念，以颠覆消费者原来的概念认知。

"营养快线"如果不是这么叫，而是"营养快线果奶"或者"娃哈哈果奶"。那么，这个产品就不可能成功，即便依靠娃哈哈的强大广告攻势，也很难成就为今天的营养快线。因为果奶产品已经太多，伊利、蒙牛、光明等大大小小的乳业公司几乎都在生产，如果你硬是与它们拥挤在同一个概念阵营里，肯定不会有好的业绩，消费者的认知也不会朝着你的理想走。

所以娃哈哈的市场人员别出心裁（或者当时只想为这个新产品取一个好听的名字），为这个新产品取了一个足以引起消费者联想，同时又不会走入"果奶"这个固有思维的带有新概念性质的名称，从而达到转移消费者思维的目的，这就是成就"营养快线"一枝独秀的原因。

最近几年，一直在接触太阳能企业，我对这个行业的总体营销水平的粗糙和低劣感到遗憾，这个行业发展的缓慢是跟这个产品一开始给人的不完美属性有很大关系。我曾经测试过一些目标人群，当我们问及"太阳能热水器"这一概念时，他们普遍的联想是节能的、庞大的、安装在屋顶的、使用时冷热不均衡的、热水时断时续的、冬天不好用的、使用多时热水跟不上的等。但我接触的位于广东惠州的一家太阳能企业，却已经把这些太阳能热水器的"陋习"完全改变，开发了一个与燃气热水器同样快捷便利的新型太阳能热水器产品。我告诉企业客户，最好转移消费者对太阳能热水器产品的固有认知，所以必须赋予一个新的名称。客户问我：不叫太阳能还能叫什么？我说：这就需要创意，文字不同叫法不同，但实际功能属性不改就可以。如果这家企业能找到适合的名字，然后以一个全新的概念入市，与市场上现有的太阳能热水器划清界限，那么消费者会因为新奇而关注你的产品，或许会认为此热水器非彼热水器。而当消费者开始关注时，就有了为自己产品传播独特概念的机会。

当然，如果能创造一个与行业产品相抗衡的概念名称，效果会更好。海尔"防电墙"热水器并不是一个完美的产品，但"防电墙"三个字，足以令消费者对它刮目相看。因为这三个字包含了"电热水器"产品在使用中最担心的安全问题的有力保障功能，而行业中其他产品却没有，这三个字所包含的概念，正是消费者最需要的。

3.进行无中生有的创造

保健酒已经是酒行业中的一个自然分割的品类了，而且历史悠久。但是，由于保健酒厂家的传播焦点几乎全部集中在男性壮阳上，所以实际上保健酒的代名词早已经成了壮阳酒了。这给一些想在行业中有所作为的保健酒品牌的推广带来很大的负面影响。

四川彭祖酒业推出彭祖保健酒时，仅仅因为彭祖在中国的历史与民间传说中是一个精于养生的传奇人物——传说彭祖有三大发明，即膳食养生术、气功养生术和男女房事养生术。彭祖文化的研究专家们从《彭祖经》中获得灵感，创建了彭祖保健酒。但在推广时遭遇到了消费者头脑里（壮阳酒）的固有概念，所以一开始的时候，传播诉求点也只能围绕着壮阳来展开。于是，酒瓶画面虽然设计得美轮美奂，但市场却一直做不起来。

与双剑合作后，我就从另一个侧面进入思考：除了壮阳，还有没有更好的诉求？因为壮阳酒的影响力有限，而且，壮阳这一需求是属于隐秘性的需求，男人都不愿意公开承认自己能力不行需要药物辅助。

对新品类的追求往往是在原有品类中无法产生差异作用的前提下展开的，我觉得彭祖这个品牌有一顶先天性的文化帽子。也就是说，彭祖名称下是可以有一个新的品类诞生的，在消费者的逻辑思维中可以有这个概念诞生的前提。

由此，我们绞尽脑汁，追查到两种药酒制造方法即冷浸法和热浸法，为了在行业中诞生一个新颖的保健酒品类，我们通过创意将之命名为彭祖私家"双浸"酒。"双浸"酒就是运用冷热循环双浸酿造的高级保健酒。而普通的保健酒只是采用传统的冷浸法，所以酒的营养性和融化性不够，且药中的毒性难以挥发。采用冷热双浸法制造的保健酒，就能获取两种之长，使保健酒的功能更加突出。

"双浸"酿造法在《彭祖经》里是没有的，但在中医学里是存在的，而且经过我们测试，消费者头脑里是认这个说法的。由此，我们确定了在传播时，我们紧紧抓住这一亮点来展开。譬如，我们把其他的保健酒统统称为"工业酒"，而我们彭祖私家"双浸"酒，却是真正纯粹的"人工酒"。哪个更营养，消费者一看便知。由此，保健酒行业的一个全新品类"双浸"酒正式诞生，并吸引了真正高品位的高端消费人群。

●品类杀手更需要产品创新

目前，虽然"中国制造"正在向"中国创造"发展，但我们受传统的思维影响太深，在新产品的设计上难以创造形成实质性的创新。目前所谓的创新，几乎90%以上是属于续增式创新。所谓续增式创新是指在产品的功能、外观上作更完美的改变，如高压锅、电高压锅、机械锁、电子锁等。而市场呼唤实质性创新，也就是把马车抛弃，成就汽车的颠覆性创新。正如一个作工业设计的朋友告诉我的：一款只有手机大小的洗衣机即将问世，到时候洗衣机行业将面临怎样的危机啊！

当我们的新产品并不是一个开创性的新品类产品时（实际上这样的发明已经越来越艰难了，因为我们的市场已经到了史无前例的拥挤状态），尤其是靠续增式创新设计出来的新产品，一出生便混杂在一大群强势企业霸占的品类中时，你唯一可以努力的方向就是创造一个新品类概念出来。

资料来源 http://www.cnadtop.com/brand/salesTrend/2009/6/15/a868d4f7-776a-4631-8e02-0fe9f0f7c3c4.htm.

职业指南

经销商选新品，记住做完这十步再做决定

如何挑中潜力产品或者爆品，经销商（仅讨论酒水、饮料类快消品的经销商）如何练就慧眼？其实并不难，只需记住下面的十步。

第一，先认清自己。

经销商接纳新品一定要量力而行。资金、渠道、仓库、配送、人力、社会关系、市场口碑等，是否还有余力？是否规模已到瓶颈？是否有更一步发展的企图？是否当地市场空间还很大？是否可以经营更大区域、更多品类？主营业务是否完全依赖于厂家或是自己？

经销商所有的运营决策最重要的基础就是认清自己，清晰知道自己的能力范围。"自知者明，自胜者强"，资金、渠道、仓库、配送、人力根本就不足以支撑经销商的企图，贸然或是盲目扩张只会痛饮苦果。

第二，市场状况。

经销商要了解当地地理位置、常住人口数量、人口构成、民族风俗、消费习惯、渠道构成、厂家数量和大致业绩规模、各厂家人员数量、各品牌最优质渠道客户、未开发渠道客户等。

像健力宝第五季番石榴汁，基本是华南尤其是广东地区的一个区域性口味，刚开始也是面向全国推广，最后仅在广东地区销量领先；统一和康师傅2006年跟风出过番石榴汁，仓忙推向大部分市场，结果默默无闻；王老吉凉茶北上也花了五六年时间才被市场认可。所以经销商在选择新品时要充分考量当地市场状况，尽量选择符合当地市场状况的产品。

第三，厂家支持。

厂家支持包括政策支持、人员支持、资源支持、费用支持、财务支持。政策支持就是厂家销售政策，独家经销还是渠道经销，合适销售业绩及返利，相关产品知识培训和市场指导；人员支持就是厂家业务人员编制和组织架构；资源支持包括厂家冰柜、物料支持、媒体投放、招牌制作等；费用支持是厂家开发和维护市场所需的铺市费用、样品费用、赠品费用、试饮费用、场地租赁费用、陈列费用、进场费用、节庆费用、折扣费用等；财务支持就是厂家是否提供特殊账期，厂家费用如何发放和发放时间长短，厂家财务配合程度等。

第四，产品卖点。

正确说应该是产品的独特销售卖点，任何一个新品，如果没有一个突出的卖点，在市

场上是不可能有立足之地的。

产品口味是产品卖点的最基本要素，一个好的产品首要就是口味要好，尤其是选择价格"适众"策略的产品，产品口味一定要符合大众的口味，至少满足大众的期望和需求，否则，产品的卖点就无法自圆其说。

产品的独特销售卖点还可以从产品包装、规格上的区隔考量。产品的品类和品牌主张有什么不一样，与同类又有什么差别；产品的价格有没有比较优势，如果没有同类产品，产品的价格是否有支撑点；消费者是否能够接受这个价位；产品销售渠道有没有差异化等。

第五，产品利润。

利润肯定是经销商选择新品的重要理由，利润的高低要看厂家的实力和厂家在当地市场的销售状况。

并非利润高的产品就能做，利润低的产品就不能做。要看产品的综合搭配。产品利润有时不仅仅看绝对值，还应该看产品的毛利率。售价100元单价的产品毛利5元，售价30元单位的产品毛利2元，看上去100元的产品毛利绝对值大于30元的产品，事实上30元的产品毛利率贡献更高。

产品毛利除了出货毛利还有渠道毛利和经销商毛利，当然这些只是产品的静态毛利，产品的毛利还跟产品动销、费用开支、物流配送速度、运营效率、扩大运营渠道和区域等息息相关。

第六，产品动销。

产品动销是决定产品存活的关键。

动销＝铺货率×推荐率×拜访率×生动化×促销×客情

铺货率就是产品在市场的能见度，通过铺货率打造产品市场氛围，增加产品与消费者的见面机会。营销的根本目的是造势，势大则事半功倍。终端铺货率高低，决定产品在市场上的能见度，决定产品在市场势能强弱关系。

推荐率即销售终端的推荐质量。通过对终端核心店的建设，充分发挥其新品推荐的积极性，形成示范效应，树立产品消费影响力以及其他跟随型终端的信心，达到以点带面拉动其他终端销售。核心店就是指那些新品推荐能力强、规模较大、经营时间较长、对其他终端以及消费者有影响力的终端。聚焦资源，重点进攻，依靠这些终端的推荐快速形成产品动销。

拜访率不仅仅是拜访频率，更重要是拜访的质量与效果。终端拜访工作主要价值在于，清晰拜访的目的，要达成效果，发现问题，解决问题。

生动化主要是打造产品动销的氛围，引导消费者，改变消费者的接受心理。生动化源于三个层面：一是产品陈列（如堆头陈列、端架陈列、异形陈列等）；二是强势氛围；三是线路或区域生动化。

促销是产品动销的核心组成部分。抓住核心消费人群、核心消费场所，以促销、体验、品鉴结合的方式，对新产品进行销售推动，让消费者迅速接受该产品。促销一般分为渠道促销和消费者促销。

客情的建立并非拜访率多寡问题，而是带给终端客户实际价值的问题。高效的客情并非仅仅源于物质利益的多寡，而在于客户认同你存在的价值。

第七，操作方式。

厂家新品上市是采用直营还是经销商经营；是单区试销还是全面上市；是本区独家经营还是本区渠道分开经营；是厂家业务团队主导型还是经销商主导型；是渠道单独经营还是渠道全面经营；是采用单一模式还是复合模式。

厂家采用方式不一样，经销商在产品价值链里所处的位置就不一样。产品的操作方式决定了经销商投入的资金、仓储、人员、资源等的多少。

第八，上市渠道。

产品刚开始进入市场，选择渠道是重中之重，按产品卖点选择合适渠道很重要。统一100%番茄汁上市零售价6元/罐，当时统一选择在华南全渠道上市，最终结果却是产品滞销和渠道客户的大量退货。2008年后统一调整了番茄汁上市渠道，主要集中在KA和特殊渠道，虽然产品直到现在还不算成功，但已经有了固定的消费人群和稳定的销量。

第九，成功案例。

如果一个产品没有任何成功的市场或渠道，经销商选择的风险就大。成功案例是样板，是可以复制的希望。经销商如何经营新品，不一定要完全按自己固有的经营模式去做，肯定要参考厂家的运作和渠道经营方式。厂家在成功市场中是如何运作的；产品又是怎么成功的；哪些方面是经销商可以复制的；哪些方面是经销商要加强的；哪些方面是要学习的，成功案例就是给出经销商无法拒绝的理由。

第十，市场考察。

实地考察公司和产品的运作才是临门最后一脚。考察什么？考察公司资质、实力、生产、领导团队、公司目标、财务能力、运输能力、当地市场运营状况以及经营最好的门店运营状况。除了这些，还要考察细节。公司宣传做得再好，细节不好，厂家也不会有前途。物料堆放、垃圾处理、各处清洁卫生、出入库管理、业务行为、日常会议制度等无不反映厂家的决心和能力。因为细节决定成败！

资料来源　曾文忠，陈行. 经销商选新品，记住做完这十步再做决定［EB/OL］.［2017-06-25］. http://www.cmmo.cn/article-190843-1.html.

完整阅读：经销商选新品，记住做完这十步再做决定

🐌 本章小结

所谓的新品，是指零售企业从来没有引进销售过的商品，该商品对其大部分顾客来说也没有事前的认知。一个商品被零售企业定义为新品必须有两个要件：（1）该零售企业以前从来没有引进过该商品。（2）该零售企业的大部分顾客在认知上认为这是一个新品。

新品可按不同的标准进行分类，按产品的创新程度分为全新型新品、换代型新品和改进型新品；按新品地域范围划分有世界级新品、国家级新品、地区级新品和企业级新品。在引进新品时，应参考产品生命周期理论对新品未来市场发展能力的影响。

引进新品的原则有信息数据化；引进新品应以消费者的需求为依据；在品类管理的前提下，与其他高效商品形成良好的品类组合；新品引进过程是零售商与供应商充分合作的

过程。引进新品前首先应考虑以下几个问题：（1）引进的新品是否与现有品类相冲突；（2）引进的新品价格是否可以补充现有的价格带；（3）引进新品是否会带来额外收益；（4）供应商是否对新品大力推广，带动整个品类商品的销售；（5）是否与同类商品有差异性。然后，从品类特点判定产品特点、供应商的市场支持度、店内推广、供应商销售情况及合同规定等几个方面对新品进行评估。

主要概念

新品　新品引进　产品生命周期　新品引进原则　新品评估

基础训练

一、选择题

1.一个商品被零售企业定义为新品必须具有的要件包括（　　）。

A.该零售企业以前从来没有引进过该商品

B.该零售企业的大部分顾客认为这是一个新品

C.引进的商品能为零售商带来利润

D.零售商准备长期经营该商品

2.按产品的创新程度分，新品可分为（　　）。

A.全新型新品　　　　　　　　　　B.换代型新品

C.企业型新品　　　　　　　　　　D.改进型新品

3.产品生命周期的阶段有（　　）。

A.引入期　　　　B.成长期　　　　C.成熟期　　　　D.衰退期

二、判断题

1.如果引进的新品在产品类别、功能等方面与现存的品类存在同质性或相似性，就会影响现存品类商品的销售，对消费者来说，新品的引进导致了选择问题，所有消费者都乐于选择。　　　　　　　　　　　　　　　　　　　　　　　　　　　　（　　）

2.在新品引进前的市场机会评估时应先确定新品价格。　　　　　　　　（　　）

3.店内推广活动包括端头、堆头、磁石点的大量陈列，产品促销，店内演示和店内POP广告等。　　　　　　　　　　　　　　　　　　　　　　　　　　　　（　　）

三、简答题

1.新品引进对零售企业有何意义？

2.新品引进的原则有哪些？

3.在引进新品前，对其优劣进行初步判断要考虑哪些问题？

实践训练

【实训项目】

不同品牌最新款笔记本电脑初步评估。

【实训场景设计】

学生按教师指导，到最近的电子市场对笔记本电脑区域进行考察。

【实训任务】

在京东网、淘宝网及一些专业电脑网站查找联想Thinkpad、戴尔及华硕三个品牌售价分别为4 000元、6 000元、10 000元左右的笔记本电脑各一款。然后去电子市场调查所选定电脑的实际情况，并与周围同品牌不同型号及不同品牌类似价位的笔记本电脑相比较，初步评估家电卖场引进所选定笔记本电脑对经营的影响。

【实训提示】

评估新品引进应注意以下内容：引进的新品是否与现有品类相冲突、引进的新品价格是否可以补充现有的价格带、引进新品是否会带来额外收益、供应商是否对新品大力推广，带动整个品类商品的销售。

【实训效果评价】

实训效果评价见表7-9。

表7-9 实训效果评价

评价指标	具体评价	得分
报告内容		
语言		
逻辑思路		
实践性		
对专业的理解		
合计		

教师对每位同学的各项实训指标进行评价打分，每项指标分值最高为20分，最低为0分，最后合计为本次实训成绩。

第8章

滞销品管理

学习目标

通过本章的学习，掌握掌握滞销品的概念；了解滞销品与下架商品的区别；熟悉滞销品评估与滞销品的处理原则和处理方法；掌握滞销品淘汰的流程。

【引例】 **反其道而行，滞销商品变畅销**

对于连锁药店而言，经营过程中最为关注和关心的应该是商品的动销。因为不管你商品规划得再好，采购的价格再低，如果不动销，就意味着产生不了销售额，没有销售额企业的经营效果就是零。对于经营好的连锁药店来说，动销率能达到75%以上，经营差的连锁动销率基本维持在60%左右。换言之，不动销的商品占到15%～40%也是常有的事，那么，对于这些大家都头疼的滞销商品该如何办？

1.商品为何会滞销？

首先是采购过程中所产生的滞销品，这个原因又分为几种情况：

一是盲目性采购所造成的，由于药品属于刚性需求，卖了这个，那个就不卖，最后造成同质化从而产生大量滞销。

二是缺乏规划所造成的。对于商品采购其依据是商品规划，没有商品规划的采购过程都是盲目性采购、随意性采购。

三是利益驱动下的盲目采购，由于一些厂家的活动，抛出一些利益刺激，从而大量压货所造成的滞销。

四是岗位匹配度低，没有掌握一些采购技巧，从而使库存失控，进而所造成的滞销。

其次是经营管理过程中所造成的滞销，这个原因又分为几种情况：

一是门店盲目计划所造成的滞销，由于门店计划不合理、不科学，而总部层面又缺乏有效的管理手段，从而形成商品滞销。

二是从总部到门店，从高层到中层没有库存管理系统性的思路、方法和技术，因而产生商品大量滞销。

三是店员的销售习惯，由于每个店员都有一定的销售习惯，而销售习惯又往往会体现在自己熟悉的商品，当遇到不熟悉的商品就会关注不到位，从而产生滞销。

四是特殊情况下备货所造成的商品滞销，例如春节、公司重大营促销活动时。

最后是连锁快速发展过程中，不断兼并收购所造成的滞销。

由于兼并收购时常常连被收购的药店库存一切收购，在这个收购过程中，如果对于原库存没有一整套系统库存管理办法的话，很容易造成滞销，因为短期内大家不会也不爱关注过去和自己没有一点关系的商品和库存。

2.该如何管理滞销商品呢？

首先，建立库存管理体系，以财务为中心建立库存总额预算管理机制，然后由采购、运营进行分解管理，层层落实。

其次，建立滞销商品管理系统，对于连锁药店来说，每月导出滞销商品目录，然后由门店进行分解，分解至每名员工，对滞销商品进行指标考核，对滞销商品关注过程进行考核，对滞销商品销售过程进行考核，一并延伸至店员的销售习惯，通过指标考核改变和引导销售习惯。

再次，逐步提高各岗位匹配度，逐步提高各层级库存和商品管理能力，通过采购技术、商品管理技术、库存管理技术、商品定价技术来综合解决商品滞销问题。

最后，通过定价解决滞销商品。其基本思路是采购停采，从源头解决滞销压力，再涨价解决；对于滞销商品来说，其商品顾客敏感度不足，在这样的情况下可以进行涨价，这样既能回收成本，减少损失，又不会伤害顾客。实际操作中发现，针对滞销商品降价并不是万能的，甚至会适得其反。因为对于这些商品来说，降价解决不了任何问题，还可能会使企业损失，在经营过程中，这类反向思维往往会收到意向不到的效果。

资料来源　王成功. 反其道而行，滞销商品变畅销［EB/OL］.［2017-05-26］. http：//www.jiemian.com/article/1307039.html.

8.1 滞销品概述

8.1.1 滞销品的概念

滞销品是指因不被消费者认可或认知等原因，而导致销售不佳，不能达到零售企业引进时预期的利润，或利润下降到零售企业界定的滞销标准的商品。滞销品的认定是相对的，并没有一个绝对的量化标准，不同的零售企业一般都有自己的标准。滞销品都有一个共同的表现，即销售不佳，导致企业经营该商品在财务上只存在很少的利润甚至负利润，如果用其他商品替代滞销品的销售空间，会增加该销售空间的盈利能力，也即滞销品增加了企业的销售机会成本。

滞销品的产生有以下几个原因：

（1）现有商品因持续销售不佳（对公司整体贡献度衰退）而必须淘汰。

这是企业最应重视的滞销品产生的原因，由这一原因产生的滞销品不仅对企业的财务状况有很大影响，而且如果这种产品在企业销售的商品中达到一定比例，也说明企业的经营管理出现了问题，会影响到企业的核心竞争力。

（2）市场上已推出新的替代商品且厂商也将停止生产。

这样的滞销品会逐渐被市场自然淘汰，企业即便不主动处理这类商品，供货商消耗掉自然存货后也会停止供货。但企业如不能对此作出快速反应，可能会造成较大的短期财务损失。

（3）新品引进失败而成为滞销品。

新品引进失败而成为滞销品者，原因往往在于新品不符合市场需求或由于供应商推广不力不为消费者认知。发生这种情况要具体分析，一种情况为零售企业引进新品时对其评估存在问题，属零售企业经营管理方面的责任；另一种是零售企业引进新品时不得不承担的市场风险。

（4）过季商品。

季节性商品的销售随季节变动而变动，成为滞销品是市场的自然反映，但零售企业应在进货数量、质量、时机等方面加强管理，尽量避免过季商品成为滞销品给企业带来的利润损失。

除了以上几个主要原因外，产生滞销品的其他原因有：

（1）商品本身存在质量问题，顾客买后退货，由积压而造成滞销。

（2）供应商不能及时供货，延误销售时机造成滞销，如一些节庆用品在节假日后送货。

（3）在没有充分评估的基础上大量进货。

（4）市场供求关系发生变化。

（5）商品库存分类不清，促销方式不佳。

（6）采购成本过高导致定价过高，影响销售。

（7）对门店存货及销售状况没有准确把握。

8.1.2 滞销品与下架商品的区别

滞销品与下架商品的区别见表8-1。

表8-1 滞销品与下架商品的区别

区别因素	滞销品	下架商品
联系	滞销品与下架商品是两个有所区别又互相重叠的概念。滞销品如果被零售企业判定为经过整改、促销等措施，能够提升销量，则不会成为下架商品；如果被认定为销售前途不佳，则会成为下架商品被淘汰。滞销品必然在创造销售利润方面存在欠缺，下架商品则可能是能够创造正常利润的商品，但由于供应商的改变等原因而成为下架商品	
形成原因	■现有商品因持续销售不佳（对公司整体贡献度衰退）而必须淘汰； ■市场上已推出新的替代商品且厂商也将停止生产； ■新品引进失败而成为滞销品； ■过季商品	正常商品淘换： ■商品销售周期接近衰退期 ■业绩表现不佳 ■销售毛利不够 ■供应商调整 ■商品结构调整 ■货架调整 非正常商品下架： ■质量问题 ■人员问题 ■谈判问题
处理结果不同	下架，停止销售 促销，整改	下架，停止销售

8.1.3 滞销品评估

滞销品的评估指标主要有四个：

（1）销售额。零售企业应以日、周、月为单位定期为各种商品销售排行，根据销售排行榜分析各种商品的销售情况。

（2）毛利。计算商品销售毛利，从利润贡献角度对商品进行分析，确定销售状况。

（3）损耗排序。对部分商品，特别是损耗比较严重的商品，如生鲜食品，要考虑其损耗率。如果商品毛利不抵损耗率，则其本质上可视为滞销品，应考虑淘汰或减少订货量及订货次数。

（4）周转率。在类似毛利率的前提下，周转次数过少的商品带来的利润就低，可视为滞销品。

8.1.4 滞销品的处理原则和处理方法

1）滞销品的处理原则

滞销品的处理原则主要有：

（1）及时原则。滞销品的存在是对门店各种资源的浪费，如滞销品会占用零售企业大量资金，浪费门店的销售空间等。适时监控商品库存周转情况，根据商品状态及时发现滞销商品，及早进行处理，能够尽量减少损失。

（2）果断原则。发现滞销品的存在而不及时处理，就等于浪费资源，放任损失的扩大。故一旦确认为滞销商品，应该快速果断地进入滞销品处理流程，完成清理工作。

2）滞销品处理方法

大部分的滞销品对零售企业来说不但不能创造价值，而且可能带来财务损失。这些滞销品即使摆上货架，也无法提高销售效率。如果不下定决心把这些滞销品尽快处理，反而抱着想"大赚一笔"或"务必捞回本钱"的想法，将有造成积压更多的可能。

商品经评定为滞销品后应立即果断地处理，而不能置之不理。滞消品的处理主要有以下几种处理方式：

（1）降价销售：处理滞销品较有效的方法是当机立断，降价出售，尽可能地减少损失。

（2）商品更换：与原供货厂商洽谈换货（更换商品）。

（3）商品退货：与原供货厂商洽谈退货。

（4）转入连锁折扣店。

（5）转到商品处理货架。

（6）配套销售：通过对商品的重新组合，让消费者产生新鲜感，从而引起顾客的兴趣。

（7）搭赠品：针对某些滞销商品，可以采取搭赠品的方式销售。但这类促销对赠品的要求是这些搭赠品是消费者需要的（喜欢的），要是赠品对消费者激发不了兴趣，效果就会明显下降。

（8）激励店员：提高店员的积极性和对该商品的关注度。常用的方法是增加销售提成。

8.2 滞销品淘汰流程

8.2.1 滞销品淘汰流程

滞销品淘汰的目的在于有效利用销售场所空间，提高商品周转率和经营效益。滞销品淘汰工作不是随机的、凭经验来做的，而应定期举行。原则上每导入一批新品，就应淘汰一批滞销品。商品淘汰是指有库存的滞销品、质量有问题的商品的清退出场及无库存商品的危机淘汰（淘汰后的商品不参与商品分析）。

国内某零售企业滞销品管理控制流程如图8-1所示。①

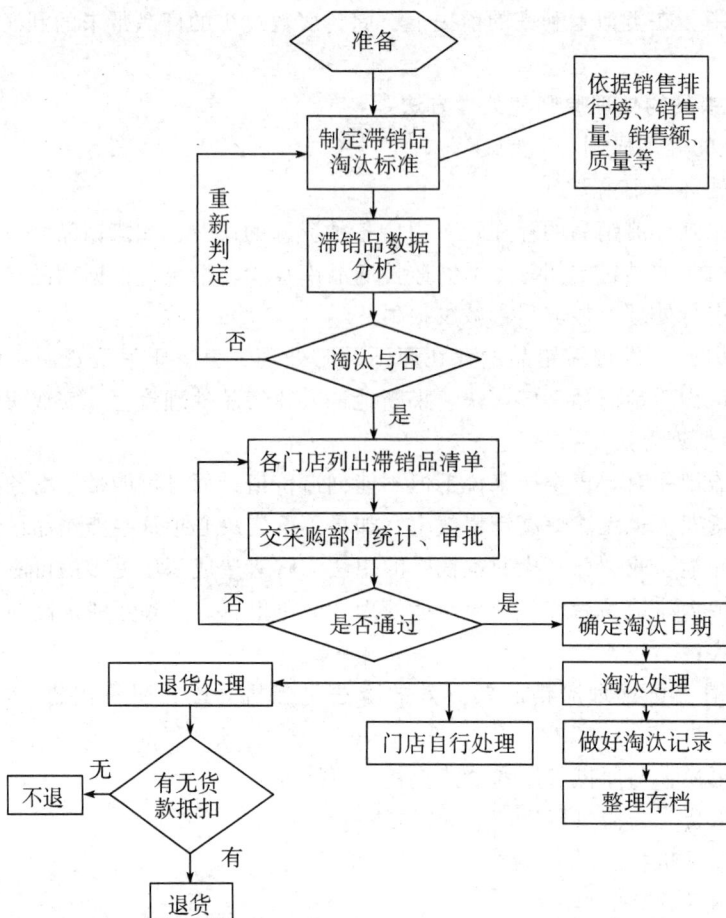

图8-1　国内某零售企业滞销品管理控制流程

1）确定评判滞销品的基准

在进行滞销品处理程序之前，应先确定评判滞销品的基准，见表8-2。

2）淘汰作业

（1）罗列淘汰商品清单。在清单上列出要淘汰商品的目录，并经主管确认。

---

① 沈方楠. 零售企业精益化管理工具箱［M］. 北京：人民邮电出版社，2009.

表8-2   **确定滞销品的方法**

方法	解释	适用范围
排行榜判断法	定期（一般按月）对卖场商品进行销售排行，形成包括所有在销商品的排行榜。根据零售企业规模，将最后100种或是以排行榜最后的3%为淘汰基准。不过以这样的基准来作为淘汰的依据时要注意考虑：这种商品的存在是否是为了使品项齐全，或是因为季节性的因素才滞销，如属这些因素产生的滞销便不可遽然予以剔除	所有商品
销售量判断法	定期进行销售量检查，将未到销售基础标准的商品确定为滞销品。例如，确定连续3个月平均销售未达2 000元或未达5箱的品项为滞销品项，再考虑是否要淘汰	低单价的商品
销售单位判断法	以销售单位未达到一个数量标准为滞销品的基准。例如，以每月单品销售未达到50个为淘汰的基准，这对于某些低单价的商品特别适用，有时一个单品售价才5元，卖了50个才收入250元，但所占面积却很大，所以对低单价商品的管制应特别注意，需将其销售单位提高，如再未达到标准便可考虑是否有贩卖的必要	低单价的商品
销售额判断法	定期（如月底）进行销售额统计，未到销售额基础标准的商品，确定为滞销品	主力商品
质量判断法	被国家行政机关（如技术监督局或卫生部门等单位）宣布为不合格的商品，列为淘汰品	所有商品
人为判断法	进行表决权计数（排除不正当的人为因素），被列为淘汰对象的商品，即可淘汰	所有商品

（2）确定淘汰日期。淘汰商品的处理要注意集中原则，不能零散处理，在时间安排上也应放在每月固定时间段。

（3）统计淘汰商品数量。确定要淘汰的商品后，再清查各店所有淘汰品库存数量及金额，以便于处理及了解处理后所损失的毛利是多少，以管制整体利益。

（4）查询是否有可扣抵货款。现代零售企业往往处于较为强势的地位，一般在合同条款和实际操作中把商品销售不出去的风险转移给供应商承担。如果存在滞销品，大部分的零售企业会让供应商承担下架成本（零售企业通常的做法是先供货，后结款，有滞销品则不再结款，由供应商承担风险。如前所述，零售商的这种做法，从长远来看，既不利于零售商与供应商的合作关系，也不利于零售商在竞争中提高核心竞争力）。一般零售企业在实际操作中，滞销品处理的具体操作人员应向财务部门查询被淘汰商品供应商是否有剩余货款可抵扣，确认后由财务单位进行会计手续处理。若无货款，则不可将商品退给厂商。否则，先将商品退回给厂商，要厂商再拿钱来是不太可能的。这种损失是可事先预防的。

（5）确定滞销品的处理方式。如前所述，淘汰下来的滞销品存在多种处理方式。淘汰下来的商品，有的可以退回给厂商，有的无法退给厂商，可以降价销售、商品更换、转入连锁折扣店、转到商品处理货架、配套销售、搭赠品、激励店员等。

（6）进行处理。滞销品如若退货，应及时与供应商联系，按合同要求取回退换货品，并将扣款单送交财务部门处理。

滞销品如由卖场处理，在确定处理方式的前提下，通知销售部门，在卖场进行处理直至完成。如发现原定处理方式不能处理完成，则需再制订处理计划。

（7）淘汰商品的记录。将处理完成的淘汰商品，每月汇成总表（见表8-3、表8-4），整理成档案，随时供查询，避免因时间久或人事变动等因素，又重新将滞销品引进。

表8-3　　　　　　　　　　　　　　　　**滞销商品登记表**

序号	品名	成本价	销售价	数量	滞销原因	登记人

表8-4　　　　　　　　　　　　　　　　**滞销商品统计表**

序号	品名	累计进货额	累计滞销品额	滞销率	备注

卖场畅销与滞销商品的分析公式：

可以假设畅销与滞销的评判比率为X，X值越低，可认为在同类商品中越倾向于滞销商品。公式如下：

$X = Y \times 20\% + Z \times 80\%$

式中，Y为与卖场的同类单品全额利润对比：

Y＝单品同期销售利润总额/同类商品同期销售利润总额

Z为与卖场的同类单品销售数量对比：

Z＝单品同期销售数量总额/同类商品同期销售数量总额

基于X不理想的情况下，可以进行陈列位置和促销力度调整。品牌和外围广告不是卖场可以控制的因素，不在考虑范围之内。

8.2.2 淘汰促销应注意的事项

淘汰促销应注意以下事项：

（1）做好宣传工作。店面在对滞销商品促销时，应在店面内外张贴宣传海报，海报要醒目、明了，让顾客一看到海报就能找到想购买的商品；同时，导购员也要做好说明工作，以免顾客对促销商品产生误会。

（2）集中陈列。滞销商品促销时应集中陈列，这样一来便于管理，二来顾客也方便寻找。但同时也要注意货源充足，若数量太少则无法带动门店人气。

（3）不要喧宾夺主。除非是季末大促销，否则滞销商品的促销气氛不应该太浓，使正常商品成了陪衬。否则，正常商品被忽视，可能又会成为新的滞销商品。

（4）价格设计要简单，有吸引力。促销滞销商品主要是想将这批库存清空。因此，价格应低廉有吸引力，也不要制定过于复杂的价格，这样不利于顾客关注商品，反而影响其对该类商品的兴趣。

@相关链接8-1

商品滞销八大原因

滞销商品，从广义上说就是商品周转次数低，行业中习惯把低于规定时段内周转次数的商品称为滞销商品。例如，设定A商品的周转天数为30天，周转次数为12次，而A商品的周转天数为60天，周转次数仅为6次，该商品就可定义为滞销商品。当然，计划库存天数、不同品类对于滞销来说有不同的定义，不同的企业、不同的门店也会有不同的定义。必须特别强调的是，滞销不等于不动销。

一、季节因素

部分商品因地区差异存在明显的季节之分，该部分商品由于季末没有做特殊处理，导致在库时间高于规定的天数，形成滞销。体现在换季时，门店任务按正常时段的销售量作为补货的依据从而产生滞销。还有，在换季时门店没有对该类商品做促销或采取其他应对之策。

二、补货模型不合理因素

行业中大多数公司会把门店库存管理权交给店长，由于公司的高速发展，门店会不断地有新店长上任，新店长库存管理概念模糊，在补货时大多凭借个人经验确定补货数量，容易导致部分补货量较大的商品滞销。

三、考核因素

大多数公司在制定KPI时极少考虑到商品的库存指标，在工资结构上采用低底薪高提成的模式，考核销售人员会细到一个品类，小到某个单品，这样做有可能因商品结构不合理而导致滞销，当然，这其中也包含商品的销售拦截因素。

四、商品的功效因素

在门店可能会存在部分功效特殊、商品价值较高的商品，由于主治病种特殊，门店无法销售，还有部分商品功效定义模糊，店员因相关专业知识缺乏，无法很好地销售商品而导致滞销。

五、价格因素滞销

部分商品会因为价格不合理而导致滞销,一种是低价格商品,由于门店所处的商圈消费水平较高,顾客群体不同,会导致部分价格低廉的老药滞销;另一种则是因为门店商品售价明显高于竞争对手的售价导致滞销。

六、陈列因素

与海量商品相比,门店的货架资源永远都是稀缺的,部分企业会给予部分商品特殊待遇,不能公平合理地分配货架资源,导致部分商品因陈列因素导致滞销。

七、商品缺货因素

由于部分门店当前客流偏少(比如新店),门店会自行淘汰掉一些商品,或者缺货的商品不再补货,引起商品结构缺失,导致商品滞销。这里描述的结构缺失指的是价格带及规格缺失。例如,诺氟沙星胶囊只有两个品种,一个零售价8元,另一个则是12元。试想,这样的商品销售情况会如何?

八、淘汰商品不顺畅导致的滞销

商品都会存在生命周期,特别是一些广告商品,然而大多数公司更新商品都比较被动,不会主动去优化商品,这会导致商品因同质化严重而引起滞销。

门店商品滞销原因众多,本文就以上常见的八大原因进行阐述,处理滞销商品门店要采用定期盘点查证,定期梳理大于库存周转天数的商品,拿出处理意见。同时,还要定期检核滞销商品的陈列位置、价签,组织门店员工学习滞销商品的相关知识及卖点,将责任落实到个人,商品滞销的处理不能从减少品种数入手,更不能删减品类,只有门店重视库存管理,熟悉商品知识及陈列位置,才能从根本上解决滞销问题。

完整阅读:商品
滞销八大原因及
解决方案

资料来源 成其勇. 盘点!商品滞销八大原因(附解决方案)[EB/OL].[2017-07-20]. http://www.sohu.com/a/141407954_377305.有删节.

案例窗

特许经营合同纠纷案
"永盛成百货公司"滞销商品管理规定

一、目的

1.淘汰不做贡献的商品,使陈列资源利用最大化。

2.优化商品结构。

二、定义

滞销品:

1.达不到公司销售标准的单品。

2.品牌整体退市。

三、部门职责

情报部:负责滞销品的筛选整理工作。

商品部：负责确定滞销商品，通知并协调供应商退货。

品类管理部：负责陈列规划。

门店：负责滞销品清退。

信息部：负责滞销品的锁码。

营运管理部：负责门店滞销品淘汰全过程跟踪。

滞销品淘汰流程，具体见表8-5。

表8-5　　　　　　　　　　　　　　　　**滞销品淘汰流程**

作业名称：滞销商品淘汰流程

涉及机构：商品部、门店、信息部、品类管理部、情报部、财务中心结算部、营运管理部

作业号	作业说明	责任部门	责任人
1.筛选	由情报部按门店进行数据筛选，并将各采购部对应的滞销商品导入Excel表格制作"各店滞销商品明细表"，并以电子邮件形式发给对应门店的店长、理销主管、品类管理部专员及采购经理	情报部 商品部 门店 品类管理部	情报员 采购经理 店长 理销主管 品类管理专员
2.滞销商品讨论会	各门店准备相关资料。店长、理销主管及采购经理根据"各店滞销商品明细表"初步确定滞销商品是否淘汰，在该表备注栏中标注意见，并以电子邮件形式发情报部。情报部组织商品部、采购部、品类管理部及门店店长、理销主管召开滞销商品讨论确定会，最终确定需淘汰的滞销商品	情报部 商品部 门店 品类管理部	情报部经理 商品部经理 采购经理 店长 理销主管 品类管理部经理 品类管理专员
3.整理	情报部整理后将"各店滞销商品清退明细表"转财务核对往来账，确定能否退货。各采购经理给供应商发滞销商品确认函	情报部 商品部	情报员 采购经理
4.账务核对	财务核对往来账，并将结果通知情报部	财务中心结算部	结算员
5.信息发布	情报部根据账务核对结果，将"各店滞销商品清退明细表"发于办公平台"公告通知"中	情报部	情报员
6.执行	门店按明细表将商品下架，并在7天内完成清退工作。7天后由于供应商原因不能及时退货的商品，转各商品部协调解决。如在14天内不能解决，执行《供应商延期退货管理办法》，在信息发布第15天开始进行滞销商品的锁码工作。品类管理部收到明细表后，安排门店的陈列，营运管理部将对门店滞销品全过程进行跟踪	门店 商品部 信息部 营运管理部 品类管理部	理销主管 采购经理 信息员 运营管理部督导 品类管理专员

四、相关要求

1.如发现人为原因造成此项工作未按要求执行，将对责任人以20元/单品处罚。

2.每周相关部门将滞销品清退情况传至情报部，情报部整理后在办公平台"公告通知"中通报进度。

防缺货，防滞压，每天必看三张表

　　店面销售要做好，店面一定要有满足顾客消费需求的产品，但产品不能仅仅是在商品结构清单里有，在销售中常常会遇到顾客来问有没有哪个产品，店员回答有，但在货架上找的时候却没货，一查系统时，库存已经为零。为保障满足消费者的商品购买，屈臣氏的现场管理条例中，每天开工后，店长一定先查缺货明细表和有缺货风险的产品明细，快速及时催货及补货，保障店面的销售不受影响，缺货商品陈列面一定会有缺货提示卡，提示卡一是提醒消费者，更主要是在店长巡场时，随时提醒店长别忘了这里要补货。

商品库存动态管理，防缺货，防滞压

　　商品库存包括陈列库存与仓库库存，一个店好的商品结构明细只是代表店面的商品静态，是否可以满足消费者需求，因为每天商品的进销存都在发生着变化，如果畅销品因为未及时采购而造成人为缺货，导致走单是小损失，当缺货成为一种常态时，对顾客的购物印象将形成不良影响，顾客慢慢地就会转移消费场所。如果一味为保证陈列面与保障周期销量而做过多的商品库存，形成滞销，将占用大量有效资金，并因为商品的保质时间而带来贬值风险。

　　商品管理者要养成良好的工作习惯，每天关注商品库存动态，及时补充商品，针对滞销风险商品做出动销或其他处理方案，让商品的效益最大化，让零售的采购资金使用效益最大化。

三张表在手，商品动态全都有

　　商品管理者要养成每天查看商品库存动态数据的习惯，店面的零售管理软件里都有商品销售与库存的查询功能，调出以下三张表格，并综合对比分析，商品动态全在掌握中。

　　1.前30天销售商品排名表

　　调取系统前30天的商品销售排名，分为销售数量排名表、销售金额排名表，销售数量排名代表着顾客购买的多与少，店内的吸客品往往排在销售数量的前20位，活动吸客品肯定是占据在前五的，这是店内购买人气的保证；而销售金额排名表不仅代表着吸客单品的销售能力，更代表着高单价的价值品、口碑品对于顾客究竟有多大吸引力、购买力。

　　根据销售排名可以看出哪些商品畅销，哪些商品滞销，排名前50位的商品是绝不可缺货的，在系统中要设置好库存上下限预警，店面的排名前100位都是重点关注商品，有些店面的管理系统中预警设置功能不完善，那么管理者要将这些商品明细熟记于心，及时对照库存，并参考活动规划表、活动商品销售预估量，结合商品陈列库存上下限，以采购周期内的常规销售数量为依据，做好采购计划。

　　而对于排名滞后商品，根据商品在店内的使命，并结合商品力、动销支持来综合评判商品价值，对于前30天零动销的商品一定要重点关注，并将30天未动销的商品中属于三个月未动销、六个月未动销的商品（不包括应季商品）列入及时处理商品名单，辅助销售使命的商品可以快速用动销方案处理掉，及时更新陈列库存，对于其他滞销的商品要及时

关闭采购端口，商品要及时退货给厂家或在店内通过搭销、买赠、低价清货处理掉，并从商品结构明细中淘汰掉。

2. 即时库存商品排名表

每天调取查看库存商品排名表，包括库存数量排名表、库存金额排名表，并与商品销售排名进行匹配，确定商品库存量是否合理，防止畅销品缺货，防止滞销品积压，如果销售排名靠前的商品库存数量不够，一定及时采购补货。即时库存商品排名表一定要结合销售排名来综合分析，尤其是库存排名靠前又不动销的商品一定列入高风险产品，在短时间内要有处理方案。有可能大部分未动销产品的单品库存量不大，但条码数量多时，累计的商品量也不小，千万不可忽视。

3. 缺货明细表

库存动态可以看出现有库存商品数量，但商品采购会因为市场、厂家未及时供应而导致缺货，因此要找好相近商品来进行销售使命的替代。管理者也要清楚采购途中未到货的商品明细，防止店面因为采购周期内未到货而产生重复订单，因为重复采购也会带来商品的人为积压。

库存动态管理，防范于未然

商品库存动态管理，想将缺货率、滞压率降到最低，一定要防范于未然。在经营中要多做品类销售分析、品牌销售分析、价格带销售分析、商品连带分析，通过商品使命的表现结合商品销售数据的变化，分析研究消费者的购买需求进化，不断优化店面的商品结构，选好品，精选码，保证商品动销率足够高；对销售动态做分析，应结合店面的动销活动规划，做好采购频次与采购数量的规划。对于连锁店面，因为各店所处商圈的不同，畅销与滞销产品会有一定的区分，要加强各店库存的分析，加强店面的调拨，减少总部采购的浪费。

库存动态管理，提升商品周转率，商品风险最小化

掌握商品库存动态，关注商品销售与库存匹配的分析评估，动态把握商品库存带来的利与弊，通过每天的数据分析与信息挖掘来优选畅销品，及时淘汰滞销品，通过采购与销售配合来优化商品周转率，实现商品效益最大化、商品风险最小化。

资料来源　肖鹏. 防缺货，防滞压，每天必看三张表［EB/OL］.［2017-06-25］. http：//www.emkt.com.cn/article/644/64452.html.

本章小结

滞销品是指因不被消费者认可或认知等原因，而导致销售不佳，不能达到零售企业引进时预期的利润，或利润下降到零售企业界定的滞销标准的商品。滞销品的产生有以下几个原因：（1）现有商品因持续销售不佳（对公司整体贡献度衰退）而必须淘汰。（2）市场上已推出新的替代商品且厂商也将停止生产。（3）新商品引进失败而成为滞销品。（4）过季商品。

滞销品的评估指标主要有四个：（1）销售额。（2）毛利。（3）损耗排序。（4）周转率。

滞销品的处理原则主要有：（1）及时原则。（2）果断原则。商品经评定为滞销品后应立即果断地处理，而不能置之不理。有关滞销品的处理，主要有以下几种方式：降价销售、商品更换、商品退货、转入连锁折扣店、转到商品处理货架、配套销售、搭赠品、激励店员。

滞销品的淘汰流程有：确定评判滞销品的基准和淘汰作业。其中，淘汰作业又包括罗列淘汰商品清单，确定淘汰日期，统计淘汰商品数量，查询是否有可扣抵货款，确定滞销品的处理方式并进行处理，做好淘汰商品的记录。

在淘汰促销过程中应注意做到以下几点：做好宣传工作，集中陈列，不要喧宾夺主，价格设计要简单，有吸引力。

主要概念

滞销品　下架商品　滞销品评估　滞销品淘汰

基础训练

一、选择题

1.以下属于滞销品产生原因的有（　　　）。

A.现有商品因持续销售不佳（对公司整体贡献度衰退）而必须淘汰

B.市场上已推出新的替代商品且厂商也将停止生产

C.新商品引进失败而成为滞销品

D.过季商品

2.滞销品的评估指标有（　　　）。

A.销售额　　　　　　　B.毛利　　　　　C.损耗排序　　　　D.周转率

3.滞销品的处理原则有（　　　）。

A.及时原则　　　　　　B.利润原则　　　C.果断原则　　　　D.高额原则

二、判断题

1.滞销品是指因不被消费者认可或认知等原因，而导致销售不佳或利润极低的商品。　　　　　　　　　　　　　　　　　　　　　　　　　　　　（　　　）

2.滞销品的存在是对门店各种资源的浪费，如滞销品会占用零售企业大量资金，浪费门店的销售空间等，适时监控商品库存周转情况，根据商品状态及时发现滞销商品，及早进行处理，能够尽量减少损失。　　　　　　　　　　　　　　　　　（　　　）

3.滞销品淘汰的目的之一在于有效利用销售场所空间，提高商品周转率和经营效益。　　　　　　　　　　　　　　　　　　　　　　　　　　　　　　（　　　）

三、简答题

1.比较分析滞销品与下架商品的区别。

2.滞销品的处理方法有哪些？

3.评判滞销品基准的方法有哪些？

实践训练

【实训项目】

滞销品处理方案确定。

【实训场景设计】

某著名牛奶品牌供应商开发的牛奶饮料新品在零售商卖场的销售出了问题，月销量只维持在10盒左右，这种情况持续了三个月。由于该牛奶饮料的保质期较长，故零售商还有部分存货，对该上架销售的牛奶饮料新品该如何处理？作为该品类商品的主管，请确定一个处理方案。

【实训任务】

制定一个滞销品处理方案，包括对滞销品的评估及后续处理（促销）方案。

【实训提示】

在完成方案前，学生应先对牛奶饮料类商品作个大致了解，在商场中寻找自己不熟悉的该类商品作为方案的假想商品。

【实训效果评价】

实训效果评价见表8-6。

表8-6 实训效果评价

评价指标	具体评价	得分
方案内容		
语言		
可操作性		
实践性		
处理方式的创新性		
合计		

教师对学生实训各项指标进行评价打分，每项指标分值最高为20分，最低为0分，最后合计为本次实训成绩。

第9章

VMI与供应商品类管理

学习目标

通过本章的学习，了解VMI产生的背景，掌握VMI运作模式，熟悉零售业的供应商库存管理策略及零售商实施VMI的制约因素，了解供应商品类管理与VMI的关系，掌握供应商品类管理的实施。

【引例】 代理制下的供应商管理库存

随着业务范围和销售规模的扩大，对品牌公司而言，进行商品流通管理的复杂度也逐步增加。

在服装零售行业，根据产品在价值链上的流通模式不同，主要有三种不同类型的公司。一类是以玛莎（Marks & Spencer）为代表的自有渠道零售商，主要从事品牌管理和终端销售；第二类是以ZARA、优衣库为代表的自有品牌零售商，与前者相比，还会自行进行产品设计开发；另一类则是以耐克、阿迪达斯为代表的品牌商，只负责产品的设计开发和品牌管理，而将终端销售交给代理商。"这几种类型中，由于供应链各个环节对动态信息的掌握程度不一，'渠道外包'的代理经销模式最容易出现库存问题。"凯捷咨询战略及组织转型业务总监韦玮说。

为了最大程度上规避库存问题，"播"牌采取的策略是对经销商的订货数量不制定过于激进的目标，而是希望通过后期追单来加大销售。"一味地铺货给代理商以提高销售，若货品无法被消化，不管积压在哪个环节，最终伤害的还是品牌的整体利益。" 上海日播服饰集团董事、broadcast：播设计总监王陶说。

在库存管理方面，"播"牌没有任何"一刀切"的政策，比如虽然对代理商订货设置了"买断折扣"和"退货折扣"，以及10%的退货率，但在代理商的经营出现波动时，品牌会投入资源帮助代理商一起及时解决商品周转。而在培养新客户和帮助老客户扩大经营规模时，品牌也会给予充足的推广支持和更高的退货率。王陶称，这些策略让"播"牌这些年的整体库存都保持在10%以下。

日播服饰集团将"播"牌的生产与供应链集中在一家名为日播至美服饰制造的子公司里，生产环节里既有第三方的OEM和ODM代工，又自建了小型的加工厂补充供应链的灵活性——2012年，品牌遇到了产能不足、无法应对代理商追单的问题，这让公司进一步开始重视供应链能力。目前，"播"牌一年会进行4季订货会，供应链周期根据商品所涉及面料和工艺的不同，最短20天，最长4个月。

然而，在为"播"牌设计开发商品时，王陶至今还"不看市场数据"。"早年是作为设计师没有这方面的意识和习惯，现在则是觉得没有很好地去分析数据的方法，即使有得到这些数据的能力，"王陶说，"一件衣服不能成交会有很多原因，但目前我们能得到的数据还都无法体现出交易没能完成的背后的真实原因。"

　　比如公司在一年4次的订货会上也会设置"提意见"的环节，代理商通常传递的都是那些一线导购员们"自己的语言"——卖得不好的商品常常被归纳为"这款显老"和"这款版型不好"，但在王陶看来，很多销售结果可能仅仅是因为陈列搭配问题，也可能是由于新款的上市时间安排不合理而造成的，但来自代理商的销售数据反馈却不能提供更多关于季节因素、价格因素等的分析参考。

　　王陶说，在代理制的模式下，"播"牌更多倚仗代理商自身的经营能力和市场悟性。比如公司得到的反馈是品牌在河南南阳、浙江瑞安以及山东烟台和济南都卖得很好，但事实上这些市场的可对比性并不大；而对于VIP消费者的回馈机制，也主要由当地代理商自行决定。而从品牌公司角度所能做的，主要是提高商品的流通性，在代理商经营规模和范围扩大的情况下，在设计开发商品时控制好款型的种类和通用性。

　　在服饰行业，由于行业集中度太低，也很难通过系统的经销商管理培训来提高销售能力，许多服饰企业都会选择进一步扩大销售网络规模来获得财务增长。韦玮认为，从品牌商的角度来看，采用代理制模式最大程度上降低了销售渠道建设和终端管理的成本，"但由于品牌商很少介入运营管理，相应地，从渠道得到市场信息反馈来优化商品开发、优化客户体验的能力也会有所不足。"

　　主要采用代理制的模式，让"播"牌在开发电子商务渠道时也有所顾虑。"我们可以看到市场在发生变化，但作为品牌商，我们还没有找到和代理商很好合作的新模式。"王陶说。和所有的零售企业一样，"播"牌也在考虑如何应对"消费者跑去网上消费"的趋势，"一个思路是，一个区域内的客人，不管是在线上还是线下产生的消费行为，都由这个区域的代理商所负责。但在具体的激励机制和利益分配上，我们还没有想到很好的变革方式。"

　　现在，从VMI（供应商管理库存）开始，王陶希望"播"牌与代理商的合作方式能够进入到更为高效和规范化的层面，将供应链和价值链上的信息加以整合。并且从品牌商的角度，进一步加强品牌对终端消费者的号召力，为未来能够形成线上线下一体化打好品牌基础。

　　资料来源　赵蓉. 小众女装突破库存积压：代理制下供应商管理库存［N］. 第一财经周刊，2013-10-24.

9.1　VMI概述

9.1.1　VMI（供应商管理库存）产生的背景与内涵

　　在传统的流通渠道中，各流通环节经营主体的库存管理都是各自为政的。由于流通渠道各环节的企业诸如供应商、制造商、分销商等，都是在自身经营的基础上各自管理库存，都有自己的库存控制目标和相应的策略，相互之间不存在信息沟通，且对自己的库存信息讳莫如深，导致需求信息的扭曲和迟滞。在这种情况下，各环节企业为了满足市场需求，根据自身销售情况对需求进行预测，并通过增加库存来应对市场需求的不确定性。整个供应链的上游供应商要维持比下游供应商更多的库存，层层递进，即所谓的"牛鞭效应"。整个流通渠道的整体库存水平大大增加，随之库存成本和物流成本也大幅度增加，服务水平和定制化程度维持较低水平，降低了供应链的整体竞争力，于整个流通渠道成员皆不利。为了克服这种供应链整体库存水平较高、效益较低的状况，供应商管理库存VMI应运而生。

VMI是由供应商来为客户管理库存，为它们制订库存策略和补货计划，根据客户的销售信息和库存水平为客户进行补货的一种库存管理策略和管理模式。它是供应链上成员间达成紧密业务伙伴关系后的一种结果，既是一种有效的供应链管理优化方法，也是供应链上企业联盟的一种库存管理策略。

VMI是一种以供应链各个环节的企业都获得最低成本为目的、在一个共同的协议下由供应商管理库存，并不断监督协议执行情况和修正协议内容，使库存管理得到持续地改进的合作性策略，即供应链下游企业放弃库存管理权，由供应链上游企业管理库存，以此来克服下游企业自身技术和信息系统的局限，使下游企业可以放开手脚进行核心业务的开发。VMI的核心思想在于零售商放弃商品库存控制权，而由供应商掌握供应链上的商品库存动向，即由供应商依据零售商提供的每日商品销售资料和库存情况来集中管理库存，替零售商下订单或连续补货，从而实现对顾客需求变化的快速反应。

VMI作为一种目前国际上前沿的供应链库存管理模式对整个供应链的形成和发展都产生了影响。VMI帮助供应商等上游企业通过信息手段掌握其下游客户的生产和库存信息，并对下游客户的库存调节做出快速反应，降低供需双方的库存成本。目前许多跨国巨头和国内知名制造企业都在拥抱VMI，并享受着由它带来的丰盛果实——提高库存周转率，降低库存成本，消灭库存冰山，实现供应链的整体优化。

拓展词条：VMI

9.1.2 VMI运作模式

如图9-1所示，在VMI模式下，供应商库存管理包括以下步骤：

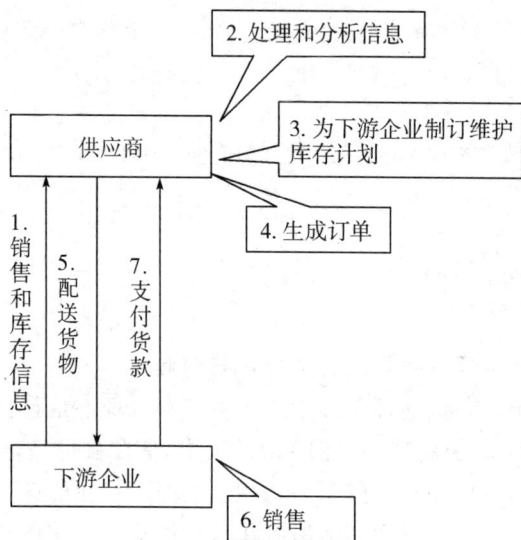

图9-1 VMI模式运作示意图

（1）供应商从下游企业处接收电子数据，这些数据代表了分销商销售和库存的真实信息（如POS和库存水平的信息等）。

（2）供应商对所接收的销售和库存信息进行分析，得知下游企业每一种货物的库存情况和市场需求。

（3）根据前述分析结果，为下游企业制订维护库存计划。

（4）供应商生成订单。此处注意，传统意义上订单一般由下游企业生成并向供应商下单，但在VMI模式下，由供应商根据与下游企业的协议，在分析下游企业库存数据的基础上为其生成订单。

（5）供应商根据订单向下游企业配送货物。下游企业收到货物，但并不对货物取得所有权。

（6）下游企业对库存货物进行市场销售。

（7）下游企业向供应商支付回笼货款。

根据以上程序可以看出，在下游企业把货物销售之前，即使供应商已经将货物送至下游企业仓库，下游企业也不对货物拥有所有权，供应商仍承担货物卖不出去的风险，此时货物不是由下游企业买断的，而是由下游企业为供应商代销。由此可见，VMI是一种在客户和供应商之间的库存合作策略，在双方签订的协议下，由供应商来管理库存，制订库存策略和计划，对库存进行维护和补充。为了建立一种持续改进的运行环境，这一协议需要不断监督和修正。

9.1.3　零售业的VMI策略

零售商实施VMI策略能降低成本，提高经营效益。

如前所述，零售商如实施VMI策略，则零售商的某一或某些商品的库存由供应商管理，直至销售前，零售商不用再为商品库存操心。如此，零售商的VMI策略给零售商带来如下经济利益：

（1）库存占用资金的大量节省。采用VMI策略后，零售商并不对进入其仓库的货物拥有所有权，也就是说，即使货物在零售商的仓库内，也是由供应商拥有并管理，零售商并不需要为在自己仓库内的实施VMI策略的货物支付货款。

（2）优化财务状况。在财务上，采用VMI策略不仅能使零售商节约大量资金，同时由于货款是在产品销售以后一段时期支付的（实践中称为"账期"），零售商账上循环存在供应商的货款，使零售商账面财务状况更为健康。

（3）管理成本下降。实施VMI策略后，原属零售商管理的库存转移给了供应商，使零售商在库存管理、人力资源等方面的成本大幅下降。

（4）理论上更好的补货水平和货架管理。供应商管理零售商的库存后，供应商能够根据零售商的销售信息与自身的销售生产信息更好地为零售商补货，并尽可能减少不必要的库存。

9.1.4　零售商实施VMI的制约因素

（1）零售商对供应链管理理论和VMI理论的认识不足，导致实施VMI的意愿欠缺。

VMI是对供应链管理理论的深化应用。在我国，供应链管理理论的研究与实践已经开展多时，但应用情况并不理想。企业对供应链管理理论的认识并不全面，同时实施过程中并不完全成功，如很多企业在实施ERP、MRP的过程中产生了很多问题，由于准备不充分，实施导致日常管理的混乱，有的甚至最终完全失败。这种情况导致很多零售企业不愿轻易尝试VMI的实施。

（2）实施VMI的软硬件基础不足。

很多零售企业已经建立起自己的日常经营管理信息系统，VMI的实施不仅需要一套能够维持日常经营管理的信息系统，而且要求这套系统在企业内部高度集成，与外部供应商能够无障碍交流信息，这一点很多零售企业做不到。

（3）零售商与供应商的合作基础不足。

随着我国流通体制转变和市场竞争加剧，某些领域零售商与供应商之间的矛盾（以下简称零供矛盾）日渐突出，其主要表现在：其一，部分零供矛盾是市场自然竞争的结果，如一些中间商向政府反映其利润空间被零售商采用各种方式压缩，其市场被零售商与大生产商剥夺，或直接被上下游合力挤出市场。这其实是一种市场竞争的结果，通过竞争，市场自发改变了流通渠道，使其更为高效。其二，部分零供矛盾是由市场上零售商与供应商中占据优势地位的一方利用自己的市场实力夺取和损害交易对方合理商业权益而产生的，结果导致市场商品流通渠道扭曲，以市场竞争为基础的资源配置信号失灵，整个流通渠道效率降低并保护低效企业。

零售商利用自身优势地位采取不公平交易行为，导致供应商与零售商的合作意愿降低，供应商不愿向零售商公布自身的生产细节，最终后果是零售商和供应商之间无法在供应链管理层面上进行合作，使得零售商和供应商交易成本、生产成本、商品价格都上升，而市场竞争力下降。如国内销售量靠前的某大型零售连锁卖场，所销售的猪肉价格远低于同行业平均水平，以致业内认为该企业的猪肉应是亏本销售，但实际上该企业在猪肉销售方面有着很稳定的利润，原因在于其与供应商的公平交易行为使得供应商愿意与其展开深层次的合作，而其他零售商因收取大量不合理费用，在账期等方面也存在很多不合理交易行为，无法如这家企业那样取得供应商信任和充分合作，也就不存在经营和价格优势，更无法理解实行公平交易行为的企业的盈利状况。

如前述零售商和供应商关系的不平衡性和矛盾性，在大部分情况下作为既得利益方的零售商一般不愿也不敢和供应商展开VMI合作。

9.1.5 零售商实施VMI的对策

结合零售商实施VMI的制约因素，应在以下这几个方面加强建设：

1）加强零售商的信息系统建设，提高零售商的数据分析能力

如前所述，零售商要实施VMI，首先需要加强与供应商管理系统的信息互换能力，以确保供应商对零售商库存管理的无障碍进行。

2）加强零售商上下对VMI的认识

零售商组织体系内的员工没有形成对VMI的正确认识，就不可能认识到VMI的真正价值，也不可能自愿投入到VMI管理中去，在执行过程中，由于缺乏理解，也不可能做好工作，故应加强零售商所有组织成员对VMI的认识。

3）加强与供应商的关系，提高与供应商之间的相互信任程度

实施VMI，零售商要把自己的库存管理完全托付给供应商，而供应商也要从零售商销售经营的角度为零售商管理库存，如两者之间不存在充分的互信是不可能完成的。

4）重组组织结构，重新设定相关业务流程

与传统的零售商库存管理不同，VMI要求由供应商管理零售商的库存，无论是供应商还是零售商，都要调整组织结构以应对这种变化，同时业务流程也要适应VMI实施的要求。如零售商原来的库存管理流程、货物上架流程、补货流程、理货流程等都要作相应调整。

同时，在实施VMI时要注意以下几点：

（1）零售商和供应商双方有着良好的合作关系，相互信任，愿意一起改进供应链管理，提高效率，实现双赢。

（2）双方高层管理人员足够重视，落实有关的负责人员，为以后各部门紧密协作打下基础。

（3）协商合理的库存水平和运输成本等指标、商议订单的计算公式。

（4）信息技术、采购、后勤储运等多部门的紧密协作。

（5）每日单品销售量和库存数据的高准确性（要大于98%）是VMI的基础。

（6）商店的补货是可以预测的，能够把偶然性的大宗购买数据排除出去。

（7）业务流程的改进、优化和实施。这是项目中难度最大、耗时最多的一项。因为自动补货系统包括零售商的日常业务、管理的许多过程，而每一环节的数据准确率都会影响最终结果的准确性。业务流程的重组是双方的各部门紧密协作、精确调研、反复优化的成果。[①]

9.2 供应商品类管理

9.2.1 供应商品类管理与VMI的关系

如图9-2所示，在VMI策略下，零售商的库存管理由供应商执行，包括库存商品的配送、补货、库存量维持等。供应商品类管理是VMI策略在零售商业务中的延伸。在供应商品类管理策略下，不仅零售商的库存由供应商来管理，供应商还能对零售商销售的特定类商品进行品类优化、对零售商卖场的货架陈列优化，甚至确定零售商销售货物的价格，对商品进行促销管理、新品引进等，供应商对零售商业务几乎覆盖了零售商从库存管理开始到产品销售的所有销售管理活动。

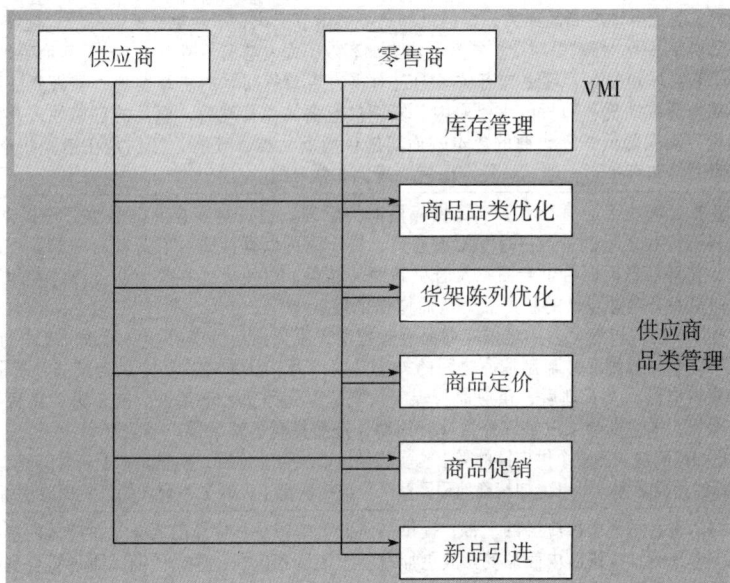

图9-2 VMI与供应商品类管理的关系

---

① 陈东锋，梁海旋. 供应商管理（零售商）库存技术VMI的实施［J］. 商场现代化，2003（2）。

@ 相关链接 9-1

百安居的供应商品类管理

百安居（B&Q）隶属于世界500强企业之一的英国翠丰集团（Kingfisher Group），是世界第三、欧洲第一的大型国际装饰建材零售集团。翠丰集团于1999年6月18日在上海开设了我国大陆第一家百安居连锁店。目前，百安居在我国25个城市拥有58家商店，包括上海、北京、深圳、广州、青岛、杭州、南京、哈尔滨等。到2006年年底，百安居对我国大陆的投资额突破了50亿元人民币。对于一些销售势头良好、品类比较多的产品，供货商（制造商）推广厂商直供模式，即由百安居中国总部统一向制造商采购，制造商直接送货到百安居的各个连锁店，甚至有些商品直接运送到消费者手中。针对这些商品的直供厂商，百安居在各连锁店内专门划分区域给他们，由厂商负责商品的摆放工作。

资料来源　李大垒，仲伟周，路以兴. 我国连锁零售业供应商实施品类管理探析［J］. 现代管理科学，2008（10）.

9.2.2　实施供应商品类管理的效益

实施品类管理会给供应商、零售商和消费者带来益处（见表9-1）。

表9-1　　　　　　　　　　实施品类管理给相关各方带来的益处

品类管理相关方	实施品类管理的益处
零售商	1.可以集中精力做更有价值的事情。实施供应商品类管理前，商品种类的不断增加，使得零售商必须拿出较多的时间和精力来管理商品品类，但是，由于缺乏管理经验，店内的品类管理工作还是相当混乱，缺货现象、囤货现象等时有发生，增加了经营成本。实施供应商品类管理后，大多商品的品类管理工作转嫁到供应商身上，减少了零售商的工作量，零售商可以将更多的精力投入到更有价值的活动中去 2.商品品类得以优化，利润增加。实施供应商品类管理后，供应商根据不同消费者需求的特点，向零售商供应更加合理的商品品类，根据市场趋势和季节变化，不断更新商品品类，使零售店商品品类合理化、摆放有序化、促销及时化、货架利用更加有效，大大增加了销售额，给零售商带来巨大的利润 3.订单处理和库存管理更加有效。通过对零售店缺货问题的研究发现，零售商的不科学预测和不合理要货是造成缺货和囤货的重要原因。实施供应商品类管理后，商品的订单处理及库存管理都实现了最优化，大大降低了零售商的成本，而实施供应商品类管理前，特别是在销售旺季或商品促销时，由于预测失误和订单不合理，缺货、退货等现象非常普遍
供应商	1.更加有效地接近消费者。实施供应商品类管理，通过对零售商的品类管理提供全方位的服务，供应商与消费者之间建立了一条零距离通道，供应商可以直接面对消费者，一方面可以了解消费者需求信息，并将信息反馈给生产商，及时更新商品品类，以便更加有效地迎合消费者的需求；另一方面还可以向消费者推荐自己的新产品，从而增加销售量 2.补货周期得以缩短。实施供应商品类管理前，零售商与供应商（分销商）之间的补货周期为7天左右，供应商（分销商）与制造商之间的补货周期约为10天左右，整个供应链的补货周期大概20天左右。实施供应商品类管理后，供应商管理着从制造商到消费者整条供应链，为了提高补货效率，减少缺货和囤货，供应商会采取措施缩短补货周期，进而提高了整条供应链的利润 3.更加准确地预测整个供应链的需求。实施供应商品类管理后，供应商有了获得消费者数据的渠道，借助于合理的品类管理，可以更加精确地预测整个供应链的需求，减少不合理的订货，减少库存成本[①]
消费者	最终消费者是整个供应链的上帝，提供高质低价的产品和优质的服务是供应链的主要功能。实施供应商品类管理后，连锁店内商品的摆放更加有利于消费者识别，经营的商品更加符合消费者的需求，而且经常可以购买到一些促销商品，从而为消费者带来更多的便利和实惠

[①] 李大垒，仲伟周，路以兴. 我国连锁零售业供应商实施品类管理探析［J］. 现代管理科学，2008（10）.

9.2.3　供应商品类管理的实施

实施供应商品类管理，内容包括实施供应商品类管理的条件和实施供应商品类管理策略的具体内容两部分（如图9-3所示）。其中，实施供应商品类管理的条件包括实施VMI、建立零售商和供应商战略合作伙伴关系以及实施ECR策略；实施供应商品类管理策略的具体内容包括商品品类优化、货架陈列优化、商品定价、商品促销和新品引进。

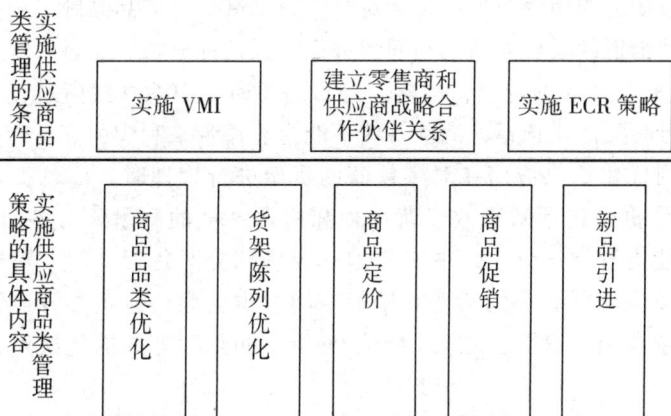

图9-3　供应商品类管理实施内容

1）实施供应商品类管理的前提条件

（1）实施VMI。实施VMI是实施供应商品类管理的前提。如果在实施供应商品类管理前不实施VMI，零售商的库存仍由其自己管理，则供应商无法根据销售情况及时向零售商补货，也无法实施后续品类管理，包括商品品类优化、货架陈列优化、商品定价、商品促销、新品引进等经营内容。

（2）建立零售商和供应商战略合作伙伴关系。建立零售商和供应商战略合作伙伴关系是实施供应商品类管理的关键。零售商把自己的经营业务从库存管理到销售管理的大部分都交付供应商来管理，如双方之间还没有充分的互信是不可能执行供应商品类管理的。只有在双方充分互信、具有良好的信息互换和沟通的条件下，零售商才能够把自己相对核心的经营业务委托给供应商，供应商才能够在具有充分信息的基础上对零售商卖场的品类管理做出决策。

（3）实施ECR策略。高效消费者反映（efficient consumer response，ECR）是一种通过对制造商、批发商和零售商各自经济活动的整合，以最低的成本，最快、最好地实现消费者需求的流通模式。ECR更多地被认为是一种观念，而不是一种新技术。它通过对供应链渠道各企业间生产、物流、销售等流程的分析重置（其主要目的在于消除整个供应链运作流程中没有为消费者增加附加值的成本），将供给推动的"推（push）式系统"，转变成更有效率的需求拉动的"拉（pull）式系统"，并将通过ECR理论重新设定的高效系统所带来的经营成果回馈给消费者，以期能更快、更好、更经济地把商品传递到消费者手中，更好地满足消费者的需求。

如本书第1章所述，品类管理的最终目标是在满足消费者需求基础上寻求经营优势和利润。满足消费者需求是实施品类管理的基础目标，寻求经营优势和新的利润增长点是品类管理的最终目标，前者是后者的前提和保障。也就是说，只有满足了消费者的需求，企业才能盈利，故实施ECR策略是实施供应商品类管理的前提。

2）供应商品类管理策略的具体实施内容

（1）商品品类优化。商品品类优化是品类管理的基本内容之一，既然由供应商对零售商的品类进行管理，则也应由供应商对品类进行优化。供应商应根据零售商POS系统的数据和自身在整个市场上的销售数据，包括对同品牌制造商、商品品牌、商品规格、各商品销售数量、各商品销售额及各商品毛利润额进行深入挖掘分析，通过一定方式（如指标排行榜），结合零售商与供应商的经营战略，选出品类商品中的主打商品、利润商品和亏损商品等，最后进行品类优化选择，淘汰一些不能为公司带来利润的商品。

（2）货架陈列优化。供应商在对零售商的货架进行管理时，应负责对所有门店的货架状况进行统计分析，包括对有效经营面积和店内高度的测量，对各门店的货架数量、放货能力和存货能力进行统计，以便有效地、合理地分配货架空间。对于销售量大、能带来高利润的商品应分配更多的货架和销售空间。供应商还应负责各连锁店商品陈列的原始统计，对市场和消费者习惯进行调查，分析不同陈列方式的优缺点，不断优化陈列方法。

（3）商品定价。商品有其特定的价格带，应根据商品的自然特性、品牌知名度等因素综合考虑给商品定价。如超市走的是平价路线，则应考虑商品的低价特点，但过低的价格又会影响消费者对商品质量的信心，供应商在给商品定价时应综合考虑各因素。

（4）商品促销。供应商品类管理过程中，涉及商品促销的多方面问题，包括引进新品的推广促销、滞销品的改善促销、淘汰滞销品的清货促销等。

（5）新品引进。新品引进是品类管理的固有内容，供应商品类管理也应执行新品引进策略。在引进新品时，供应商应在前期作适当详细的市场调查，确保引进新品的质量和盈利能力，并做好各项引进工作。新品引进后，供应商应做好宣传促销工作，确保新品的存活率和利润空间。

案例窗

宝洁公司供应商管理库存实施分析

供应商（零售商）管理库存是指供应商与零售商达成自动的商品订单、送货和维持库存等工作，取代零售商繁琐的日常补货工作。

由于供应商更了解自己商品的情况、供应能力、促销计划、新品计划、季节变化等，配合使用先进的电子技术，可以更好地管理订单和库存。这样可以提高供应链管理的效率，降低双方的库存，减少商品缺货率，减少运作成本，提高对市场变化的反应速度，更好地满足消费者的需求。

KARS（客户自动补货系统）/EDI（电子数据交换）是VMI技术的一种，也是宝洁公司使用的一种专为零售服务设计的先进自动补货系统。KARS安装在供应商一端，中间以EDI与零售商相连，交换单品销售量、库存数量和订单等信息。

其具体业务流程是：

1. 零售商每日把当天的单品销售量和库存数据用EDI发送给供应商。
2. 供应商通过自动补货软件KARS生成订单。
3. 订单处理和发货。
4. 零售商收货和付款。

KARS以业界广泛接受的补货预测公式为基础，加上宝洁公司在与零售业的广泛合作中所得到的经验，对预测公式进行了多处补充。另外，该软件融入了商业流程的重组工作，将科学的系统与最有效的流程有机地结合在一起。KARS使用了业界的ICO（库存控制目标）模型，充分考虑到不同零售客户的各种对预测的影响参数，如订单间隔、到货天数、平均销售量、安全库存、人工调整等，然后提出科学合理的订单建议。

宝洁公司的一个香港客户Jusco通过实施VMI技术，取得了良好的效果。

项目实施前，宝洁商品单品数为115种，中心仓库库存为8周，分店库存为7周，缺货率为5%。

宝洁公司有关人员在详细分析该客户居高不下的库存以及缺货率以后，决定为该客户实施VMI技术来解决宝洁商品的有效补货问题。

项目在2000年3月正式启动，宝洁公司与该零售商投入双方的信息技术、后勤储运、采购等，组建了多功能小组。在几个月的实施过程中，双方紧密合作，重新组合了订单、储运的流程，确定了标准的流程、清晰的角色与任务，安装了KARS软件，并建立起EDI（电子数据交换）的沟通管理。

项目在2000年7月开始运行。3个月后，取得显著的改进和经济效益：销售增加40%，宝洁商品单品数为141种（增加23%），中心仓库库存为4周（减低50%），分店库存为5.8周（降低17%），缺货率为3%（降低40%）。

不仅如此，该零售商的供应链管理走上了科学、合理、高效的轨道，各个环节在新的系统下有条不紊地工作，大大节省了人员的劳动强度，提高了效率，降低了运作成本。

随着中国零售商和供应商的发展壮大、管理的规范、市场的规范、ECR/供应链SCM管理和电子商务的深入发展、VMI技术会得到广泛应用。

资料来源 根据纵横物流网有关内容整理得来。

职业指南

如何做好滞销品的促销活动？

不管是厂家还是商家，老品（滞销品）的过多存在一直是令人头痛的事情。其主要原因有三：

第一，一般来说，企业最主要的利润来源主要还是新品，不管是经销商还是厂家，经营企业新品的利润总是远高于老品。为什么这样说呢？因为老品在市场流通久了，价格也相对透明，同时由于竞争对手的跟进与模仿，必然造成老品的价格利润空间被压缩。

第二，由于市场的透明化与竞争对手的模仿抄袭，老品的竞争力已大不如从前，维持老品生存的常见手段只能是不断降价。

第三，老品的存在加大了企业或商家的库存与资金，同时也阻碍了新品的上市。

所以，如何针对老品（滞销品）进行有效的促销，是摆在营销人面前切实的问题。笔者根据自身的经历，总结了一套行之有效的促销方法，与众营销同仁共勉：

（1）解释：为了清理老品（滞销品）的库存，加快老品（滞销品）的流速与库存周转，针对老品（滞销品）设计的渠道促销。

（2）时机点选择。

- 元旦——春节时
- 五一节时
- 开业、试业时
- 周年庆时
- 厂庆时
- 老品（滞销品）库存过大时
- 新品上市时
- 打击竞争对手时
- 全年（或半年）任务冲刺时
- 月末最后几天任务冲刺时
- 优化库存结构时

（3）典型操作方式。

- 老品（滞销品）促销与台阶返利捆绑：企业把经销商将享受到的台阶返利用老品（滞销品）、特价品冲抵。既让经销商享受到了返点，又消化了企业的老品（滞销品）。
- 消库补差：为了尽快消化库存，要求经销商对库存产品采取返利政策，库存消化以后再向经销商补足返利的差额。实施时要协助经销商制定促销政策，并督促其执行。
- 老品（滞销品）促销与畅销品捆绑：经销商进货时，新品与老品（滞销品）按一定的比例进货。
- 老品（滞销品）促销与实物促销捆绑：经销商如果进指定型号的老品（滞销品），企业进行实物奖励。实物可根据不同经销商的需求而不同，如小至广告物料、传真机，大至笔记本电脑、轿车等。
- 老品（滞销品）促销与终端促销捆绑：企业把经销商将享受到的台阶返利变成对应等级的终端促销，使渠道的资源变成市场资源。终端促销的方式多种多样，如新品推广、终端标准化、导购员奖励金、区域广告投入、现场秀等。
- 台阶返利与上述多种的混合：出于企业的各种目的，综合评估各种要素，将老品（滞销品）消化与多种渠道促销方式捆绑。

（4）优点。

- 加速老品（滞销品）的消化，及时完成资金回笼。
- 加速库存的周转。

（5）缺点。如果老品（滞销品）的促销设计不合理，终端无法形成最终销售，无形中增加了经销商的库存，占有了经销商的资金。

（6）适用条件。

● 老品（呆滞品）库存大，竞争力下降，销售前景不容乐观。

● 为新品上市清理障碍。

（7）注意事项。

● 计算老品（呆滞品）库存量，根据投入产出比，合理设计促销活动。

● 注意老品（呆滞品）的最终销售，以免加大经销商的库存，占有经销商的流动资金。

● 最好渠道与终端联动。

● 做好经销商的信息宣导工作。

● 特别要利用节假日销售旺季，加大终端促销氛围的营造。。

● 做好导购员的培训工作，利用导购来实现最终销售。

资料来源 根据环球鞋网有关内容整理得来。

🖌 本章小结

VMI是由供应商来为客户管理库存，为他们制订库存策略和补货计划，根据客户的销售信息和库存水平为客户进行补货的一种库存管理策略和管理模式。它是供应链上成员间达成紧密业务伙伴关系后的一种结果，既是一种有效的供应链管理优化方法，也是供应链上企业联盟的一种库存管理策略。

供应商库存管理包括以下步骤：（1）供应商从下游企业处接收电子数据，这些数据代表了分销商销售和库存的真实信息（如POS和库存水平的信息等）。（2）供应商对所接收的销售和库存信息进行分析，得知下游企业每一种货物的库存情况和市场需求。（3）根据前述分析结果，为下游企业制订维护库存计划。（4）供应商生成订单。此处注意，传统意义上订单一般由下游企业生成并向供应商下单，但在VMI模式下，由供应商根据与下游企业的协议，在分析下游企业库存数据的基础上为其生成订单。（5）供应商根据订单向下游企业配送货物。下游企业收到货物，但并不对货物取得所有权。（6）下游企业对库存货物进行市场销售。（7）下游企业向供应商支付回笼货款。

零售商实施VMI策略能带来如下经济利益：（1）库存占用资金的大量节省。（2）优化财务状况。（3）管理成本下降。（4）理论上更好的补货水平和货架管理。

零售商实施VMI也存在制约因素，具体为：（1）零售商对供应链管理理论和VMI理论的认识不足，导致实施VMI的意愿欠缺。（2）实施VMI的软硬件基础不足。（3）零售商与供应商的合作基础不足。结合零售商实施VMI的制约因素，应在这几个方面加强建设：加强零售商的信息系统建设，提高零售商的数据分析能力；加强零售商上下对VMI的认识；加强与供应商的关系，提高与供应商之间的相互信任程度；重组组织结构，重新设定相关业务流程。

实施供应商品类管理，内容包括实施供应商品类管理的条件和实施供应商品类管理策略的具体内容两部分。其中实施供应商品类管理的条件包括实施VMI、建立零售商和供应商战略合作伙伴关系以及实施ECR策略。实施供应商品类管理策略的具体内容包括商品品类优化、货架陈列优化、商品定价、商品促销和新品引进。

主要概念

VMI　供应商品类管理　VMI运作模式

基础训练

一、选择题

1.零售商实施VMI策略给零售商带来的经济利益有（　　　）。

A.库存占用资金的大量节省　　　　　B.优化财务状况

C.管理成本下降　　　　　　　　　　D.理论上更好的补货水平和货架管理

2.以下属于实施供应商品类管理策略的具体内容的有（　　　）。

A.商品品类优化　　　　　　　　　　B.货架陈列优化

C.商品定价　　　　　　　　　　　　D.商品促销和新品引进

3.零售商实施VMI的制约因素有（　　　）。

A.零售商对供应链管理理论和VMI理论的认识不足，导致实施VMI的意愿欠缺

B.实施VMI的软硬件基础不足

C.零售商与供应商的合作基础不足

D.供应商的意愿不足

二、判断题

1.VMI是由零售商自己管理库存，制订库存策略和补货计划，根据客户的销售信息和库存水平为客户进行补货的一种库存管理策略和管理模式。（　　　）

2.VMI的核心思想在于零售商放弃商品库存控制权，而由供应商掌握供应链上的商品库存动向，即由供应商依据零售商提供的每日商品销售资料和库存情况来集中管理库存，替零售商下订单或连续补货，从而实现对顾客需求变化的快速反应。（　　　）

3.供应商品类管理是VMI策略在零售商业务中的延伸。（　　　）

三、简答题

1.简述供应商管理库存的步骤。

2.论述零售商实施VMI的对策。

3.简述实施品类管理会给供应商、零售商和消费者均带来的益处。

实践训练

【实训项目】

大卖场供应商品类管理可行性调研报告。

【实训场景设计】

学生每四人一组进行分组，就近对大卖场经营情况展开调查，在此基础上调研大卖场开展品类管理的情况和是否具备供应商品类管理的条件。

【实训任务】

调查某大卖场的基本经营情况。

主要参考文献

［1］程莉，郑越．品类管理实战［M］．北京：电子工业出版社，2015．

［2］罗俊．品类与策略-打造全渠道零售的商品竞争力［M］．北京：国防工业出版社，2015．

［3］中国连锁经营协会校企合作小组．连锁企业品类管理［M］．2版．北京：高等教育出版社，2014．

［4］周蕾．商品品类管理［M］．北京：中国财富出版社，2014．

［5］IBMG国际商业管理集团．超市卖场定价策略与品类管理［M］．北京：中华工商联合出版社，2015．

［6］黄权藩，蔡晔．品类管理：教你如何进行有效定价［M］．北京：机械工业出版社，2013．

［7］窦志铭．商品学基础［M］．4版．北京：高等教育出版社，2016．

［8］刘增田．商品学［M］．2版．北京：北京大学出版社，2013．

［9］万融．商品学概论［M］．5版．北京：中国人民大学出版社，2013．

［10］付玮琼．图解商场超市布局与商品陈列［M］．北京：化学工业出版社，2014．

［11］陆影．连锁门店营运与管理实务［M］．3版．大连：东北财经大学出版社，2016．

［12］李维．实体店&虚拟店-品牌服装视觉营销［M］．北京：化学工业出版社，2016．

［13］利维．韦茨．零售管理［M］．6版．北京：人民邮电出版社，2016．

［14］中国连锁经营协会校企合作小组．门店布局与商品陈列［M］．北京：高等教育出版社，2014．

［15］雷红．商场超市运营与管理［M］．北京：化学工业出版社，2011．